ED-4513 마이크로프로세서
콤보II를 이용한

AVR ATmega128 프로그래밍 응용실습

김세찬, 이한석 공저

D.B.Info

| PREFACE |

이 책은 ㈜ED사의 ED-4513 마이크로프로세서 콤보 II 트레이닝 키트를 기반으로 하고 있다. ED-4513 마이크로프로세서 콤보 II는 다양한 마이크로프로세서를 학습하기 위하여 만들어진 마이크로프로세서 및 응용장치 복합 실습 트레이닝 키트이다. 이 트레이닝 키트는 AT89C51ED2, ATmega128, STM32F103xx, PIC16F874 등 다양한 마이크로프로세서를 학습 할 수 있을 뿐만 아니라, 그래픽 LCD, TEXT LCD, FND, KEY MATRIX, DOTMATRIX, DIGITAL I/O, SOUND, DC MOTOR, STEPPING MOTOR, RELAY, ADC, RS232, USB, ETHERNET, 외부 EEPROM 등의 외부 장치들도 실습 할 수 있도록 구성되어 있다. 뿐만 아니라 8개의 별도 센서 모듈이 제공되어 각종 센서들을 실습을 통하여 이해 할 수 있도록 하고 있다.

이 책은 모두 10개의 장으로 구성되어 있다. 제1장에서는 ATmega128을 이용한 키패드 회로의 동작원리를 이해하고 키패드 응용 프로그램을 실습 할 수 있도록 하였고, 제2장에서는 SIOP & PISO 회로를 이해하고 응용 프로그램을 실습 할 수 있도록 하였다. 제3장에서는 FND, 제4장에서는 문자형 LCD, 제5장에서는 도트 매트릭스 회로를 이해하고 응용 프로그램을 실습 할 수 있도록 하였다. 제6장에서는 직류전동기 구동회로와 제어회로를 이해하고 응용 프로그램을 실습 할 수 있도록 하였고, 제7장에서는 스텝 전동기의 구동회로와 제어회로를 이해하고 응용 제어 프로그램을 실습할 수 있도록 하였다. 제8장에서는 그래픽 LCD를 이해하고 응용 프로그램을 작성할 수 있도록 하였고, 제9장에서는 W5100을 이용하여 이더넷 통신 회로를 구성하는 방법과 ICP/IP 통신 프로그램을 구성하는 방법을 실습해 볼 수 있도록 하였다. 마지막으로 제10장에서는 ED-4513 마이크로프로세서 콤보 II에서 별도로 주어지는 8개의 센서 모듈을 이용하여 각종 센서로부터 데이터를 입력받고 제어 할 수 있는 응용 프로그램을 작성할 수 있도록 하였다. 특히 각 장마다 마지막에 평가문제를 제시하여 이 책을 공부하는 학생들이 스스로 생각하고 응용하는 능력을 배양 할 수 있도록 하였다. 이 책은 C-언어와 마이크로프로세서에 대한 기초적인 지식이 있는 일반인 및 전문대 학생 그리고 3~4학년 학부생이 마이크로프로세서와 C-언어를 통하여 제어기 및 제어 프로그램을 구성하고 응용하는 방법을 학습하기 위한 책으로 활용될 수 있을 것으로 생각된다. 이 책을 공부하는데 있어서 어려움을 느끼는 학생은 이 책을 공부하기 전 저자가 쓴 "ED-4513 마이크로프로세서 콤보 II를 이용한 AVR ATmega128 프로그래밍 기초 실습" 책을 공부하는 것이 좋다. 다시 말하지만 이 책은 마이크로프로세서와 C-언어에 대한 기초적인 지식과 디지털, 전자회로에 대한 기본적인 지식이 있는 학생들을 대상으로 하고 있다.

마지막으로 이 책이 ATmega128 응용 회로와 제어 프로그램을 공부하고자 하는 학생들에게 도움이 되어 좋은 결과를 얻을 수 있기를 바라며, 저자가 노력하였으나 다소 미진한 부분에 대해서는 독자 여러분들의 기탄없는 조언을 부탁드리는 바이다. 이 책이 출판되기까지 애써주신 출판사 관계자 여러분께 깊이 감사드린다.

2015년 8월 한길관에서

저자 씀

| CONTENTS |

CHAPTER 01 키패드 응용

1.1 키패드의 동작원리

일반적으로 키패드는 여러 개의 푸시버튼으로 구성되어 있다. 이 키패드로부터 마이크로프로세서로 신호를 입력받고자 할 때, 각각의 버튼을 마이크로프로세서의 포트에 하나씩 연결되도록 한다면 프로그램은 쉽게 구현될 수 있겠지만 많은 포트를 사용해야 하는 문제점이 발생한다. 마이크로프로세서의 경우 제한된 개수의 입출력 포트를 가지고 있으므로 이런 방식의 연결법은 바람직하지 못하다. 예를 들어 총 16개의 버튼으로 이루어진 키패드의 버튼들이 각각 포트에 직접 연결된다면 16개의 포트 비트가 필요하게 된다. 이러한 문제점을 해결하는 방법은 그림 1.1과 같이 각 행 또는 열을 병렬로 연결하고, 각 행 또는 열에 스캔 신호를 보내 그에 따른 열 또는 행의 버튼 값을 얻도록 회로를 구성하면 된다. 이렇게 하면 4x4, 총 16개 버튼을 절반인 8개의 포트로 제어할 수 있게 된다.

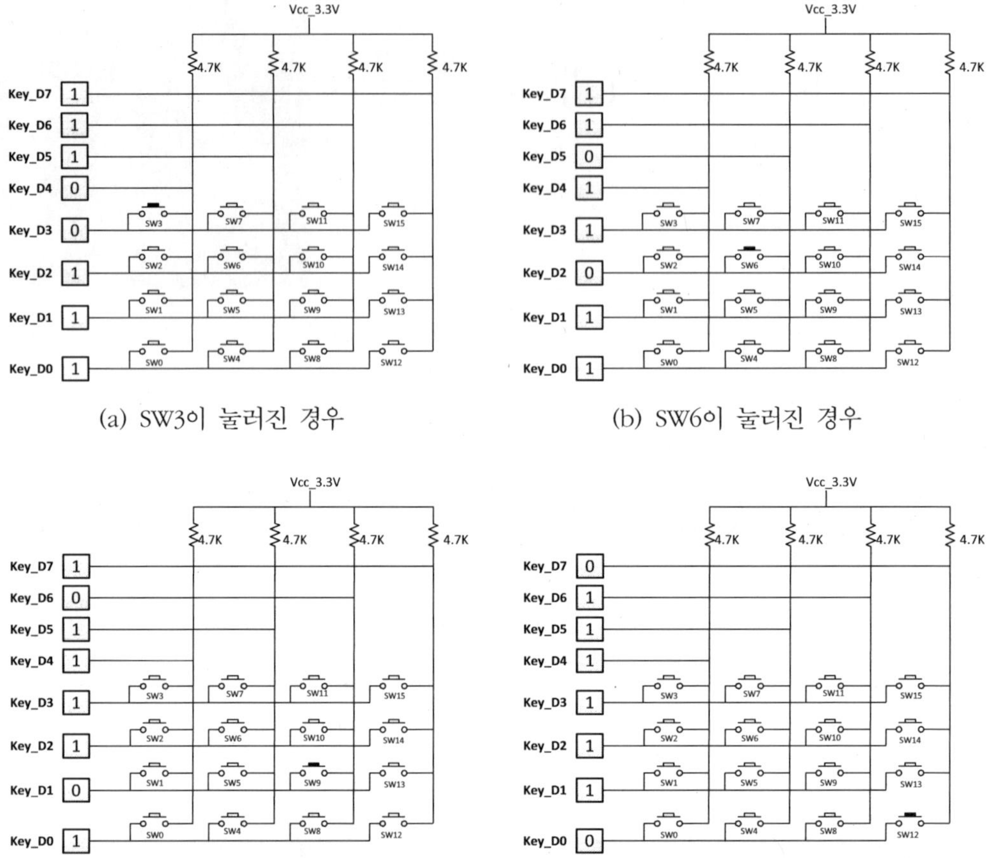

(a) SW3이 눌러진 경우

(b) SW6이 눌러진 경우

(c) SW9가 눌러진 경우

(d) SW12가 눌러진 경우

그림 1.1 키코드 생성 원리

그림 1.1에서 푸시버튼들은 4×4의 배열형태로 배치되어 있으며 풀업저항이 연결되어 있다. 따라서 KEY_D0 ~ KEY_D3까지 연결된 포트에 '0'을 출력하고 KEY_D4 ~ KEY_D7까지 연결된 포트를 읽으면, 버튼을 누르지 않은 상태에서는 '1', 버튼을 눌렀을 때엔 '0'으로 판별된다. 만약 KEY_D0 ~ KEY_D3에 연결된 각 비트에 차례대로 '0'을 출력한 후 KEY_D4 ~ KEY_D7에 연결된 포트의 값을 읽어 KEY_D0 ~ KEY_D3의 출력값과 KEY_D4 ~ KEY_D7의 입력값을 조합하면 16개의 스위치 코드를 생성할 수 있게 된다. 그림 1.1은 임의로 눌러진 키패드의 키코드를 생성하는 방법을 설명하고 있다.

1.2 키패드 응용 프로그래밍 실습

키패드 응용 프로그램 실습은 그림 1.2와 같이 구성된 LED 회로와 그림 1.5와 같이 구성된 키패드 회로를 사용하여 이루어진다. LED 회로는 8×2개의 LED로 구성되어 있으며 각각 하나의 포트에 설정될 수 있다. 그림 1.3은 LED 출력 회로 ON/OFF 스위치와 포트 설정 스위치를 보여준다.

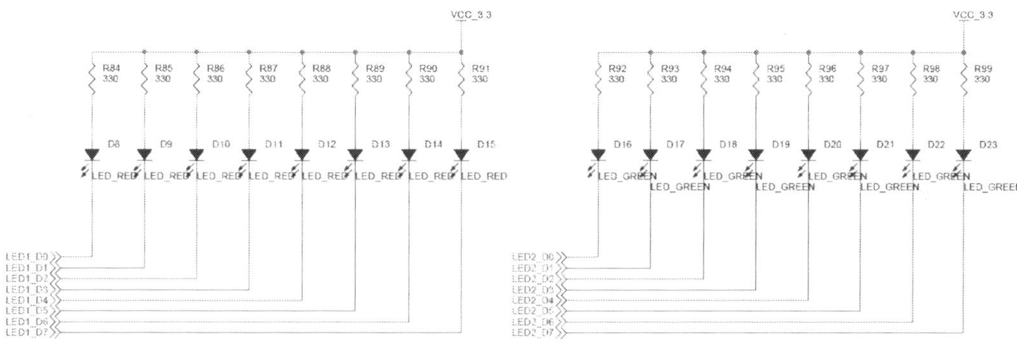

그림 1.2 LED 회로

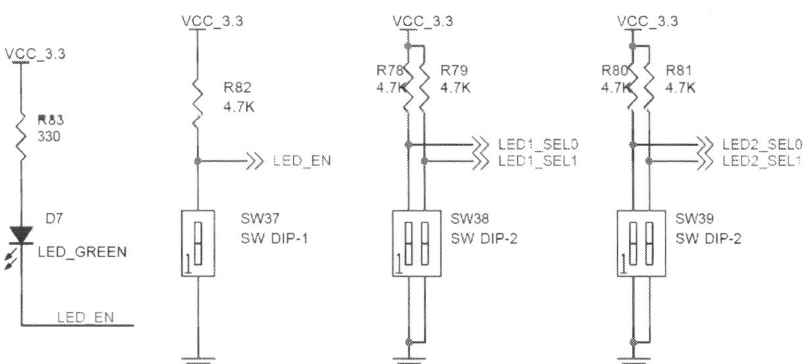

그림 1.3 LED ON/OFF 스위치와 포트 설정 스위치 회로도

그림 1.3에서 LED의 ON/OFF는 그림 1.4의 "SW37 SELECTION" 그림을 참고하여 설정하고, 각 LED를 어느 포트에 연결하여 사용할 것인가는 그림 1.4에서와 같이 "SW38 SELECTION"과 "SW39 SELECTION" 스위치를 이용하여 결정될 수 있다. 이때 하나의 포트에 8*2개 LED가 모두 연결 될 수도 있고, 8개씩 서로 다른 포트에 연결될 수도 있다. 두 스위치의 위치에 따라 PORTA ~ PORTD 중 하나를 설정하여 사용할 수 있다.

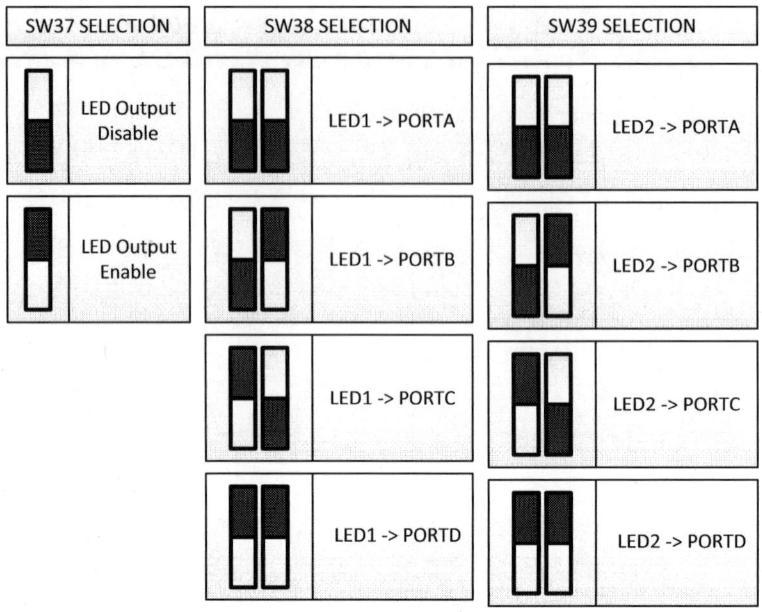

그림 1.4 LED ON/OFF 스위치 설정과 포트 선택 스위치 설정

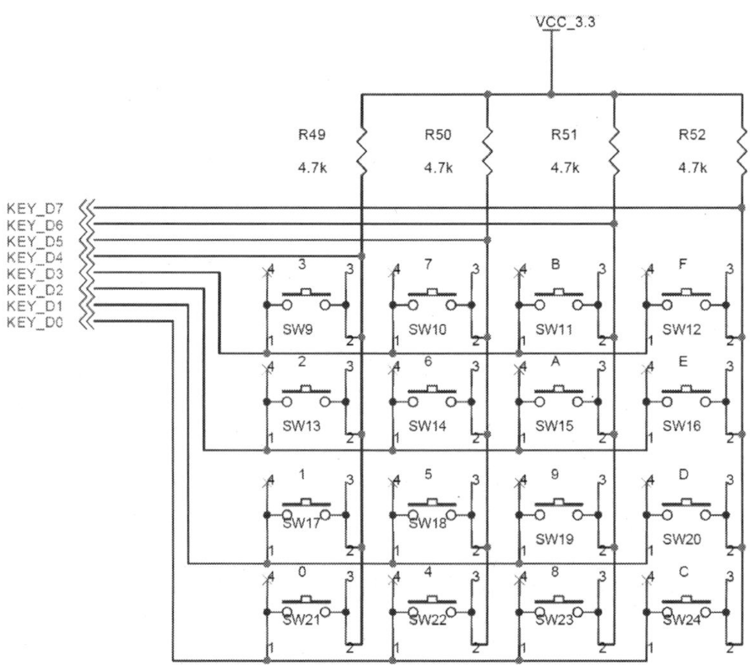

그림 1.5 키패드 입력 회로

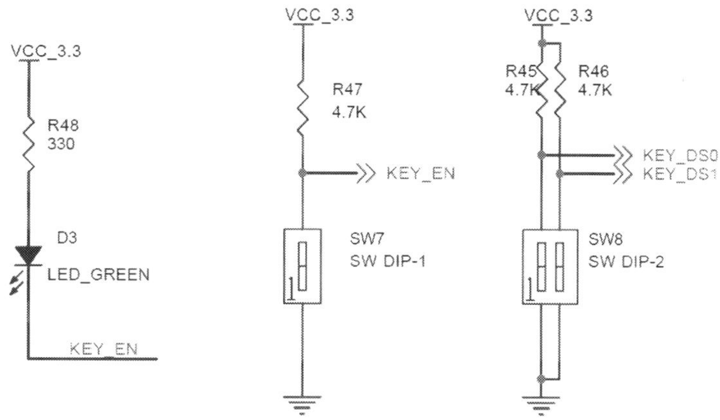

그림 1.6 키패드 ON/OFF 스위치와 입력포트 선택 스위치 회로도

그림 1.6은 키패드 ON/OFF 스위치와 입력포트 선택 스위치 회로이다. 여기서 SW7은 키패드 ON/OFF 선택 스위치이며, SW8은 키패드 입력 포트 설정 스위치이다. 키패드 ON/OFF 선택과 키패드 입력 포트 설정 스위치 설정 방법은 그림 1.7과 같다.

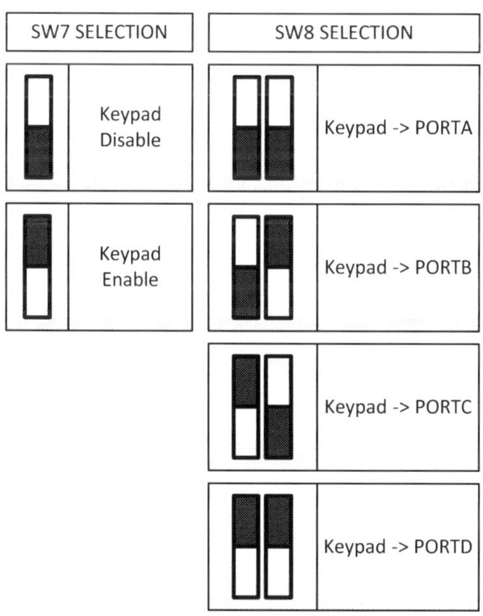

그림 1.7 키패드 ON/OFF 스위치 설정과 포트 선택 스위치 설정

예제 1.1

포트 A에 연결된 키패드로부터 값을 입력 받아 포트 B에 연결된 LED에 키 코드를 출력한다.

```
#include<iom128.h>
#include<ina90.h>
void port_Init(void);
void scan_KEYPAD_NUM(void);
void display_LED(void);
/* data type redefine */
typedef unsigned char       BYTE;
typedef unsigned int        WORD;
typedef unsigned long       DWORD;
unsigned int key_code[4];
void main(void){
  port_Init();
  while(1){
    scan_KEYPAD_NUM();
    display_LED();
  }
}
void port_Init(void){
// PA.0~3 : KEYPAD ROW(Output), PA.4~7 : KEYPAD COLUMN(Input)
  DDRA=0x0F;
  DDRB=0xff;  // LED OUT
  PORTA=0xff;
  PORTB=0xff;
}
void scan_KEYPAD_NUM(void)
{
  BYTE scan_signal,scan_data,row;
  WORD i;
  for(row=0; row<4; row++){
   scan_signal=0xff & (~(1<<(row));
```

```
      PORTA=scan_signal;
      for(i=0;i<1;i++);   // 시간지연
      scan_data=0xff&PINA;
   key_code[row]=scan_data&scan_signal;
    }
}
void display_LED(void){
unsigned char i;
for(i=0;i<4;i++){
if((key_code[i]&0xf0)!=0xf0) PORTB=key_code[i];
    }
}
```

평 / 가 / 문 / 제

1. 키패드로부터 값을 입력 받아 1이면 포트 A에 연결된 LED의 짝수 비트를 점등하고 2이면 홀수 비트를 점등하는 동작을 수행하는 프로그램을 작성하시오.

2. 키패드로부터 값을 두 번 입력 받아 두 수의 차를 포트 A로 출력하는 프로그램을 작성하시오.

3. 키패드로부터 값을 입력 받아 그 값이 5보다 크면 _data의 값을 좌로 1비트 시프트 시켜 포트 A로 출력하고, 5보다 작으면 우로 1 비트 시프트 시켜 포트 A로 출력하는 동작을 무한 반복하는 프로그램을 작성하시오.
(단, 초기값 : _data=0x01)

4. 키패드로부터 입력 받은 값이 짝수이면 포트 A에 연결된 LED의 짝수 비트를 점등하고 홀수이면 홀수 비트의 LED를 점등하는 프로그램을 작성하시오.

5. 키패드로부터 3의 배수가 입력될 때만 포트 A의 LED가 모두 점등되도록 프로그램을 작성하시오.

CHAPTER 02

SIPO & PISO 응용

2.1 SIPO & PISO 동작원리

SIPO(Serial Input Pararllel Output)은 직렬로 입력되는 신호를 병렬 신호로 변환시켜 주는 역할을 수행하는 회로이고, PISO(Parallel Input Serial Output)은 병렬로 입력되는 데이터를 직렬 신호로 변환시켜 주는 회로이다.

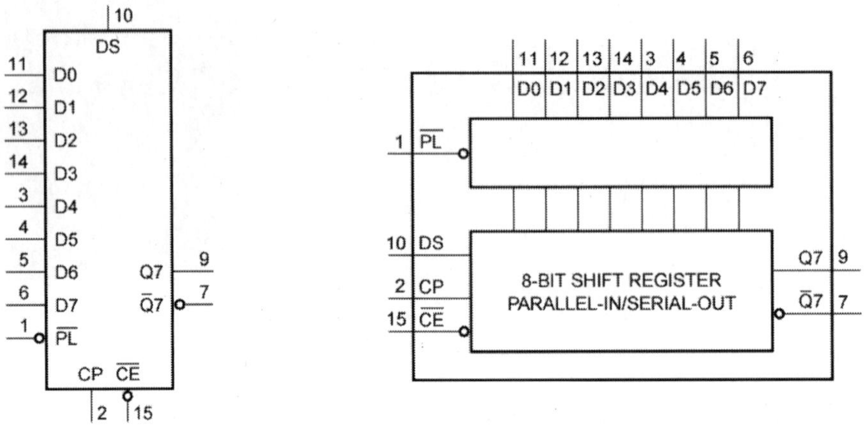

(a) 74HC165 심볼 (b) 내부 구조도

그림 2.1 74HC165 심볼과 내부 구조도

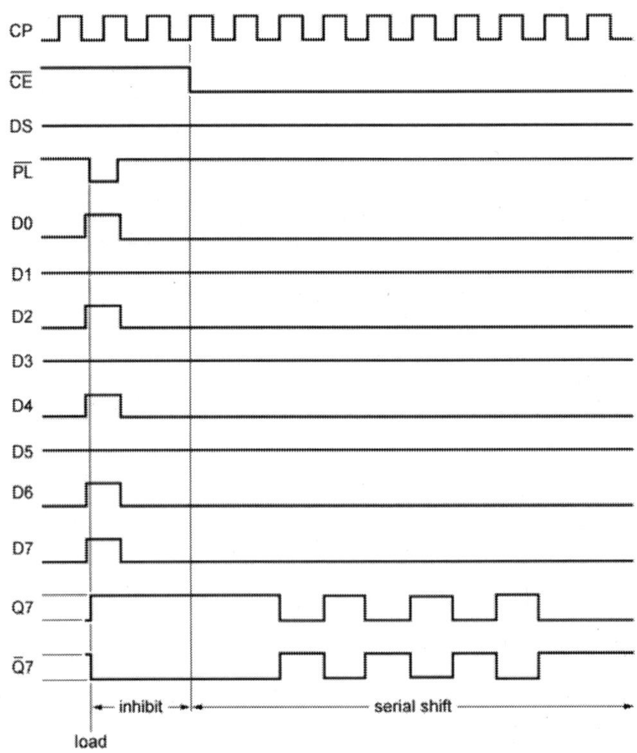

그림 2.2 타이밍도

이러한 동작을 수행하는 회로는 74HC165와 74HC595을 이용하여 구현 할 수 있다. 74HC165는 병렬 입력을 받아 직렬 데이터를 출력하는 소자이다. 이 소자는 데이터 변환을 위한 기준 클럭을 외부로부터 입력 받는다. 즉 외부로부터 입력 받은 기준 클럭에 동기된 직렬출력이 생성된다. D0~D7은 데이터 입력핀이고 Q7과 /Q7은 데이터 출력핀이다. /PL은 병렬 로드핀이고, CP는 클럭 입력핀이다. 마지막으로 /CE는 칩 인에이블 핀이다. 그림 2.1은 74HC165의 심볼과 내부 구조를 보여준다. 그림 2.2의 타이밍도는 74HC165의 각 제어입력 핀의 상태에 따른 입력핀과 출력핀의 상태를 보여준다. 74HC165 제어 프로그램을 작성하기 위해서는 먼저 타이밍도를 정확히 이해하여야 한다. 타이밍도에서 보면 먼저 입력인 D0~D7의 데이터가 입력된 후, /PL 신호를 '0'으로 하고 /CE핀을 '0'으로 하면 기준 클럭인 CP에 동기된 데이터가 Q7 핀에 출력된다.

74HC595는 직렬신호를 입력받아 병렬신호로 변환하는 기능을 수행하는 소자이다. 그림 2.3은 74HC595의 심볼과 내부 구조도를 보여준다. Q0~Q7은 병렬 데이터 출력 핀이고, DS는 직렬 데이터 입력핀, /MR은 마스터 리셋 핀이다. SHCP는 시프트 레지스터 클럭 입력핀이고 STCP는 저장 레지스터 클럭 입력 핀이다. 마지막으로 /OE는 칩 인에이블 핀이다.

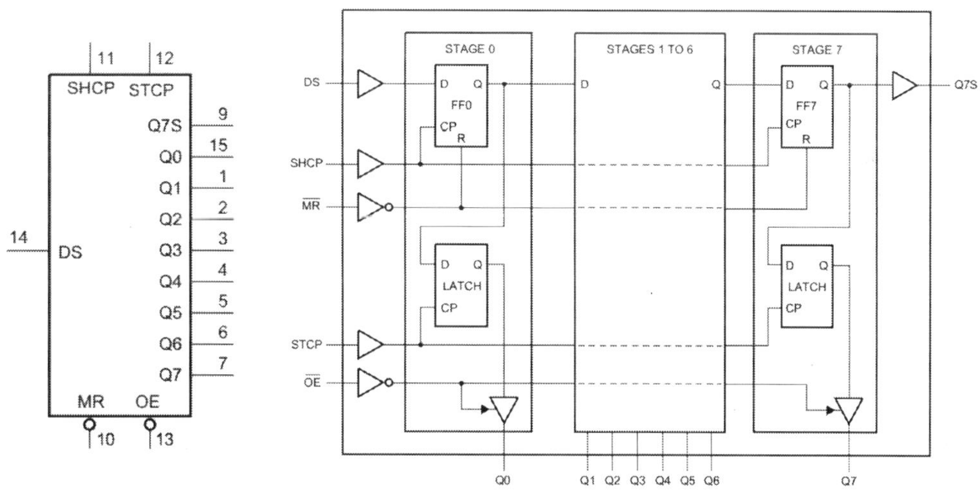

(a) 74HC595 심볼 (b) 내부 구조도

그림 2.3 74HC595 심볼과 내부 구조도

74HC595는 저장 레지스터와 3-스테이트 출력단을 가지는 8단 직렬 시프트 레지스터이다. 저장 레지스터와 시프트 레지스터는 별도의 클럭 입력을 가진다. 데이터는 SHCP의 상승 모서리에서 시프트 된다. 각 시프트 레지스터에 저장된 데이터는 STCP 클럭의 상승 모서리에서 저장

레지스터로 전송된다. 만약 두 개의 클럭이 함께 연결된다면 시프트 레지스터의 클럭은 저장 레지스터의 클럭보다 항상 위상이 1 클럭 앞서야 한다. 마스터 리셋 신호는 8개의 시프트 레지스터 모두를 한꺼번에 리셋 시킨다. 저장 레지스터에는 8비트 데이터가 저장되며 저장 레지스터에 저장된 데이터는 /OE가 '0'이 될 때 출력단에 출력된다. 그림 2.4는 74HC595의 동작 타이밍도를 보여준다. 역시 프로그램을 위해서는 타이밍도의 정확한 이해가 필요하다.

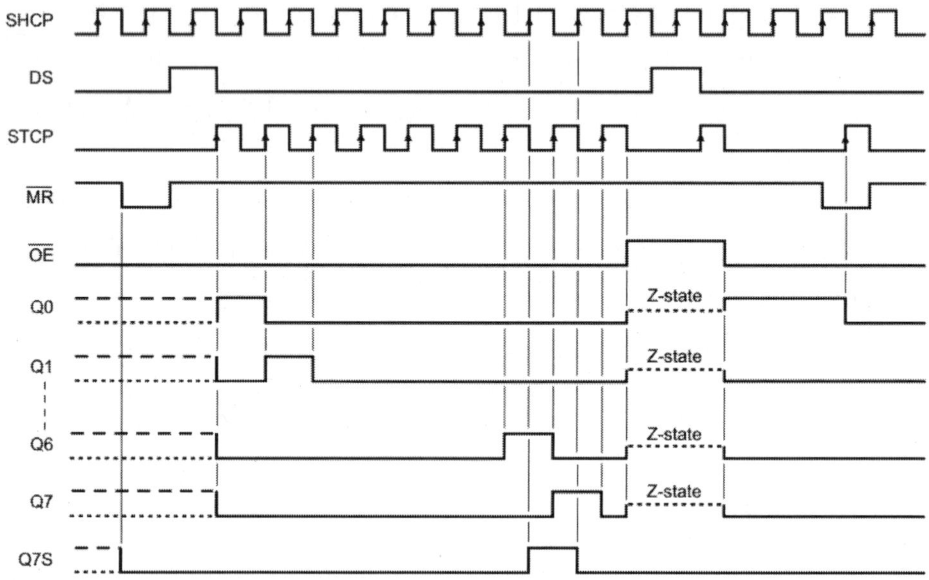

그림 2.4 74HC595 타이밍도

2.2 SIPO & PISO 응용 프로그래밍 실습

ED-4513에는 그림 2.5와 같이 SIPO와 PISO 회로가 각각 하나씩 구성되어 있으며 서로 직렬로 연결되어 있다.

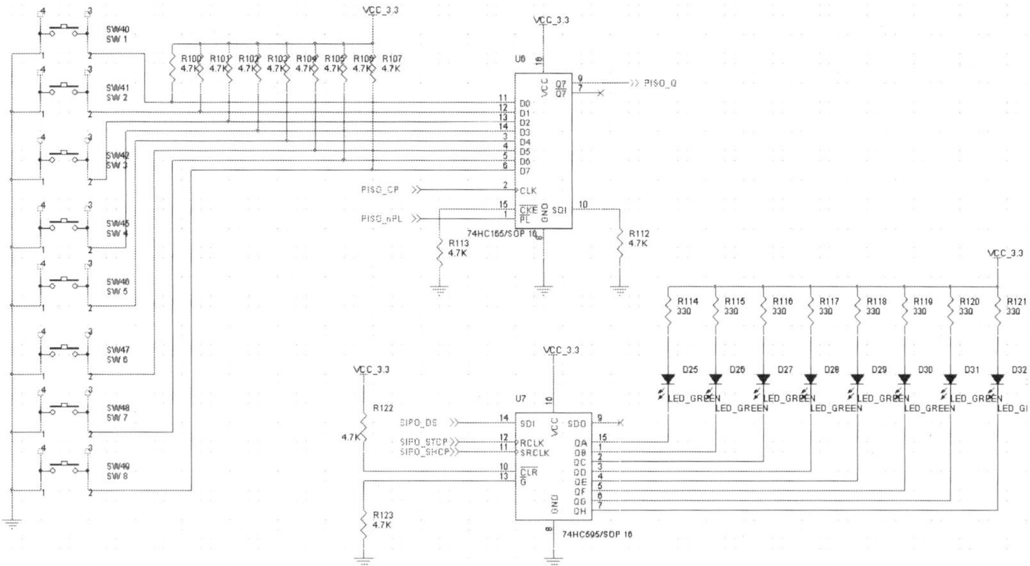

그림 2.5 SIPO & PISO 회로도

SIPO & PISO 프로그래밍 실습을 위해서는 기능을 활성화하고 사용될 포트를 설정하여야 하는데, 이것은 SW43과 SW44를 통하여 이루어진다. SW43은 SIPO & PISO 기능 ON/OFF 스위치이고, SW44는 사용할 포트를 설정하는 스위치이다. 그림 2.6은 ON/OFF 스위치와 포트 설정 스위치 회로도를 보여주며, 그림 2.7은 기능 ON/OFF 스위치 설정과 포트 선택 스위치 설정 방법을 보여준다.

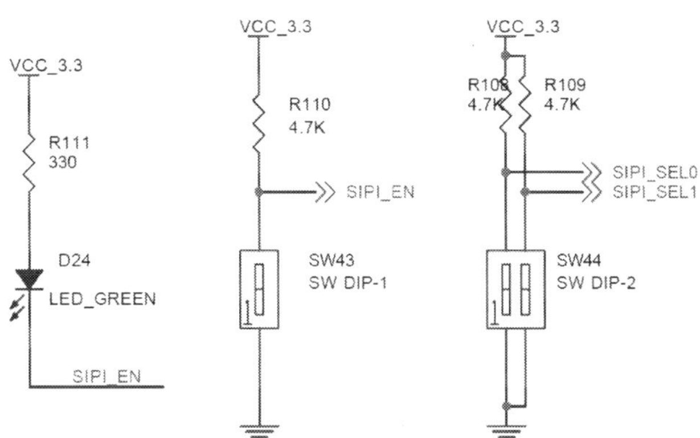

그림 2.6 SIPO & PISO ON/OFF 스위치와 포트 설정 스위치 회로도

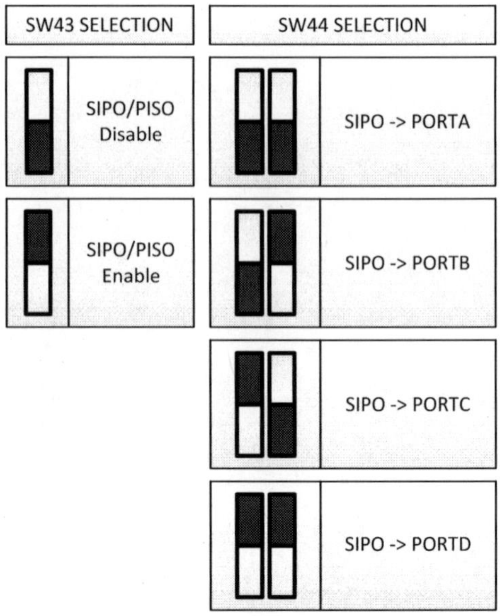

그림 2.7 SIPO & PISO ON/OFF 스위치 설정과 포트 선택 스위치 설정

이 회로는 TACT 스위치로 구성된 8개의 키패드, 병렬신호를 직렬신호로 변환시켜주는 74HC165, 직렬신호를 입력받아 병렬신호를 생성해 주는 74HC595 그리고 출력 표시장치인 8개의 LED로 구성되어 있다. 즉 키패드로부터 발생된 병렬 신호를 74HC165가 직렬신호로 변환 시켜 출력하고 이 신호를 다시 74HC595를 이용하여 병렬 신호로 만들어 출력하는 회로이다. 이 회로를 사용하기 위해서는 몇 가지 제어신호가 필요하다. 표 2.1은 이 회로를 제어하기 위한 제어신호를 보여준다.

표 2.1 SIPO & PISO 제어 신호

포트 핀 번호	신호명	포트 핀 번호	신호명
Px0	PISO_Q	Px1	PISO_CP
Px2	PISO_nPL	Px3	-
Px4	SIPO_DS	Px5	SIPO_SHCP
Px6	SIPO_STCP	Px7	-

예제 2.1

74HC165로 입력받은 SW 상태 데이터를 74HC595로 전송하여 8개의 SW 입력에 따른 8개의 LED를 ON/OFF 한다.

```
#include <iom128.h>
#include <ina90.h>
void delay(void);
/* 자료형 재정의 */
typedef unsigned char     BYTE;
typedef unsigned int      WORD;
typedef unsigned long     DWORD;
/* 비트 정의 */
#define           BIT0    0x01
#define           BIT1    0x02
#define           BIT2    0x04
#define           BIT3    0x08
#define           BIT4    0x10
#define           BIT5    0x20
#define           BIT6    0x40
#define           BIT7    0x80

/* 74HC165, 74HC595 포트 및 입출력 레지스터 설정 */
#define CHIP_74HC165_74HC595_PORT_REG        PORTC
#define CHIP_74HC165_74HC595_DDR_REG         DDRC
#define CHIP_74HC165_74HC595_PIN_REG         PINC

/* 74HC165칩 CLK 핀 제어 */
#define CHIP_74HC165_CLK_HIGH (CHIP_74HC165_74HC595_PORT_REG |= BIT1)
#define CHIP_74HC165_CLK_LOW (CHIP_74HC165_74HC595_PORT_REG &= ~BIT1)

/* 74HC165칩 PL 핀 제어 */
#define CHIP_74HC165_PL_HIGH  (CHIP_74HC165_74HC595_PORT_REG |= BIT2)
#define CHIP_74HC165_PL_LOW  (CHIP_74HC165_74HC595_PORT_REG &= ~BIT2)
```

```
/* 74HC165칩 Q7 포트 읽기 */
#define CHIP_74HC165_Q7_PIN_READ ((CHIP_74HC165_74HC595_PIN_ REG&BIT0)?1:0)

/* 74HC595칩 DS(Serial Data Input) 핀 제어 */
#define CHIP_74HC595_DS_HIGH (CHIP_74HC165_74HC595_PORT_REG |= BIT4)
#define CHIP_74HC595_DS_LOW (CHIP_74HC165_74HC595_PORT_REG &= ~BIT4)

/* 74HC595칩 STCP(Storage Register Clock Input) 핀 제어 */
#define CHIP_74HC595_STCP_HIGH (CHIP_74HC165_74HC595_PORT_REG |= BIT6)
#define CHIP_74HC595_STCP_LOW (CHIP_74HC165_74HC595_PORT_REG &= ~BIT6)

/* 74HC595칩 SHCP(Shift Register Clock Input) 핀 제어 */
#define CHIP_74HC595_SHCP_HIGH (CHIP_74HC165_74HC595_PORT_REG |= BIT5)
#define CHIP_74HC595_SHCP_LOW (CHIP_74HC165_74HC595_PORT_REG &= ~BIT5)

BYTE CHIP_74HC165_SW_DATA;
/*********************************************************************
 * I/O 포트 초기화 - 범용 입/출력 핀을 설정한다.
*********************************************************************/
void port_Init(void)
{
  CHIP_74HC165_74HC595_PORT_REG=0x00;
// 74HC165칩 >>> PC.0 : Q7(Input) , PC.1 : CLK(Output) , PC.2 : PL(Output)
// 74HC595칩 >>> PC.4 : DS(Output) , PC.5 : SHCP(Output) , PC.6 : STCP(Output)
  CHIP_74HC165_74HC595_DDR_REG=0xFE;

  /* 74HC165 초기화 */
  CHIP_74HC165_PL_HIGH;
  CHIP_74HC165_CLK_LOW;

  /* 74HC595 초기화 */
  CHIP_74HC595_STCP_LOW;
  CHIP_74HC595_SHCP_LOW;
}
```

```
/*********************************************************************
 * SW 읽기 - 74HC165의 Data 입력핀에 열결된 8개 스위치 상태를 읽어
              Q7핀을 통해 시리얼로 입력받음.
*********************************************************************/
void load_74HC165_SW_DATA()
{
  BYTE i;
  CHIP_74HC165_SW_DATA = 0;
  CHIP_74HC165_PL_LOW; // 74HC165칩 D0~D7핀 병렬 읽기
  CHIP_74HC165_PL_HIGH;

  // Serial Shift
  for(i=0;i<8;i++)
  {
    CHIP_74HC165_CLK_HIGH;
    if(CHIP_74HC165_Q7_PIN_READ) // CLK 상승 시간에 Q7 데이터를 읽음
    {
      CHIP_74HC165_SW_DATA |= (1 << i);
    }
    CHIP_74HC165_CLK_LOW;
  }
}
/*********************************************************************
* LED 쓰기 - 74HC595의 DS핀으로 74HC165에서 읽은 SW 데이터를 시리얼로
            전송한다.
*********************************************************************/
void store_74HC595_LED_DATA()
{
  BYTE i;
  CHIP_74HC595_SHCP_LOW;
  for(i=0;i<8;i++)
  {
    if(CHIP_74HC165_SW_DATA & (1 << i))
      CHIP_74HC595_DS_HIGH;
    else
```

```
      CHIP_74HC595_DS_LOW;

      CHIP_74HC595_STCP_LOW;
      CHIP_74HC595_SHCP_HIGH;
      CHIP_74HC595_STCP_HIGH;
      CHIP_74HC595_SHCP_LOW;
    }
    CHIP_74HC595_STCP_LOW;
    CHIP_74HC595_SHCP_HIGH;
}
/*****************************************************************
 *  MAIN 함수
*****************************************************************/
void main(void)
{
    CHIP_74HC165_SW_DATA = 0;
    port_Init();
    while(1)
    {
      load_74HC165_SW_DATA();
      store_74HC595_LED_DATA();
      delay();
    };
}
void delay(void){
    unsigned int i,j;
    for(i=0;i<255;i++) for(j=0;j<255;j++);
}
```

평 / 가 / 문 / 제

1. 74HC595의 기능을 상세히 설명하시오.

2. 74HC165의 기능을 상세히 설명하시오.

3. 74HC595와 74HC165로 구성된 SIPO & PISO 회로를 제어하는데 있어서 타이밍도의 이해가 중요한 이유는 무엇인가?

4. 74HC165 칩에서 외부 클럭이 필요한 이유는 무엇인가?

5. 74HC595 칩에서 /OE의 역할은 무엇인가?

CHAPTER 03

FND 응용

3.1 FND 동작원리

FND와 LCD는 가장 많이 사용되는 디스플레이 장치 중의 하나이다. FND는 Flexible Numeric Display의 약자로서 LED를 확장시킨 형태로 일반적인 숫자를 나타내는 디스플레이 LED를 말한다. 이것은 7개의 LED를 붙여서 만든 소자이므로 7-segment라고도 한다. FND는 공통 애노드 형과 공통 캐소드 형이 있다. 각각에 대한 내부회로는 그림 3.1과 같다. 그림 3.1에서 보면 공통 애노드 형은 7개 LED의 애노드 단자가 모두 연결되어 있다. 따라서 애노드 단자에 (+) 전원을 연결하고 캐소드 단자의 값을 (+) 혹은 (-) 값으로 하여 각 세그먼트를 점멸 할 수 있다. 이와는 다르게 공통 캐소드 형은 LED의 캐소드가 모두 연결되어 있으므로 캐소드 단자를 접지에 연결하고 애노드 단자에 (+) 혹은 (-)를 인가함으로써 각 세그먼트를 점멸 할 수 있다.

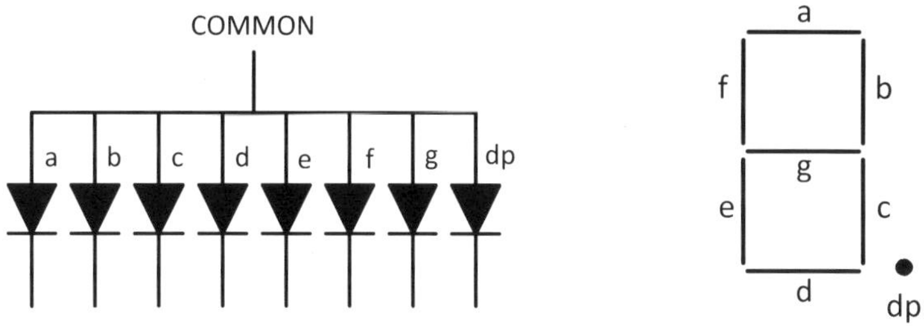

(a) 공통 애노드 형 FND

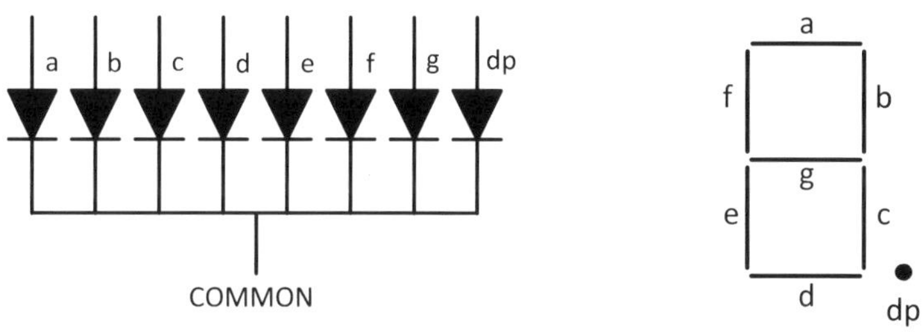

(b) 공통 캐소드 형 FND

그림 3.1 공통 애노드 형과 공통 캐소드 형 FND

FND의 경우 마이크로프로세서에서 직접 제어하기에는 많은 전류가 필요하므로 일반적으로 외부에 전류 증폭을 위한 트랜지스터를 설치하게 된다. FND 하나를 구동하는 경우 8비트 포트 하나가 필요하다. 그러나 하나 이상의 FND를 구동하는 경우 각 FND 마다 8비트 포트를 연결하는 것은 비효율적이다. 왜냐하면 인간의 눈이 잔상효과를 가지고 있기 때문에 이를 이용하면 훨씬 효율적인 구동회로를 만들 수 있기 때문이다. FND의 다이나믹 구동법은 이러한 잔상효과를 이용한 것으로, 주어진 일정한 시간마다 각 하나의 FND만을 구동하여 여러 개의 FND를 차례로 동작시키는 방법이다. 잔상이란 눈을 통해 들어온 상이 짧은 시간동안 뇌에 남아 있는 현상이다. 잔상효과란 모든 물체는 사람이 눈으로 통해서 뇌에서 감지하게 되는데, 뇌에서 사물을 감지하는 시간은 약 0.03초이다. 그런데 이 시간보다 짧은 시간 내에 그림을 바꿔주게 되면 마치 움직이는 것처럼 보이게 되는데, 이러한 현상을 잔상 효과라 한다. 잔상효과를 이용한 가장 대표적인 것은 만화영화이다. 우리 눈에는 움직이는 것처럼 보이지만 실제로는 여러 장의 정지 화면을 모아 짧은(1초당 24장) 간격으로 보여주는 것이다. 따라서 이론적으로 보면 30ms 보다 짧은 시간동안에는 사물의 변화를 인식할 수 없다. 이것을 이용한 것이 다이나믹 구동법이다. 30ms 내에 4개의 LED를 번갈아 켜면 모든 LED가 켜진 것처럼 보인다는 것이다.

그림 3.2 7-세그먼트

3.2 FND 응용 프로그래밍 실습

그림 3.3은 ED-4513 마이크로프로세서 콤보II에 부착된 4개의 FND를 제어하기 위한 구동 회로를 보여주며, 그림 3.4는 동작 스위치와 선택 스위치 회로를 보여준다.

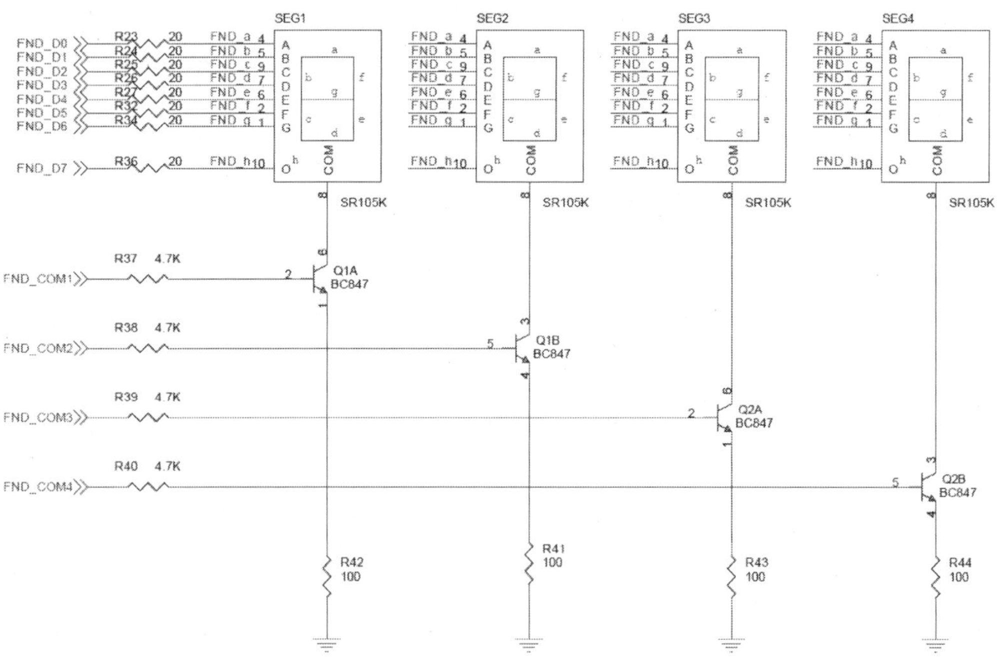

그림 3.3 FND 구동회로

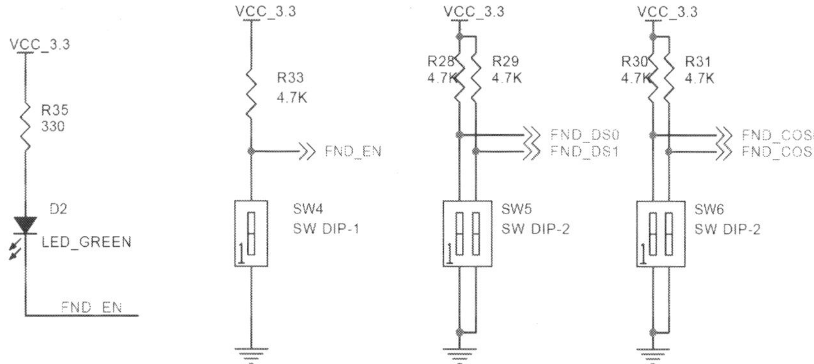

그림 3.4 FND 동작 스위치와 포트 선택 스위치 회로

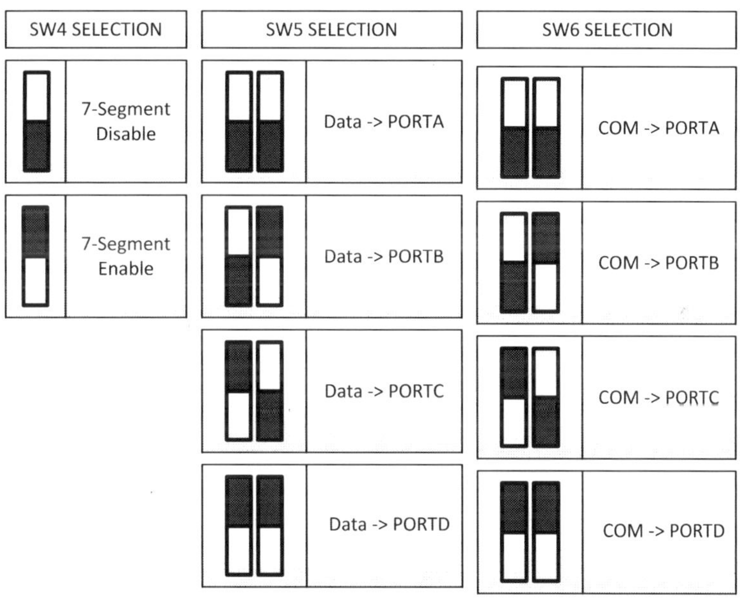

그림 3.5 FND 동작 스위치와 포트설정 방법

그리고 그림 3.5는 FND 동작 스위치와 데이터 버스, COM 포트 설정 방법을 보여 준다. 프로그램을 시작하기 전 먼저 SW4, SW5, SW6을 사용하여 기능을 활성화하고 사용할 포트를 설정하여야 한다.

예제 3.1

하나의 FND에 0~9 값을 차례대로 출력한다.

```
#include<iom128.h>
#include<ina90.h>
void delay(void);
unsigned int i;
unsigned char FND_DATA[16] = {0x3f,0x06,0x5b,0x4f,
                              0x66,0x6d,0x7d,0x07,
                              0x7f,0x6f,0x77,0x7c,
                              0x39,0x5e,0x79,0x71};
void main(void){
DDRA=0xff;     // output port
DDRB=0xff;     // output port
DDRC=0xff;     // output port
DDRD=0xff;     // output port
while(1){
  for(i=0;i<=9;i++){
  PORTA=FND_DATA[i];  // Low data
  PORTB=8; // FND Selecter 1,2,4,8
  delay();
  delay();
  delay();
  delay();
  }
}
}
void delay(void){
unsigned int i,j;
for(i=0;i<255;i++) for(j=0;j<255;j++);
}
```

예제 3.2

4개의 FND에 0~9의 값을 차례대로 출력한다.

```
#include<iom128.h>
#include<ina90.h>
void delay(void);
unsigned char FND_DATA[16] = {0x3f,0x06,0x5b,0x4f,
                              0x66,0x6d,0x7d,0x07,
                              0x7f,0x6f,0x77,0x7c,
                              0x39,0x5e,0x79,0x71};
void main( void )
{
  unsigned int i;
//unsigned char kk;
DDRA=0xff;        // output port
DDRB=0xff;        // output port
while(1){
  for(i=0;i<=9;i++){
  PORTA=FND_DATA[i];  // Low data
  PORTB=1;            // FND Selecter 1
  delay();
 PORTA=FND_DATA[i];   // Low data
  PORTB=2;            // FND Selecter 2
   delay();
  PORTA=FND_DATA[i];  // Low data
  PORTB=4;            // FND Selecter 4
   delay();
  PORTA=FND_DATA[i];  // Low data
  PORTB=8;            // FND Selecter 8
   delay();
  }
}
}
void delay(void){
```

```
unsigned int i,j;
for(i=0;i<255;i++) for(j=0;j<255;j++);
}
```

평 / 가 / 문 / 제

1. 공통 애노드형 FND와 공통 캐소드형 FND의 차이점은 무엇인가?

2. 일반적으로 FND 회로를 구성할 때 소스회로 보다 싱크회로를 사용하는 이유는 무엇인가?

3. FND의 다이나믹 구동법에 대하여 설명하시오.

4. 4개의 FND에 숫자 34.5를 출력하는 프로그램을 작성하시오.

5. 일반적으로 여러 개의 FND를 다이나믹 구동하면 밝기가 낮아진다. 이 문제를 해결 할 수 있는 방법은 무엇인가?

CHAPTER 04

문자형 LCD 응용

4.1 문자형 LCD 동작원리

문자형 LCD 모듈은 대부분 2라인 16문자를 표시할 수 있는 장치를 사용하며 이 LCD 모듈은 히타치 사의 HD44780 드라이버를 내장하고 있다. 그림 4.1은 LCD 디스플레이 장치의 내부 구성도를 보여준다.

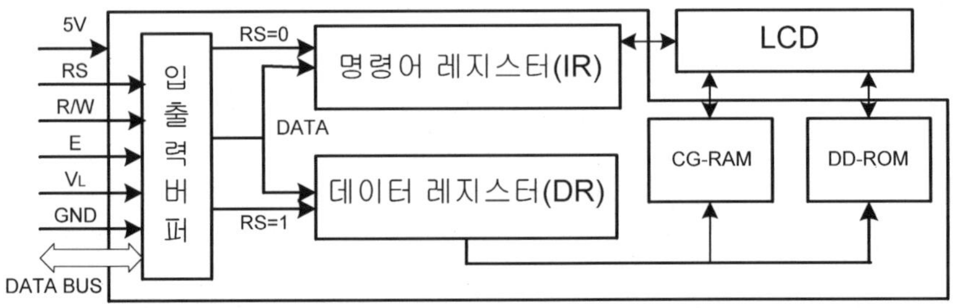

그림 4.1 문자형 LCD 내부 구성도

그림 4.1에서 IR은 모듈의 사용 환경을 설정하는데 이용되는 레지스터이고 DR은 LCD 모듈의 글자를 나타내기 위한 데이터 값이 입력되는 레지스터이다. 문자형 LCD 모듈의 특징은 다음과 같다.

① 4 비트 또는 8 비트 인터페이스
② 5×8 도트 또는 5×10 도트 디스플레이
③ 80×8 비트의 디스플레이 RAM(D.D.RAM)
④ 240 글자 폰트를 위한 9920 비트 문자 발생기(C.G.ROM)
- 208 문자폰트(5×8 도트)
- 32 문자폰트(5×10 도트)

⑤ 64*8 비트 글자 발생기 RAM(C.G.RAM)
- 8 문자폰트(5×8 도트)
- 4문자폰트(5×10도트)

⑥ 5V 단일전원 사용

(1) LCD 핀 기능

LCD 모듈은 모두 14핀으로 구성되어 있으며 백라이트가 있는 경우 16핀으로 구성된다. 각 핀별 기능은 표 4.1과 같다.

표 4.1 핀 기능

핀 번호	기 호	기 능
1	V_{SS}	0V
2	V_{DD}	+5V
3	V_L	LCD의 밝기를 조절하는 단자(10KΩ의 가변저항을 연결한다.)
4	RS	레지스터 선택 L : 명령어 레지스터 H : 데이터 레지스터
5	R/W	읽기/쓰기 선택 L : 데이터 쓰기 H : 데이터 읽기

핀 번호	기 호	기 능
6	E	모듈의 인에이블 신호 L : 디스에이블 H : 인에이블
7	D0	데이터 버스
8	D1	
9	D2	
10	D3	
11	D4	
12	D5	
13	D6	
14	D7	
15	백라이트 전원(+)	백라이트 전원
16	백라이트 전원(-)	

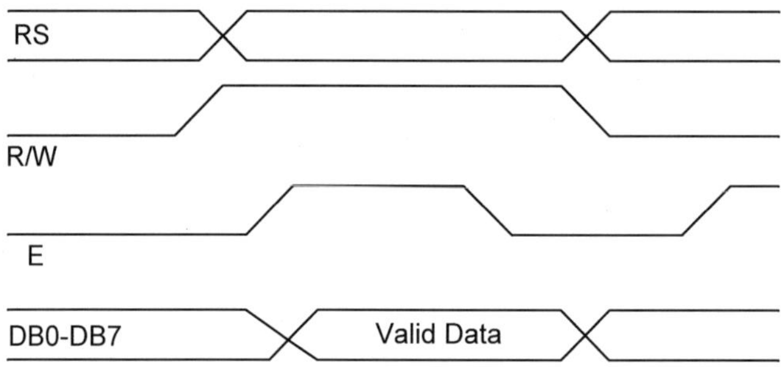

그림 4.2 읽기 동작 타이밍도

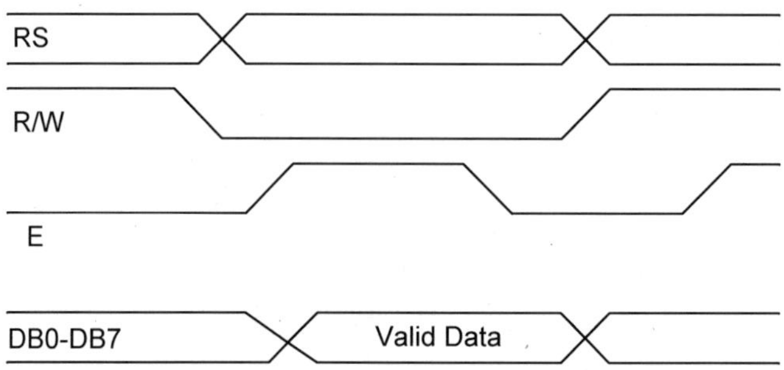

그림 4.3 쓰기 동작 타이밍도

4.2 LCD 모듈의 내부 구성(HD44780U의 기능 설명)

(1) 레지스터

LCD 제어기(HD44780U)는 2개의 8비트 레지스터(명령어 레지스터, 데이터 레지스터)를 가지고 있다. 명령어 레지스터는 화면 클리어, 커서 이동에 대한 정보 등과 같은 명령어 코드 혹은 C.G.RAM, D.D.RAM에 대한 주소정보를 저장한다. 데이터 레지스터는 C.G.RAM, D.D.RAM에 써넣어진 데이터 혹은 C.G.RAM, D.D.RAM으로부터 읽은 데이터를 임시로 저장한다. 마이크로프로세서로부터 데이터 레지스터에 써넣어진 데이터는 내부 동작에 의하여 자동으로 C.G.RAM, D.D.RAM에 복사된다. 데이터 레지스터는 C.G.RAM, D.D.RAM으로부터 데이터를 읽을 때 데이터 저장 장소로 사용된다. 명령어 레지스터에 주소정보가 써지면 그 주소에 있는 데이터는 내부 동작에 의하여 D.D.RAM 혹은 C.G.RAM으로부터 읽혀져 데이터 레지스터에 저장된다. 이때 마이크로프로세서는 데이터 레지스터에 있는 데이터를 읽기 하면 데이터의 입력이 종료된다. 명령어 레지스터와 데이터 레지스터의 선택은 표 4.2와 같이 LCD 모듈의 4번 핀인 RS 신호 단자에 의하여 결정된다.

표 4.2 레지스터 선택

레지스터 선택		
RS	RW	동작기능
0	0	IR 레지스터를 선택하여 제어명령 쓰기
0	1	DB7으로부터 BF 읽기/AC를 DB8~DB6로부터 읽기
1	0	DR을 선택하여 데이터 값 쓰기 (DR0~D.D.RAM 혹은 C.G.RAM로)
1	1	DR을 선택하여 데이터 값 읽기 (DR0~D.D.RAM 혹은 C.G.RAM에서 DR로)

(2) 비지 플래그(BF)

비지 플래그는 연속적으로 LCD에 제어 명령이 입력될 때 LCD 모듈이 처리할 수 있는가를 나타내는 상태 표시이다. 만약 BF=1이면 HD44780U는 내부적으로 동작 중이다. 그리고 다음 동작은 받아들여지지 않는다. 따라서 다음 명령어는 반드시 BF=0를 검사한 후 써넣어야 한다. BF는 표 4.2에서와 같이 RS=0, RW=1일 때 DB7으로부터 읽을 수 있다.

(3) 어드레스 카운터(AC)

어드레스 카운터는 D.D.RAM과 C.G.RAM에 주소정보를 할당한다. 한 명령의 어드레스가 IR에 라이트 될 때 이 어드레스 정보는 IR에서 AC로 전송된다. 이때 D.D.RAM 혹은 C.G.RAM의 선택은 명령에 의해서 동시에 결정된다. 쓰기(혹은 읽기)가 발생하면 AC의 값은 자동적으로 1 증가(혹은 1 감소)한다. AC의 내용은 RS=0, RW=1일 때 DB0~DB6로 출력된다.

(4) 표시 데이터 램(Display Data RAM: D.D.RAM)

D.D.RAM은 8비트의 문자 코드로 표현된 디스플레이 데이터를 저장한다. 이것의 용량은 80×8 비트 또는 80 문자이다. 디스플레이용으로 사용되지 않는 D.D.RAM은 일반 데이터 RAM으로 사용가능하다. 표 4.3은 D.D.RAM 주소와 LCD 상의 위치와의 관계를 보여준다.

표 4.3 D.D.RAM 주소와 LCD 상의 위치와의 관계

열번호	01	02	03	04	05	06	07	08	09	10	11	12	13	14	15	16	LCD 표시 열수
LCD1행	00	01	02	03	04	05	06	07	08	09	0A	0B	0C	0D	0E	0F	D.D.RAM 주소
LCD2행	40	41	42	43	44	45	46	47	48	49	4A	4B	4C	4D	4E	4F	D.D.RAM 주소

(5) 문자발생 ROM(C.G.ROM)

8 비트 문자코드로부터 208개의 5×8 도트 혹은 32개의 5×10 도트의 문자 패턴을 발생한다.

(6) 문자발생 RAM(C.G.RAM)

사용자 문자를 생성할 때 사용한다. 사용자는 프로그램에 의하여 5×8 도트 문자를 최대 8개 5×10 도트의 문자를 4개 만들어 RAM에 저장할 수 있다.

4.3 LCD 명령어

(1) LCD 화면 클리어

LCD의 화면을 클리어 하고 커서를 홈(0번지)으로 옮긴다.

RS	R/W	DB7	DB6	DB5	DB4	DB3	DB2	DB1	DB0
0	0	0	0	0	0	0	0	0	1

(2) 커서 홈

LCD 커서가 홈의 위치로 돌아간다. 단, D.D.RAM의 내용은 변경되지 않는다. 실행 시간이 1.52.ms이므로 시간 지연이 필요하다.

RS	R/W	DB7	DB6	DB5	DB4	DB3	DB2	DB1	DB0
0	0	0	0	0	0	0	0	1	0

(3) 엔터리 모드 설정

DB2가 1인 경우 커서의 움직이는 방향을 설정하거나 글자가 표기된 표시 부분(디스플레이)을 시프트 할 것인지를 결정한다. 또한 이들의 동작은 데이터 쓰기/읽기 동안에 수행된다. 이 명령이 실행되는 시간은 37μs이므로 시간 지연이 필요하다.

RS	R/W	DB7	DB6	DB5	DB4	DB3	DB2	DB1	DB0
0	0	0	0	0	0	0	1	I/D	S

- I/D : D.D.RAM의 어드레스의 증가(I) 혹은 감소(D)를 결정한다.

S : 글자가 표기된 전체 디스플레이를 오른쪽/왼쪽으로 이동시키기 위한 변수

- S=1, I/D=1 : 글자가 표기된 디스플레이가 왼쪽으로 시프트 한다.
- S=1, I/D=0 : 글자가 표기된 디스플레이가 오른쪽으로 시프트 한다.

  * 이때 커서의 위치는 변하지 않는다.
- S=0 : 글자가 표기된 디스플레이는 시프트 되지 않는다.

(4) 디스플레이 ON/OFF 제어

3번 비트가 1인 경우 전체 디스플레이의 ON/OFF 제어, 커서의 ON/OFF 제어, 그리고 커서 위치에 있는 문자를 BLINK 하는 기능을 한다. 이 명령어가 수행되는데 걸리는 시간은 37μs이다.

RS	R/W
0	0

DB7	DB6	DB5	DB4	DB3	DB2	DB1	DB0
0	0	0	0	1	D	C	B

D : 글자가 표기되는 디스플레이를 ON/OFF 하기 위한 변수

- D=1 : 글자가 표기되는 디스플레이 부분이 ON 되어서 글자가 나타난다.
- D=0 : 글자가 표기되는 디스플에이 부분이 OFF 되어서 글자가 나타나지 않는다.
  - * 이때 디스플레이 부분이 D.D.RAM에 남아 있기 때문에 D=1로 하면 글자가 다시플레이 부분에 다시 나타난다.

C : 커서 부분의 ON/OFF 제어하는 변수

- C=1 : 커서가 나타난다.
- C=0 : 커서가 나타나지 않는다.

(5) 커서 또는 디스플레이 시프트

4번 비트가 1인 경우 D.D.RAM의 내용을 변화하지 않는 상태에서 커서를 움직이게 하고 글자가 표기되는 디스플레이 부분을 시프트하기 위한 명령어이다. 이들의 기능은 S/C, R/L 에 어떠한 값을 설정하느냐에 따라서 결정된다. 또한 이 명령의 처리 시간은 37μs가 소요된다.

RS	R/W
0	0

DB7	DB6	DB5	DB4	DB3	DB2	DB1	DB0
0	0	0	1	S/C	R/L	–	–

- S/C=0, R/L=0 : 커서가 왼쪽으로 이동한다. 어드레스 카운터를 -1 감소한다.
- S/C=0, R/L=1 : 커서가 오른쪽으로 이동한다. 어드레스 카운터를 1 증가한다.
- S/C=1, R/L=0 : 전체의 디스플레이와 커서를 왼쪽으로 시프트 한다.
- S/C=1, R/L=1 : 전체의 디스플레이와 커서를 오른쪽으로 시프트 한다.

(6) 기능 설정

5번 비트가 1인 경우로서 LCD를 사용하기에 앞서 우선되어야 할 LCD의 초기화를 설정하기 위한 명령어를 나타낸다. 이 명령어가 설정하는 기능은 몇 비트로 인터페이스를 할 것인가를 결정하는 데이터 라인(DL), 글자를 표기하는 디스플레이의 총 라인 수(N), 글자 폰트를 나타내기 위한 폰트(F)로 구성되어 있으며 이 명령어가 실행되기 위한 시간은 37μs이다.

RS	R/W	DB7	DB6	DB5	DB4	DB3	DB2	DB1	DB0
0	0	0	0	1	DL	N	F	–	–

- DL=1 : 8비트 라인을 이용하여 인터페이스
- DL=0 : 4비트(DB7~DB4) 라인을 이용하여 인터페이스
  * 4비트 인터페이스의 경우 먼저 상위 4비트의 데이터 전송을 하고 다음에 하위 4비트의 데이터를 전송해야 한다.
- N : 글자를 표기하는 디스플레이 라인의 수를 결정한다.
- F : 글자 폰트를 결정한다.

N	F	디스플레이 라인	글자 폰트	듀티	참고
0	0	1	5×8	1/8	
0	1	1	5×10	1/11	
1	*	2	5×8	1/16	5×10 도트의 글사 폰트는 2라인 디스플레이 안됨

(7) C.G.RAM 주소 설정

6번 비트가 1인 경우로서 C.G.RAM의 주소를 설정하는데 사용된다. 주소 설정 후 C.G.RAM 데이터를 받거나 전송할 수 있다. C.G.RAM의 주소는 DB5~DB6의 6비트까지 설정 가능하며 이 번지가 설정된 후 만들고자 하는 폰트 데이터를 C.G.RAM에 입력하면 된다. 이때 처리시간은 3.7μs이다.

RS	R/W	DB7	DB6	DB5	DB4	DB3	DB2	DB1	DB0
0	0	0	1	ACG	ACG	ACG	ACG	ACG	ACG

(8) D.D.RAM 주소 설정

7번 비트가 1인 경우로서 D.D.RAM의 주소를 설정하는데 이용된다. 어드레스의 설정 후 D.D.RAM의 데이터를 받거나 전송 할 수 있다. D.D.RAM의 주소는 DB7~DB0의 7 비트까지 설정 가능하며, 이 번지가 설정되면 디스플레이 라인은 설정하는 N의 값에 따라 번지가 결정된다.(즉, N=0 : ADD는 0x00~0x4F, N=1 : ADD는 0x00~0x27(첫째 라인), 0x40~0x67(둘째 라인)의 번지값을 가진다.) 이때 처리시간은 3.7μs이다.

RS	R/W
0	0

DB7	DB6	DB5	DB4	DB3	DB2	DB1	DB0
1	ADD	ADD	ADD	ADD	ADD	ADD	ADD

4.4 문자형 LCD 응용 프로그래밍 실습

예제 4.1

문자형 LCD 1 라인에 "TEST LCD" 문자를 출력한다.

```
#include<iom128.h>
#include<ina90.h>
/* Character LCD LINE1,2 제어 및 어드레스 */
// set DD RAM Address Command : 0x80 | Position (1,0) DD RAM Address : 0x00
#define LCD_LINE1    0x80
// set DD RAM Address Command : 0x80 | Position (2,0) DD RAM Address : 0x40
#define LCD_LINE2    0xC0
void instruction_Out(unsigned char);
void char_Out(unsigned char);
void lcd_Init(void);
void lcd_string_Out(unsigned char, unsigned char *);
void ddelay(int);

/************************************************************
Enable : bit1
RS Control : bit2
```

```
RW Control : bit3
Data Bus    : 4bit data, bit4~bit7
************************************************************/
void main(void){
/* Character LCD 포트 및 입출력 레지스터 =PORTA */
DDRA=0xff;
 lcd_Init();
 lcd_string_Out(LCD_LINE1,"TEST LCD");
}
/******************************************************************
 A1(R/W)      A0(RS)     |     function
-----------------------------------------------------------------
    0            0       |  write to instruction register
    0            1       |  write to data register
    1            0       |  read from instruction register
    1            1       |  read from data register
******************************************************************/
void instruction_Out(unsigned char data)
{
  unsigned char data_H;
  data_H = data;
 /* write to instruction register */
  PORTA_Bit2=0;          // RS=0
  PORTA_Bit3=0;          // RW=0
  PORTA_Bit1=1;          // LCD Enable
  PORTA &= ~0xF0;
  PORTA |= data_H & 0xF0; // 상위 4BIT 출력
  PORTA_Bit1=0;          // LCD disable
  PORTA_Bit1=1;          // LCD Enable
  PORTA &= ~0xF0;
  PORTA |= (data<<4) & 0xF0;  // 하위 4BIT 출력
  PORTA_Bit1=0;          // LCD disable
  ddelay(1000);          // time delay => 37u
}
void char_Out(unsigned char data)
```

```
{
  unsigned char data_H;
  data_H = data;
  //write to data register
  PORTA_Bit2=1;          // RS=1
  PORTA_Bit3=0;          // RW=0
  PORTA_Bit1=1;          // LCD Enable
  PORTA &= ~0xF0;
  PORTA |= data_H & 0xF0; // 상위 4BIT 출력
  PORTA_Bit1=0;          // LCD disable
  PORTA_Bit1=1;          // LCD Enable
  PORTA &= ~0xF0;
  PORTA |= (data<<4) & 0xF0; // 하위 4BIT 출력
  PORTA_Bit1=0;          // LCD disable
  ddelay(1000);          // time delay =>37u
}
void lcd_Init(void)
{
  PORTA = 0xFF;
  PORTA_Bit1=0;          // LCD disable
  ddelay(1000);
// LCD FUNCTION SET(16*2LINE, 4BIT, 5*8DOT)
  instruction_Out(0x28);
 ddelay(1000);
// LCD FUNCTION SET(16*2LINE, 4BIT, 5*8DOT)
  instruction_Out(0x28);
 ddelay(1000);
// LCD DISPLAY ON,CURSOR OFF,BLINK OFF
  instruction_Out(0x0c);
  ddelay(1000);
  instruction_Out(0x01);  // LCD CLEAR
  ddelay(1000);
  instruction_Out(0x06);  // LCD ENTRY MODE SET
  ddelay(1000);
  instruction_Out(0x02);  // RETURN HOME
```

```
}
void lcd_string_Out(unsigned char line_sel, unsigned char * str)
{
   unsigned char i = 0;
   instruction_Out(line_sel);
   do{
      char_Out(str[i]);
   } while(str[++i]!='₩0');
}
void ddelay(int p)
{
int i ;
for(i=0;i<p;i++);
}
void delay(int p){
int i,j ;
for(i=0;i<p;i++)
for(j=0;j<20000;j++);
}
```

평 / 가 / 문 / 제

1. 문자형 LCD를 제어하기 위한 제어신호의 기능을 모두 설명하시오.

2. 문자형 LCD를 초기화 하는 방법을 상세히 설명하시오.

3. 문자형 LCD의 첫 번째 라인에 문자열 "TEST"를 출력하고 3초 뒤에 모든 문자를 삭제하는 프로그램을 작성하시오.

4. 문자형 LCD의 2번째 라인 3번째 열부터 "1234"를 표시하는 프로그램을 작성하시오.

5. 문자형 LCD에서 커서를 이동하는 방법을 설명하시오.

6. 문자형 LCD에서 비지 플래그의 기능을 상세히 설명하시오.

CHAPTER 05

도트 매트릭스 응용

5.1 도트 매트릭스의 구조와 동작원리

도트 매트릭스란 LED를 행렬 형태로 나열한 디스플레이 장치로서, 5×7, 8×8, 16×16으로 구성된 도트 매트릭스가 있다. 또한 컬러 수에 따라 단색 또는 다색으로 구분된다. 도트 매트릭스는 그림 5.1과 같이 LED를 행렬의 형태로 배열한 디스플레이 장치이다. FND와 마찬가지로 공통 애노드 형과 공통 캐소드 형이 있다.

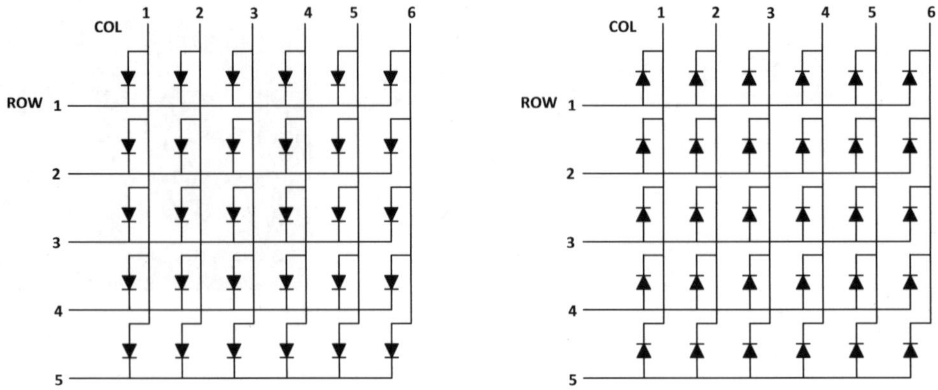

(a) 공통 캐소드 방식 (b) 공통 애노드 방식

그림 5.1 도트 매트릭스의 구조

도트 매트릭스를 구동하는 방법에는 정적구동과 동적구동이 있다. 정적구동의 경우 시프트 레지스터의 비트를 LED 개수만큼 준비하고 여기에 데이터를 보내어 점등하는 방식으로 한 번에 모든 LED를 ON/OFF 한다. 이에 비하여, 동적구동은 매트릭스의 LED를 1행씩 스캔하면서 LED를 ON/OFF 하는 방식으로 구동된다. 스캔 라인과 데이터 라인으로 구성되어 스캔 라인에 의해 각 행 또는 열을 1행씩 스캔하면서 데이터 라인에 의해 동기된 데이터를 출력하는 방식이다. 동적구동 방식은 정적구동 방식에 비하여 LED가 점등되는 시간이 짧기 때문에 휘도가 낮고 스캔 주파수가 낮은 경우에는 깜박임이 발생할 수 있다. 그러나 회로가 간단하기 때문에 저가격으로 대화면의 구성이 가능하다.

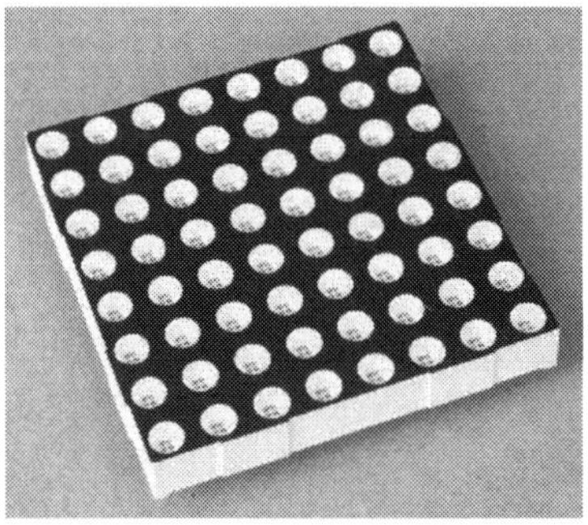

그림 5.2 도트 매트릭스 외형

5.2 도트 매트릭스 응용 프로그래밍 실습

ED-4513 마이크로프로세서 콤보 II에는 2개의 도트 매트릭스가 장착되어 있으며 구성된 회로는 그림 5.3과 같이 열 회로와 행 회로로 구성되어 있다. 그림 5.3(a)의 열 회로는 8비트의 데이터 버스가 연결되고, 이 신호는 UDN2981 8채널 소스 드라이버를 통하여 도트 매트릭스와 연결된다. UDN2981는 각 채널당 최대 500mA까지 전류를 공급하는 것이 가능하다.

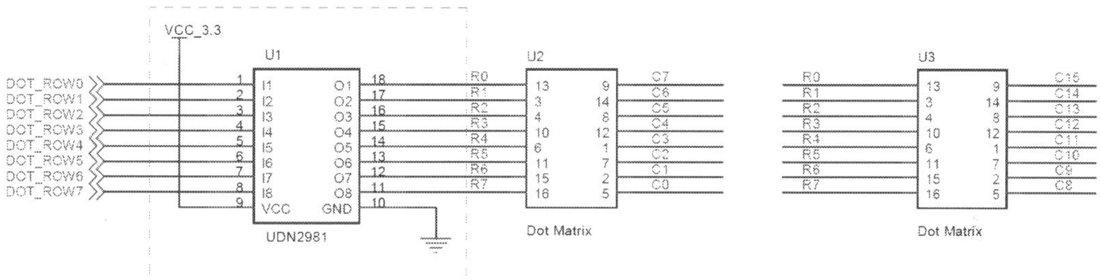

(a) 도트 매트릭스 열 회로

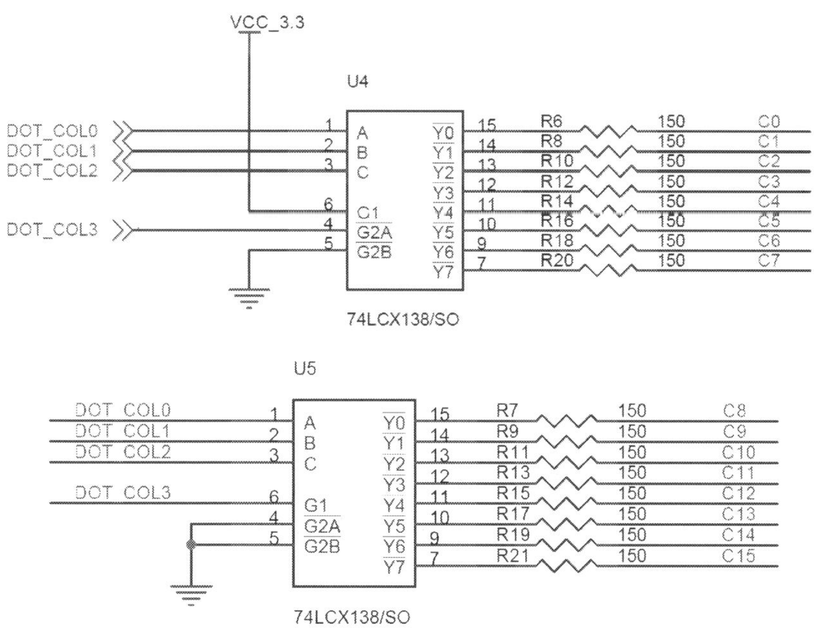

(b) 도트 매트릭스 행 회로

그림 5.3 도트 매트릭스 구성 회로

그림 5.3(b)는 행 회로를 보여준다. 행 회로는 74138 디코드로 구성되어 있으며 마이크로프로세서로부터 2진수의 행 번호를 입력받아 10진수로 변환 시켜주는 역할을 수행한다. 74138의 출력은 도트 매트릭스의 행 회로와 연결된다. 그림 5.4는 도트 매트릭스 동작 스위치와 포트 선택스위치의 회로도를 보여주며, 그림 5.5는 도트 매트릭스 동작 스위치와 포트 설정 방법을 보여준다. 그림 5.5에서와 같이 SW2와 SW3을 이용하여 행과 열의 제어포트를 설정할 수 있다. 도트 매트릭스 프로그램을 작성하기 전 먼저 제어 포트를 결정하여야 한다. 여기서는 포트 A와 포트 B를 각각 열 신호와 행 신호로 사용한다.

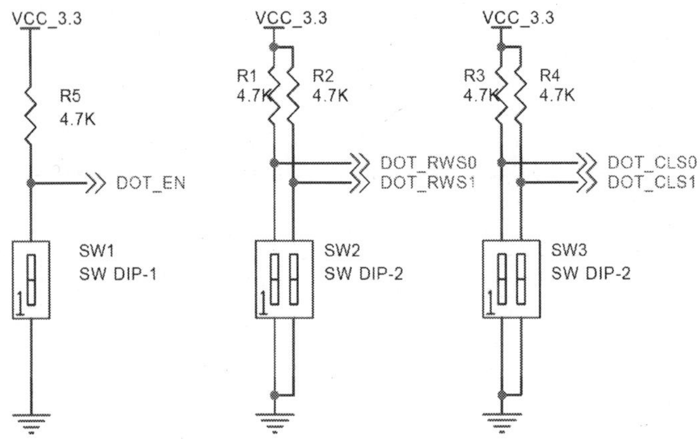

그림 5.4 도트 매트릭스 동작 스위치와 포트 선택 스위치 회로

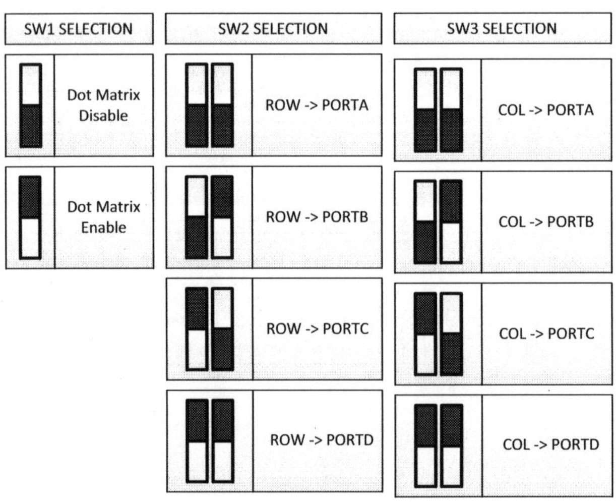

그림 5.5 도트 매트릭스 동작 스위치와 제어 포트 설정방법

예제 5.1

하나의 열을 모두 점등하여 좌로 이동하는 동작을 수행한다.

```
#include<iom128.h>
#include<ina90.h>
void delay(void);
unsigned int i;
void main( void )
{
//unsigned char kk;
DDRA=0xff;        // output port
DDRB=0xff;        // output port
while(1){
  for(i=0;i<16;i++){
  PORTA=0xff;   // Row data
  PORTB=i;      // Col data
  delay();
  delay();
  delay();
  delay();
  }
}
}
void delay(void){
unsigned int i,j;
for(i=0;i<255;i++) for(j=0;j<255;j++);
}
```

예제 5.2 문자 A 출력하기

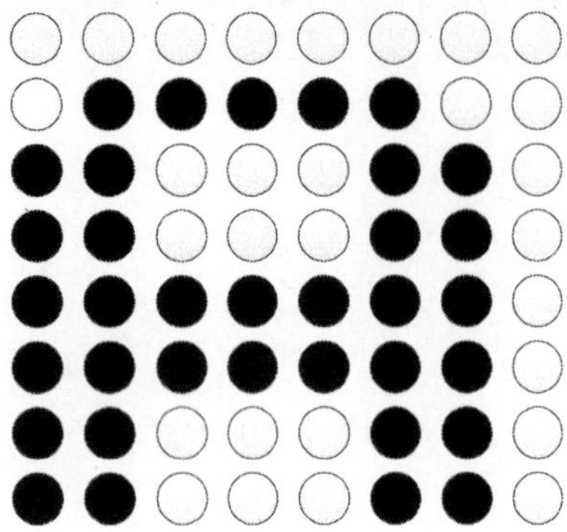

생성된 코드 (우측 열부터)

▼ 00000000(0x00)
▼ 11111100(0xfc)
▼ 11111110(0xfe)
▼ 00110010(0x32)
▼ 00110010(0x32)
▼ 00110010(0x32)
▼ 11111110(0xfe)
▼ 11111100(0xfc)

```
#include<iom128.h>
#include<ina90.h>
void delay(unsigned int);
unsigned int i;
void main( void )
{
//unsigned char kk;
DDRA=0xff;     // output port
DDRB=0xff;     // output port
/*******************************************
문자 A 코드 생성
▼ 00000000(0x00)
▼ 11111100(0xfc)
▼ 11111110(0xfe)
▼ 01001100(0x4c)
▼ 01001100(0x4c)
▼ 01001100(0x4c)
▼ 11111110(0xfe)
▼ 11111100(0xfc)
*******************************************/
char _data[8]={0x00,0xfc,0xfe,0x32,0x32,0x32,0xfe,0xfc};
while(1){
  for(i=0;i<8;i++){
```

```
    PORTA=_data[i];            // Row data
    PORTB=i;                   // Col data
    delay(300);
    PORTA=0x00;
    delay(1);
    }
  }
  }
  void delay(unsigned int t){
    unsigned int i;
  for(i=0;i<t;i++);
  }
```

평 / 가 / 문 / 제

1. 도트 매트릭스의 동적구동 방법에 대하여 설명하시오.

2. 도트 매트릭스의 동적 구동법과 정적 구동법의 차이점을 설명하시오.

3. 도트 매트릭스 구동에서 동적 구동법을 사용하는 경우 밝기가 감소하는 이유를 설명하시오.

4. 동적 구동법을 이용하여 도트 매트릭스에 영문자 A~Z까지를 출력하는 프로그램을 작성하시오.

CHAPTER

06 직류 전동기 응용

6.1 직류전동기 동작원리

직류 전동기의 동작 원리는 플레밍의 왼손법칙을 기반으로 하고 있다. 즉 그림 6.1과 같이 자기장 속에 전류가 흐르는 도체를 놓으면 이 도체에는 플레밍의 왼손법칙에 따른 방향으로 힘을 발생한다.

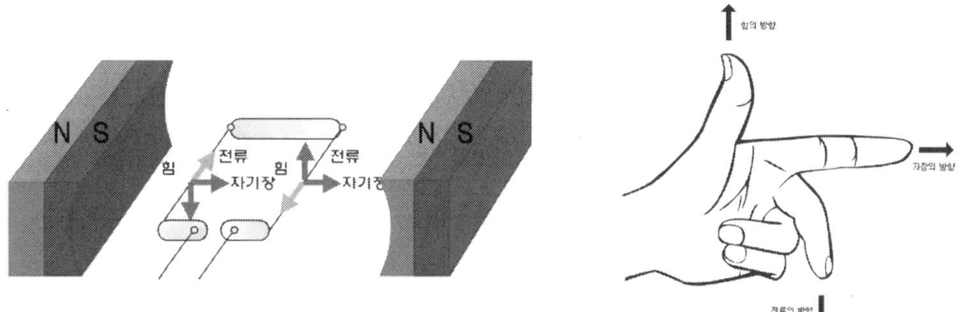

(a) 직류전동기 동작 원리 (b) 플레밍의 왼손법칙

그림 6.1 직류전동기의 동작원리와 플레밍의 왼손법칙

직류전동기는 고정자와 회전자로 구성되어 있다. 고정자는 일반적으로 자속을 발생시키는 자석, 즉 계자로 구성되어 있고, 회전자는 전류를 흘려 토오크를 발생시키는 전기자로 구성된다. 또한 동일 방향의 회전 토오크를 얻기 위하여 외부에서 전기자로 공급되는 직류전류를 전동기 내에서 전기자가 180° 회전할 때마다 전류의 방향을 절환 시켜주는 역할을 수행하는 정류자와 브러시가 있다.

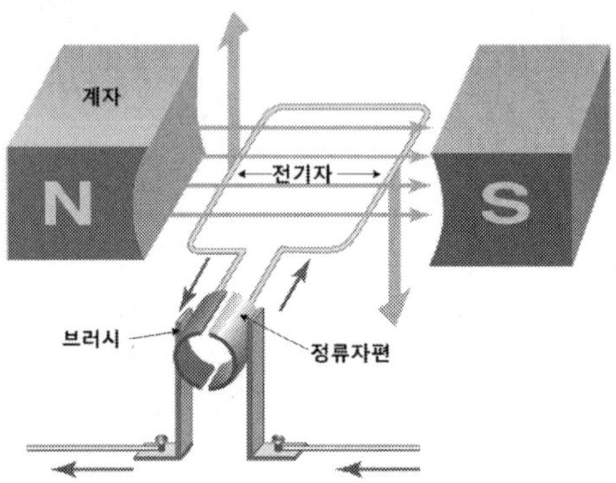

그림 6.2 직류 전동기의 구조

이러한 직류전동기는 구조가 간단하고 직류전원을 공급하면 별다른 장치 없이도 구동이 가능하여 기계장치를 움직이는 액추에이터로 주로 사용된다. 직류 전동기는 외부에서 전기자로 공급되는 전원의 극성을 바꾸어 주면 쉽게 회전 방향을 변경 할 수 있으며 그림 6.3은 직류 전동기의 회전 방향을 변경하기 위한 H-브릿지 회로를 보여준다.

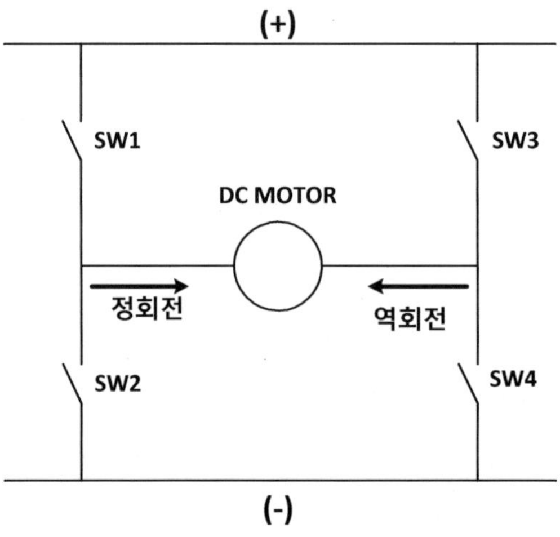

그림 6.3 H 브릿지 회로를 이용한 직류전동기 정역회전

그림 6.3에서 SW1과 SW4를 ON하면 직류전동기는 정회전 하고 SW2와 SW3를 ON하면 직류 전동기의 전기자에 흐르는 전류의 방향이 반대가 되어 역회전 하게 된다. 만약 스위치를 PWM 제어하게 된다면 직류전동기에 인가되는 평균 전압이 변하게 되어 속도제어가 가능하다.

6.2 직류 전동기 제어 프로그래밍 실습

ED-4513에는 직류 전동기 실험이 가능하도록 그림 6.4와 같은 구동회로와 회전수를 측정할 수 있는 광센서 회로로 구성되어 있다.

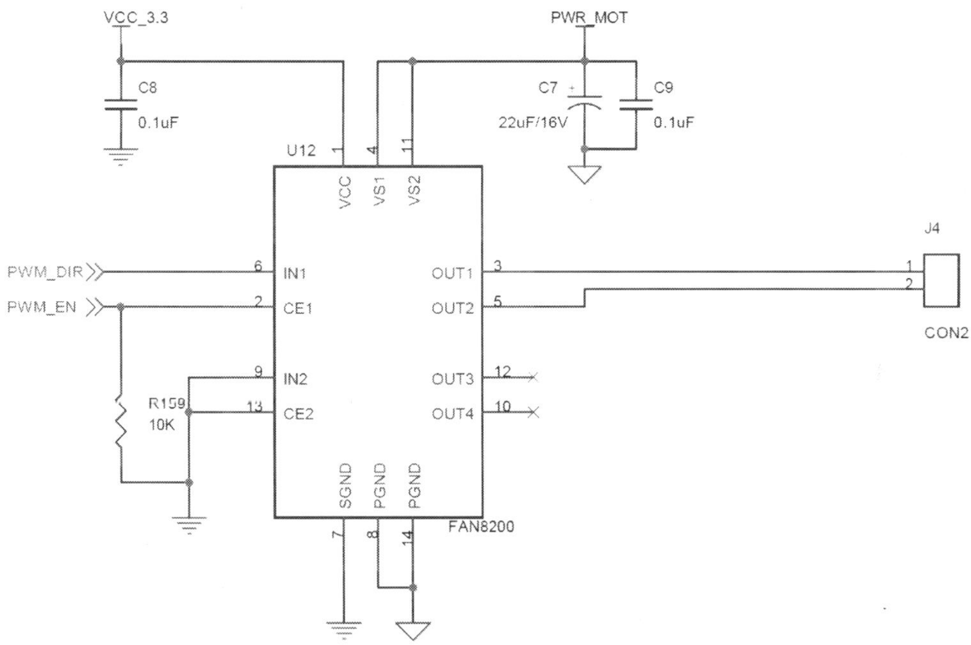

그림 6.4 ED-4513의 직류전동기 구동회로

그림 6.4에서 FAN8200은 최대 1A의 부하전류를 공급할 수 있는 2개의 H-브릿지 회로를 내장하고 있는 전동기 구동소자이며, FAN2800의 전기적인 특성은 표 6.1과 같다.

표 6.1 FAN8200의 전기적 특성

파라메타	심볼	값	단위
사용전압	$V_{CC}(MAX)$	9.0	V
파워공급전압	$V_S(MAX)$	9.9	V
출력전압	$V_{OUT}(MAX)$	$V_S + V_{CF}$	V
입력전압	$V_{IN}(MAX)$	7.0	V
채널당 최대출력전류	$I_O(PEAK)$	1	A
채널당 연속 출력전류	I_O	0.65(FAN8200) 0.4(FAN8200D) 0.55(FAN8200MTC) 0.35(FAN8200MP)	A
소비전력	P_D	1.0(FAN8200) 0.6(FAN8200) 0.87(FAN8200MTC) 0.8(FAN8200MP)	W

표 6.2는 FAN8200의 핀 기능을 설명하고 있다.

표 6.2 FAN8200 핀 기능

핀 번호	핀 이름	I/O	기능 설명
1	V_{CC}	-	논리부 전원공급
2	CE1	I	칩 인에이블1
3	OUT1	O	출력1
4	VS1	-	전원공급1
5	OUT2	O	출력2
6	IN1	I	입력1
7	SGND	-	신호접지
8	PGND	-	전원접지
9	IN2	I	입력2
10	OUT4	O	출력4
11	VS2	-	전원공급2
12	OUT3	O	출력3
13	CE2	I	칩 인에이블2
14	PGND	-	전원접지

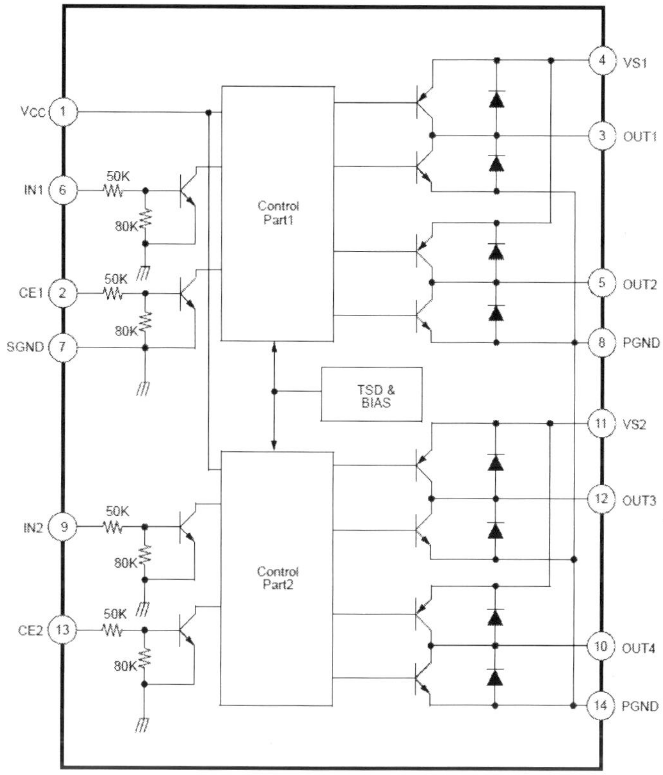

그림 6.5 FAN8200의 내부 블록도

그림 6.5와 표 6.3에서 알 수 있듯이 직류전동기 방향은 IN 핀에 의하여 결정되며, FAN8200의 인에이블은 CE 핀에 의하여 이루어진다.

표 6.3 핀 상태와 기능

CE1	IN1	OUT1	OUT2	CE2	IN2	OUT3	OUT4
LOW	X	Z	Z	LOW	X	Z	Z
High	LOW	HIGH	LOW	HIGH	LOW	HIGH	LOW
High	HIGH	LOW	HIGH	HIGH	HIGH	LOW	HIGH

– X : don't care
– Z : high impedance

표 6.3은 CE 핀과 IN 핀의 상태에 따른 출력의 극성 상태를 보여 주고 있는데 IN의 상태에 따라 출력 핀의 극성이 반전되는 것을 알 수 있다. 예제 프로그램에서는 ATmega128의

PORTD.1이 방향을 설정하는 IN 핀에 연결되고, PORTB.5(OC1A) 핀이 FAN2800의 칩 인에이블 신호인 CE핀에 연결되도록 설정하였다. 그림 6.6은 입력 상태에 따른 출력신호를 보여주고 있고, 그림 6.7은 FAN8200의 직류전동기 정역회전 제어를 위한 적용 예를 보여준다.

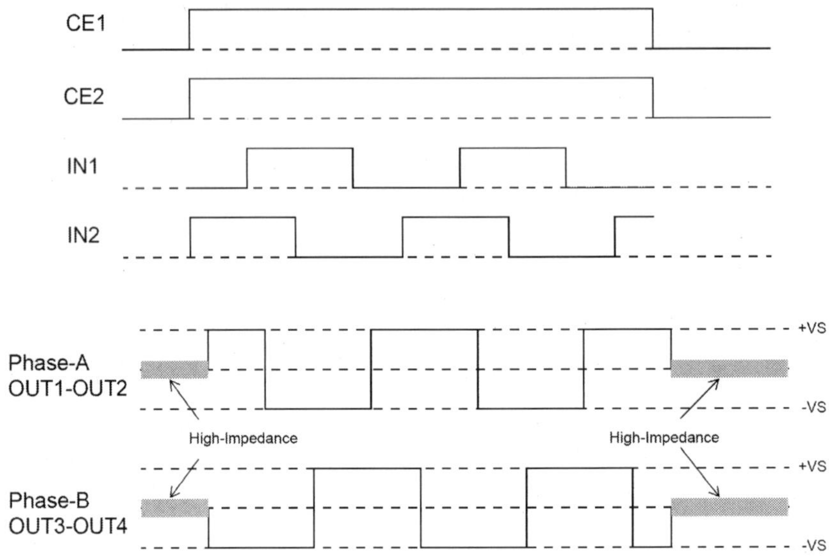

그림 6.6 FAN8200의 입력과 출력 신호

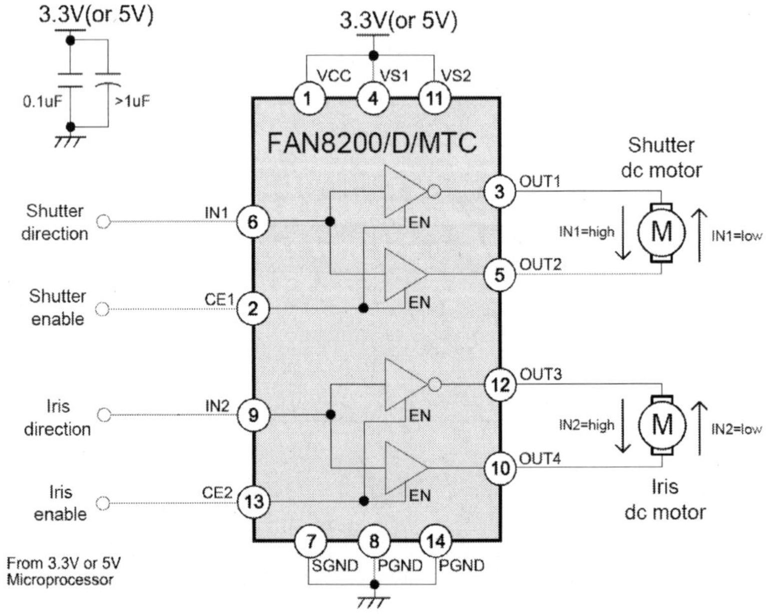

그림 6.7 FAN8200 직류전동기 응용 예

그림 6.8은 광센서 입력회로를 보여준다. 광센서는 수광부와 발광부가 하나의 모듈형태로 되어 있다. 발광부는 모터 실습회로가 활성화되면 항상 턴-온 상태를 유지하여 적외선 광을 발생한다. 발광부에서 발생한 적외선 광이 수광부에서 검출되면 광 트랜지스터가 턴-온되어 수신단의 출력신호는 "LOW"가 되고 검출되지 않으면 광 트랜지스터가 턴-오프되어 수신단의 출력신호는 "HIGH"가 된다.

광센서 수신부의 출력신호는 ATMega128의 외부 카운터 입력 핀(T0)에 연결되어 있고, 직류 전동기에는 4개의 홈을 가지는 회전 원판이 부착되어 있어 이 신호의 입력을 카운트 하면 직류 전동기의 회전수를 측정할 수 있다. 즉 카운터 0로부터 입력되는 펄스 신호가 4개가 되면 1회전이 된다.

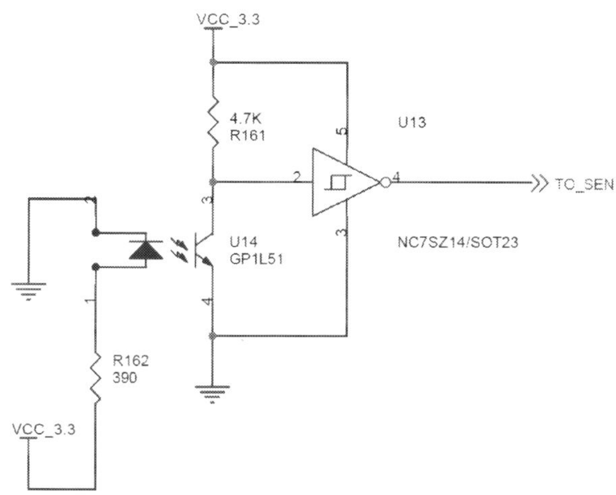

그림 6.8 광 센서 입력회로

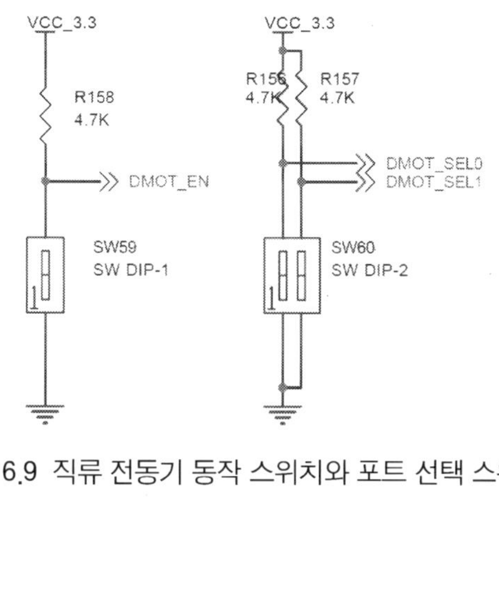

그림 6.9 직류 전동기 동작 스위치와 포트 선택 스위치

그림 6.9과 그림 6.10은 ED-4513에 장착된 직류전동기의 동작 스위치와 방향제어 포트 선택 스위치를 이용한 포트 설정방법을 보여주고 있다. 이 두 개의 스위치를 이용하여 직류전동기 회로를 활성화 시키고, 방향제어 포트를 설정할 수 있다. 즉 SW59는 직류전동기 제어회로의 기능을 활성화 시키거나 비활성화 시키는데 사용되며, SW60은 직류전동기 제어회로의 제어포트를 설정하는데 사용된다. 제어 포트는 스위치의 상태에 따라 PORTA~PORTD까지 설정이 가능하다.

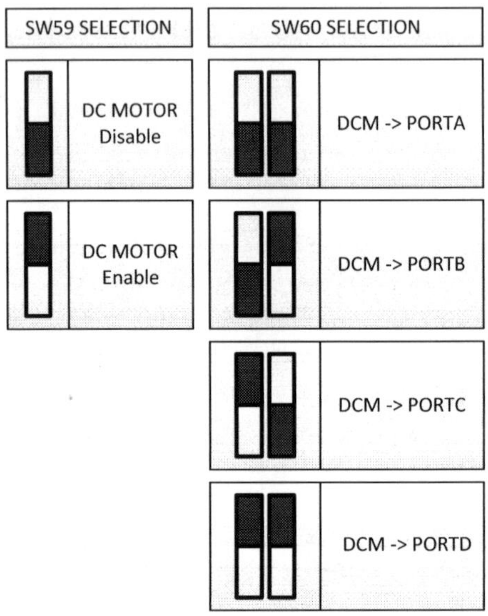

그림 6.10 DC MOTOR 동작 스위치와 포트 선택 스위치 설정 방법

예제 6.1 **타이머/카운터0의 CTC 모드 실험** X

직류전동기를 일정한 시간마다 정역 회전 되도록 한다.
PORTD.1 : 모터의 방향설정, PORTB.5 : FAN2800 칩 인에이블

```
#include<iom128.h>
#include<ina90.h>
void delay(void);
void control_DC_Motor_SPEED(void);
unsigned int i;
void main(void)
{
//unsigned char kk;
```

```
DDRA=0xff;      // output port
DDRB=0xff;      // output port
DDRD=0xff;      // output port
PORTB=0x20;  // portB.5 > motor enable bit
while(1){
  PORTD=0x02;    // PortD.1 > motor direction
  delay();
  PORTD=0x00;    // PortD.1 > motor direction
  delay();
}
}
void delay(void){
unsigned int i,j;
for(i=0;i<60000;i++) for(j=0;j<20;j++);
}
```

예제 6.2

SW1(Speed Up), SW2(Speed Down)의 입력과 위상보정 PWM제어 기능을 이용하여 직류전동기의 속도를 제어한다.
PORTC.0 : SW1, PORTC.1 : SW2
PORTD.1 : 모터의 방향설정, PORTB.5 : FAN2800 칩 인에이블

```
#include<iom128.h>
#include<ina90.h>
/* DC MOTOR SPEED FLAG */
#define DC_MOTOR_SPEED_UP         0
#define DC_MOTOR_SPEED_DOWN       1
/* DC MOTOR 속도 제어를 위한 현재 OCR1A 레지스터 값 저장 변수 */
unsigned char  SPEED_LEVEL;
void port_Init()
{
  DDRB=0xff;          // motor enable port PORTB.5
  DDRD=0xff;          // motor direction control PORTD.1
```

```
  DDRC=0;                  // switch input port PORTC.0, PORTC.1
  PORTC_Bit0=0x00;         // PC.0 : SW1(Input)
  PORTC_Bit1=0x00;         // PC.1 : SW2(Input)
  PORTD=0x00;
  PORTB=0x00;              // motor disable
  PORTB_Bit5=1;            // PB.5(OC1A) : FAN8200_EN(PWM Output)
}
/*********************************************
 * DC MOTOR 속도 제어 - OCR1A 값을 변경하여
   PWM 파형의 듀티비를 변경한다.
 *********************************************/
void control_DC_Motor_SPEED(unsigned char up_down)
{
  if(up_down == DC_MOTOR_SPEED_UP && SPEED_LEVEL > 0)
    {
    SPEED_LEVEL -= 10;
     }
  else if(up_down == DC_MOTOR_SPEED_DOWN && SPEED_LEVEL < 100)
     {
    SPEED_LEVEL += 10;
     }
  TCNT1 = 0;               // TCNT1 reset
  TCCR1B = 0x01;           // clk/1 (No prescaling)
  OCR1A = SPEED_LEVEL;
  TCCR1A = 0xC1;           // Phase Correct PWM mode(8Bit)
                           // Up-counting compare match(Set OC1A)
                           // Down-counting compare match(Clear OC1A)
}
/***********************************************************************
 * SW입력 감지 - SW 입력에 따른 LCD 문자열 출력 및 DC MOTOR 제어
 ***********************************************************************/
void Scan_SW()
{
  if(!PINC_Bit0)
  {
```

```
      PORTD_Bit1=0;    // motor direction control
      control_DC_Motor_SPEED(DC_MOTOR_SPEED_UP);
      while(!PINC_Bit0);
    }
    else if(!PINC_Bit1)
    {
      PORTD_Bit1=0; // motor direction control
      control_DC_Motor_SPEED(DC_MOTOR_SPEED_DOWN);
      while(!PINC_Bit1);
    }
}
/*********************
 *  MAIN 함수
*********************/
void main(void)
{
  SPEED_LEVEL = 100;
  port_Init();
  while(1)
  {
Scan_SW();
  };
}
```

예제 6.3

SW1(Speed Up), SW2(Speed Down)으로 부터 입력 받은 데이터를 이용하여 직류전동기의 속도를 제어하고, 직류전동기의 현재 속도를 엔코드(광센서)로부터 입력 받아 문자형 LCD에 표시한다.

```
/************************************************************
 * function : SW1(Speed DOWN), SW2(Speed UP) 입력에 따른
              Phase Correct PWM 제어를 통한 DC 모터 속도 제어
************************************************************/
```

```
#include <iom128.h>
#include <ina90.h>
#include <string.h>
#include <stdio.h>
/* SW 포트 및 입출력 레지스터 설정 */
#define SW1 PINC_Bit0
#define SW2 PINC_Bit1

/* DC MOTOR DIR 포트 및 입출력 레지스터 설정 */
#define DC_MOTOR_DIR_PORT_REG        PORTD
#define DC_MOTOR_DIR_DDR_REG         DDRD

/* DC MOTOR EN 포트 및 입출력 레지스터 설정 (PORTB.5(OC1A)핀 사용) */
#define DC_MOTOR_EN_PORT_REG         PORTB
#define DC_MOTOR_EN_DDR_REG          DDRB

/* DC MOTOR SPEED FLAG */
#define DC_MOTOR_SPEED_UP            0
#define DC_MOTOR_SPEED_DOWN          1

/* Character LCD LINE1,2 제어 및 어드레스 */
// set DD RAM Address Command : 0x80 | Position (1,0) DD RAM Address : 0x00
#define LCD_LINE1    0x80
// set DD RAM Address Command : 0x80 | Position (2,0) DD RAM Address : 0x40
#define LCD_LINE2    0xC0

void init_port(void);
void init_lcd(void);
void init_timer(void);
void Scan_SW(void);
void control_DC_Motor_SPEED(char);
void instruction_Out(char);
void char_Out(char);
void lcd_string_Out(char, char *);
void ddelay(int);
```

```
void delay(int);

/* Character LCD 에 표시 할 문자열 */
char  TITLE[16] = "DC MOTOR TEST";
char  SPEED_UP[16] = "SPEED UP   ";
char  SPEED_DOWN[16] = "SPEED DOWN";

/* DC MOTOR 속도 제어를 위한 현재 OCR1A 레지스터 값 저장 변수 */
char  SPEED_LEVEL;

/* RPM 저장 */
unsigned int      rpm;
char      rpm_flag, t0_cnt;

/*************************************************************
 *  MAIN 함수
 *************************************************************/
void main()
{
  char rpm_str[7];
  SPEED_LEVEL = 190;
  init_port();
  init_lcd();
  init_timer();
  lcd_string_Out(LCD_LINE1, TITLE);
  sprintf(rpm_str, "%d", rpm);
  lcd_string_Out(LCD_LINE2 + 12, (char *)rpm_str);
  while(1)
  {
    Scan_SW();
        if (rpm_flag)
        {
                rpm_flag = 0;
                sprintf(rpm_str, "%d", rpm);
                lcd_string_Out(LCD_LINE2 + 12, (char *)rpm_str);
```

```
        }
    }
}
/*********************************************************************
 * function : timer 초기화
*********************************************************************/
void init_timer(void){
// 타이머0 초기화
  TCCR0 = (7 << 0);              // 1024분주
  TCNT0 = 0x0f; //(unsigned char)(~240);// 33.3ms 마다 인터럽트 발생
  TIMSK |= 0x01; //timer0 overflow interrupt enable

// 타이머1 초기화
  TCCR1B = (7 << 0);     // T1 Clock source on rising edge
  TCNT1 = 0;

// 타이머3 초기화
// timer3 output compare A match interrupt enable
  ETIMSK |= 0x10;
// timer3 overflow interrupt enable
  ETIMSK |=0x04;
  TCNT3 = 0;          // TCNT1 reset
  OCR3A = SPEED_LEVEL;
  TCCR3A = 0x01;      // Phase Correct PWM mode(8Bit), Normal OP
  TCCR3B = 0x01;      // clk/1 (No prescaling)
  __enable_interrupt();  // Global Interrupt Enable
}
/*********************************************************************
 * function : I/O 포트 초기화 - 범용 입/출력 핀을 설정한다.
 *********************************************************************/
void init_port(void)
{
  DDRA=0xff;
  DDRC=0x00;        // PC.0 : SW1(Input) , PC.1 : SW2(Input)
  PORTC=0x00;       // PORTC Initialize
```

```
    PORTD=0x08;         // 3번 비트 출력 '1'
    DDRD= 0x0F;         //상위 4비트 입력,  PD.1 : FAN8200_DIR(Output)
    DDRB|=0x20;         // PB.5(OC1A) : FAN8200_EN(PWM Output)
    PORTB=0x20;
}
/*********************************************************************
 * function : DC MOTOR 속도 제어 - OCR1A 값을 변경하여 PWM 파형의
              듀티비를 변경한다.
 * para. : char up_down : 속도 증가/감소 명령
*********************************************************************/
void control_DC_Motor_SPEED(char up_down)
{
    if((up_down == DC_MOTOR_SPEED_UP) && (SPEED_LEVEL > 20))
    {
        SPEED_LEVEL -= 10;
    }
    else if((up_down == DC_MOTOR_SPEED_DOWN) && (SPEED_LEVEL < 190))
    {
        SPEED_LEVEL += 10;
    }
    OCR3A = SPEED_LEVEL;
}
/*********************************************************************
 * function : SW입력 감지 - SW 입력에 따른 LCD 문자열 출력 및
              DC MOTOR 제어
*********************************************************************/
void Scan_SW(void)
{
    if(!PINC_Bit0)
    {
        lcd_string_Out(LCD_LINE2, SPEED_UP);
        PORTD_Bit1=0;
        control_DC_Motor_SPEED(DC_MOTOR_SPEED_UP);
        while(!PINC_Bit0);
    }
```

```
    else if(!PINC_Bit1)
    {
      lcd_string_Out(LCD_LINE2, SPEED_DOWN);
      PORTD_Bit1=0;
      control_DC_Motor_SPEED(DC_MOTOR_SPEED_DOWN);
      while(!PINC_Bit1);
    }
}
void instruction_Out(char data)
{
    char data_H;
    data_H = data;
  //write to instruction register
    PORTA_Bit2=0;           // RS=0
    PORTA_Bit3=0;           // RW=0
    PORTA_Bit1=1;           // LCD Enable
    PORTA &= ~0xF0;
    PORTA |= data_H & 0xF0; // 상위 4BIT 출력
    PORTA_Bit1=0;           // LCD disable
    PORTA_Bit1=1;           // LCD Enable
    PORTA &= ~0xF0;
    PORTA |= (data<<4) & 0xF0;      // 하위 4BIT 출력
    PORTA_Bit1=0;                   // LCD disable
    ddelay(1000);                   // time delay =>37u
}
void char_Out(char data)
{
    unsigned char data_H;
    data_H = data;
//write to data register
    PORTA_Bit2=1;           // RS=1
    PORTA_Bit3=0;           // RW=0
    PORTA_Bit1=1;           // LCD Enable
    PORTA &= ~0xF0;
    PORTA |= data_H & 0xF0; // 상위 4BIT 출력
```

```
  PORTA_Bit1=0;           // LCD disable
  PORTA_Bit1=1;           // LCD Enable
  PORTA &= ~0xF0;
  PORTA |= (data<<4) & 0xF0; // 하위 4BIT 출력
  PORTA_Bit1=0;       // LCD disable
 ddelay(1000);        // time delay =>37u
}
void init_lcd(void)
{
  PORTA = 0xFF;
  PORTA_Bit1=0;       // LCD disable
  ddelay(1000);
  instruction_Out(0x28);  //  LCD  FUNCTION  SET(16*2LINE,  4BIT,  5*8DOT)
ddelay(1000);
  instruction_Out(0x28);  //  LCD  FUNCTION  SET(16*2LINE,  4BIT,  5*8DOT)
ddelay(1000);
  instruction_Out(0x0c);  // LCD DISPLAY ON,CURSOR OFF,BLINK OFF
  ddelay(1000);
  instruction_Out(0x01);  // LCD CLEAR
  ddelay(1000);
  instruction_Out(0x06);  // LCD ENTRY MODE SET
  ddelay(1000);
  instruction_Out(0x02);  // RETURN HOME
}
void lcd_string_Out(char line_sel, char * str)
{
  unsigned char i = 0;
  instruction_Out(line_sel);
  do{
    char_Out(str[i]);
  }while(str[++i]!='₩0');
}
void ddelay(int p)
{
int i ;
```

```
for(i=0;i<p;i++);
}
void delay(int p){
int i,j ;
for(i=0;i<p;i++)
for(j=0;j<20000;j++);
}
#pragma vector=TIMER0_OVF_vect
__interrupt void timer0_ser(void)
{
        TCNT0 = 0x0F; //(unsigned char)(~240);
        if (t0_cnt < 30)
        {
                t0_cnt++;
        }
        else
        {
                t0_cnt = 0;
                rpm = (TCNT1/4) * 60;
                TCNT1 = 0;
                rpm_flag = 1;
        }
}
#pragma vector=TIMER3_COMPA_vect
__interrupt void timer3_compA(void)
{
        DC_MOTOR_EN_PORT_REG |= 0x20; //_BV(5);
}
#pragma vector=TIMER3_OVF_vect
__interrupt void timer3_ovf(void)
{
        DC_MOTOR_EN_PORT_REG &= ~0x20; //~_BV(5);
}
```

예제 6.4

엔코더 클럭의 개수를 문자형 LCD에 표시하고 클럭의 개수가 500개 이하면 정회전, 500~1000이면 역회전, 1000 이상이면 정지한다. PORTD.1 : 모터 방향설정, PORTB.5 : FAN2800 칩 인에이블

```
/***********************************************************************
 * 엔코드 클럭의 개수를 문자형 LCD에 표시한다.
 * 엔코드 클럭의 개수가 500개 이하면 정회전
 * 엔코드 클럭의 개수가 500개 이상 1000개 미만은 역회전
 * 엔코드 클럭의 개수가 1000개 이상이면 정지
***********************************************************************/
#include<iom128.h>
#include<ina90.h>
#include<stdio.h>
void init_timer(void);
void init_port(void);
void init_lcd(void);
void instruction_Out(char data);
void char_Out(char data);
void lcd_string_Out(char line_sel, char * str);
void ddelay(unsigned int p);
void delay(unsigned int p);

/* Character LCD LINE1,2 제어 및 어드레스 */
#define LCD_LINE1    0x80
#define LCD_LINE2    0xC0

/* Character LCD 에 표시 할 문자열 */
char  TITLE[16] = "DC MOTOR TEST";
char  SPEED_UP[16] = "SPEED UP   ";
char  SPEED_DOWN[16] = "SPEED DOWN";
unsigned int i,out_data,cnt;
main(){
 char rpm_str[7];
```

```
init_port();
init_timer();
init_lcd();
out_data=0xff;
cnt=0;
lcd_string_Out(LCD_LINE1, TITLE);
sprintf(rpm_str, "%d", cnt);
lcd_string_Out(LCD_LINE2 + 12, (char *)rpm_str);
while(1){
sprintf(rpm_str, "%d", cnt);
lcd_string_Out(LCD_LINE2 + 12, (char *)rpm_str);
if(cnt>=500)PORTD_Bit1=0;
if(cnt>1000) PORTB_Bit5=0;
}
}
/*********************************************************************
 * function : I/O 포트 초기화 - 범용 입/출력 핀을 설정한다.
 *********************************************************************/
void init_port(void)
{
  DDRA=0xff;
  DDRC=0x00;     // PC.0 : SW1(Input), PC.1 : SW2(Input)
  PORTC=0x00;    // PORTC Initialize
  PORTD=0x08;    // 3번 비트 출력 '1'
  DDRD= 0x0F;    // 상위 4비트 입력, PD.1 : FAN8200_DIR(Output)
  DDRB=0xff;     // PB.5(OC1A) : FAN8200_EN(PWM Output)
  PORTB_Bit5=1;  // motor enable
  PORTD_Bit1=1;  // direction set
}
/*********************************************************************
* function : 문자형 LCD를 초기화 한다.
*********************************************************************/
void init_lcd(void)
{
  PORTA_Bit1=0;      // LCD disable
```

```
  ddelay(1000);
  instruction_Out(0x28);   // LCD FUNCTION SET(16*2LINE, 4BIT, 5*8DOT)
ddelay(1000);
  instruction_Out(0x28);   // LCD FUNCTION SET(16*2LINE, 4BIT, 5*8DOT)
ddelay(1000);
  instruction_Out(0x0c);   // LCD DISPLAY ON,CURSOR OFF,BLINK OFF
 ddelay(1000);
  instruction_Out(0x01);   // LCD CLEAR
 ddelay(1000);
  instruction_Out(0x06);   // LCD ENTRY MODE SET
 ddelay(1000);
  instruction_Out(0x02);   // RETURN HOME
}
/*********************************************************************
* function : timer 초기화
* timer1 : 16bit counter for external clock
*********************************************************************/
void init_timer(void){
DDRA=0xff;
DDRD_Bit6=0;     // T1
TCCR1B=0x06;     // Counter1 mode using T1
TCNT1=0xfffb;
TIMSK=0x04;      // timer1 overflow interrupt enable
TIFR=0x04;       // timer1 overflow flag clear
__enable_interrupt();
}
void instruction_Out(char data)
{
  char data_H;
  data_H = data;
 //write to instruction register
  PORTA_Bit2=0;   // RS=0
  PORTA_Bit3=0;   // RW=0
  PORTA_Bit1=1;   // LCD Enable
  PORTA &= ~0xF0;
```

```
    PORTA |= data_H & 0xF0; // 상위 4BIT 출력
    PORTA_Bit1=0;              // LCD disable
    PORTA_Bit1=1;              // LCD Enable
    PORTA &= ~0xF0;
    PORTA |= (data<<4) & 0xF0; // 하위 4BIT 출력
    PORTA_Bit1=0;             // LCD disable
    ddelay(1000);             // time delay =>37u
}
void char_Out(char data)
{
    unsigned char data_H;
    data_H = data;
    //write to data register
    PORTA_Bit2=1;          // RS=1
    PORTA_Bit3=0;          // RW=0
    PORTA_Bit1=1;          // LCD Enable
    PORTA &= ~0xF0;
    PORTA |= data_H & 0xF0; // 상위 4BIT 출력
    PORTA_Bit1=0;          // LCD disable
    PORTA_Bit1=1;          // LCD Enable
    PORTA &= ~0xF0;
    PORTA |= (data<<4) & 0xF0;    // 하위 4BIT 출력
    PORTA_Bit1=0;                 // LCD disable
  ddelay(1000);                   // time delay =>37u
}
void lcd_string_Out(char line_sel, char * str)
{
    unsigned char i = 0;
    instruction_Out(line_sel);
    do{
      char_Out(str[i]);
    }while(str[++i]!='₩0');
}
void ddelay(unsigned int p)
{
```

```
int i ;
for(i=0;i<p;i++);
}
void delay(unsigned int p)
{
int i,j ;
for(i=0;i<p;i++)
for(j=0;j<20000;j++);
}
#pragma vector=TIMER1_OVF_vect
__interrupt void timer1_ser(void){
TCNT1=0xfffb;
cnt++;
__disable_interrupt();
 out_data=~out_data;
__enable_interrupt();
}
```

예제 6.5

SW1(speed_up),SW2(speed_down) key가 눌리질 때마다 직류전동기의 속도를 높이거나 낮춘다. 엔코드 클럭의 개수를 문자형 LCD에 표시하고, speed up/down, 입력된 엔코더 클럭 개수를 문자형 LCD에 표시한다.

```
/************************************************************************
 * SW1,SW2 key가 눌러질때마다 직류전동기의 속도를 높이거나 낮춘다.
 * 입력된 엔코드 클럭의 개수를 문자형 LCD에 표시한다.
 * speed up/down을 문자형 LCD에 표시한다.
************************************************************************/
#include<iom128.h>
#include<ina90.h>
#include<stdio.h>
void init_timer(void);
void init_port(void);
```

```
void init_lcd(void);
void instruction_Out(char data);
void char_Out(char data);
void lcd_string_Out(char line_sel, char * str);
void ddelay(unsigned int p);
void delay(unsigned int p);
void Scan_SW(void);
void control_DC_Motor_SPEED(char up_down);
/* Character LCD LINE1,2 제어 및 어드레스 */
#define LCD_LINE1        0x80
#define LCD_LINE2        0xC0
/* DC MOTOR SPEED FLAG */
#define DC_MOTOR_SPEED_UP        0
#define DC_MOTOR_SPEED_DOWN      1
/* Character LCD 에 표시 할 문자열 */
char   TITLE[16] = "DC MOTOR TEST";
char   SPEED_UP[16] = "SPEED UP   ";
char   SPEED_DOWN[16] = "SPEED DOWN";
unsigned int i,out_data,cnt;
char   SPEED_LEVEL;
main(){
 char rpm_str[7];
 SPEED_LEVEL = 190;
init_port();
init_timer();
init_lcd();
out_data=0xff;
cnt=0;
lcd_string_Out(LCD_LINE1, TITLE);
sprintf(rpm_str, "%d", cnt);
lcd_string_Out(LCD_LINE2 + 12, (char *)rpm_str);
while(1){
Scan_SW();  // motor speed control
sprintf(rpm_str, "%d", cnt);
lcd_string_Out(LCD_LINE2 + 12, (char *)rpm_str); // display clock count
```

```
 }
}
/*********************************************************************
 * function : I/O 포트 초기화 - 범용 입/출력 핀을 설정한다.
 *********************************************************************/
void init_port(void){
  DDRA=0xff;
  DDRC=0x00;      // PC.0 : SW1(Input), PC.1 : SW2(Input)
  PORTC=0x00;     // PORTC Initialize
  PORTD=0x08;     // 3번 비트 출력 '1'
  DDRD= 0x0F;     // 상위 4비트 입력,  PD.1 : FAN8200_DIR(Output)
  DDRB=0xff;      // PB.5(OC1A) : FAN8200_EN(PWM Output)
  PORTB_Bit5=1;   // motor enable
  PORTD_Bit1=1;   // direction set
}
/*********************************************************************
* function : 문자형 LCD를 초기화 한다.
*********************************************************************/
void init_lcd(void){
  PORTA_Bit1=0;              // LCD disable
  ddelay(1000);
  instruction_Out(0x28);    // LCD FUNCTION SET(16*2LINE, 4BIT, 5*8DOT)
ddelay(1000);
  instruction_Out(0x28);    // LCD FUNCTION SET(16*2LINE, 4BIT, 5*8DOT)
ddelay(1000);
  instruction_Out(0x0c);    // LCD DISPLAY ON,CURSOR OFF,BLINK OFF
  ddelay(1000);
  instruction_Out(0x01);    // LCD CLEAR
  ddelay(1000);
  instruction_Out(0x06);    // LCD ENTRY MODE SET
  ddelay(1000);
  instruction_Out(0x02);    // RETURN HOME
}
/*********************************************************************
* function : timer 초기화
```

```
* timer1 : 16bit counter for external clock
*******************************************************************/
void init_timer(void){
DDRA=0xff;
/* initialize timer1(for counter mode) */
DDRD_Bit6=0;            // T1
TCCR1B=0x06;            // Counter1 mode using T1 clock
TCNT1=0xfffb;
TIMSK=0x04;             // timer1 overflow interrupt enable
TIFR=0x04;              // timer1 overflow flag clear
/* initialize timer3 */
ETIMSK |= 0x10;         // timer3 output compare A match interrupt enable
ETIMSK |=0x04;          // timer3 overflow interrupt enable
TCNT3 = 0;              // TCNT1 reset
OCR3A = SPEED_LEVEL;
TCCR3A = 0x01;          // Phase Correct PWM mode(8Bit), Normal OP
TCCR3B = 0x01;          // clk/1 (No prescaling)
TCCR3C = 0x00;
//OCF3A=
__enable_interrupt();
}
void instruction_Out(char data){
  char data_H;
  data_H = data;
 //write to instruction register
  PORTA_Bit2=0;         // RS=0
  PORTA_Bit3=0;         // RW=0
  PORTA_Bit1=1;         // LCD Enable
  PORTA &= ~0xF0;
  PORTA |= data_H & 0xF0; // 상위 4BIT 출력
  PORTA_Bit1=0;         // LCD disable
  PORTA_Bit1=1;         // LCD Enable
  PORTA &= ~0xF0;
  PORTA |= (data<<4) & 0xF0; // 하위 4BIT 출력
  PORTA_Bit1=0;         // LCD disable
```

```
  ddelay(1000);       // time delay =>37u
}
void char_Out(char data){
  unsigned char data_H;
  data_H = data;
  //write to data register
  PORTA_Bit2=1;            // RS=1
  PORTA_Bit3=0;            // RW=0
  PORTA_Bit1=1;            // LCD Enable
  PORTA &= ~0xF0;
  PORTA |= data_H & 0xF0; // 상위 4BIT 출력
  PORTA_Bit1=0;            // LCD disable
  PORTA_Bit1=1;            // LCD Enable
  PORTA &= ~0xF0;
  PORTA |= (data<<4) & 0xF0; // 하위 4BIT 출력
  PORTA_Bit1=0;            // LCD disable
 ddelay(1000);             // time delay => 37u
}
void lcd_string_Out(char line_sel, char * str){
  unsigned char i = 0;
  instruction_Out(line_sel);
  do{
    char_Out(str[i]);
  }while(str[++i]!='₩0');
}
void ddelay(unsigned int p){
int i ;
for(i=0;i<p;i++);
}
void delay(unsigned int p){
int i,j ;
for(i=0;i<p;i++)
for(j=0;j<20000;j++);
}
/**********************************************************************
```

```
 * function : SW입력 감지 - SW 입력에 따른 LCD 문자열 출력 및
              DC MOTOR 제어
*********************************************************************/
void Scan_SW(void){
  if(!PINC_Bit0){
    lcd_string_Out(LCD_LINE2, SPEED_UP);
    PORTD_Bit1=0;
    control_DC_Motor_SPEED(DC_MOTOR_SPEED_UP);
    while(!PINC_Bit0);
  }
  else if(!PINC_Bit1){
    lcd_string_Out(LCD_LINE2, SPEED_DOWN);
    PORTD_Bit1=0;
    control_DC_Motor_SPEED(DC_MOTOR_SPEED_DOWN);
    while(!PINC_Bit1);
  }
}
/*********************************************************************
 * function :  DC MOTOR 속도 제어 - OCR1A 값을 변경하여 PWM 파형의
               듀티비를 변경한다.
 * para. : char up_down : 속도 증가/감소 명령
*********************************************************************/
void control_DC_Motor_SPEED(char up_down){
  if((up_down == DC_MOTOR_SPEED_UP) && (SPEED_LEVEL > 20))
  {
    SPEED_LEVEL -= 10;
  }
  else if((up_down == DC_MOTOR_SPEED_DOWN) && (SPEED_LEVEL < 190))
  {
    SPEED_LEVEL += 10;
  }
  OCR3A = SPEED_LEVEL;
}
#pragma vector=TIMER1_OVF_vect
__interrupt void timer1_ser(void){
```

```
TCNT1=0xfffb;
cnt++;
}
#pragma vector=TIMER3_COMPA_vect
__interrupt void timer3_compA(void){
        PORTB_Bit5=1;
}
#pragma vector=TIMER3_OVF_vect
__interrupt void timer3_ovf(void){
        PORTB_Bit5=0;
}
```

평 / 가 / 문 / 제

1. 직류전동기의 회전 원리를 설명하시오.

2. 직류 전동기의 회전 방향을 변경시키는 방법을 설명하시오.

3. H-브릿지 회로의 동작 원리를 설명하시오.

4. FAN2800의 동작 원리를 설명하시오.

5. 외부 인터럽트 0가 입력되면 정회전, 외부 인터럽트1이 입력되면 역회전 하면서 현재 입력되는 클럭의 개수를 문자형 LCD에 표시하는 프로그램을 작성하시오.

CHAPTER 07

스텝 모터 응용

스텝 모터는 펄스에 의해 디지털적으로 제어하는 것이 가능하여 마이크로프로세서로 제어하기에 적합한 모터이다. 스텝 모터가 직류모터나 교류모터에 비해 크게 다른 점은 모터 축의 위치를 검출하기 위한 피드백 신호 없이도 정해진 각도를 회전하고, 상당히 높은 정확도로 정지 할 수 있다는 것이다. 그리고 시간이 지나도 갱년 변화가 적고 보수가 용이하며, 신뢰도가 높다는 점이다. 또한 다른 모터에 비하여 정지시 매우 큰 정지 토오크가 있기 때문에 전자 브레이크 등의 유지 기구를 필요로 하지 않는다. 회전속도에 있어서도 스텝 모터에 인가되는 펄스의 시간당 개수에 비례하므로 전동기 속도제어에 용이하다는 장점이 있다.

7.1 스텝 모터의 특징

(1) 장점

① 모터의 총 회전각은 입력 펄스의 총 수에 비례하고, 모터의 속도는 1초당 입력 펄스

수에 비례한다.

② 1 스텝 당 각도 오차가 5% 이내이며 회전각 오차는 스텝마다 누적되지 않는다.

③ 회전각 검출을 위한 피드백 신호가 불필요 하므로 제어계가 간단해서 가격이 상대적으로 저렴하다.

④ 직류 모터 등과 같이 브러시 교환 등의 보수를 필요로 하지 않고 신뢰성이 높다.

⑤ 기동 및 정지 응답성이 양호하므로 서보 모터로써 사용가능하다.

(2) 단점

① 특정 주파수에서 진동, 공진 현상이 발생하기 쉽고 관성이 있는 부하에 약하다.

② 고속 운전시 탈조하기 쉽다.

③ 모터 구동시 권선의 인덕턴스 영향으로 인하여 권선에 충분한 전류를 흘리게 할 수 없으므로 펄스비가 상승함에 따라 토오크가 저하하며 직류 모터에 비하여 효율이 떨어진다.

7.2 스텝 모터의 구조와 동작원리

(1) 스텝 모터의 구조

스텝 모터는 그림 7.1, 그림 7.2와 같이 크게 고정자와 회전자 부분으로 구성되어 있으며 고정자 극수에 따라, 즉 상(마주하는 2개의 극이 1개의 상)의 수에 따라 단상, 2상, 3상 등으로 구분되며 이 극 수에 따라 모터의 스텝각이 달라진다. 그림 7.2는 스텝 모터의 고정자와 회전자의 구조를 보여준다. 고정자는 여러 개의 치를 가진 전자석으로 구성되어 있고 회전자는 여러 개의 치를 가진 영구자석으로 구성되어 있다. 이러한 치들은 각상의 여자에 따른 회전 각도를 줄여주는 역할을 수행한다.

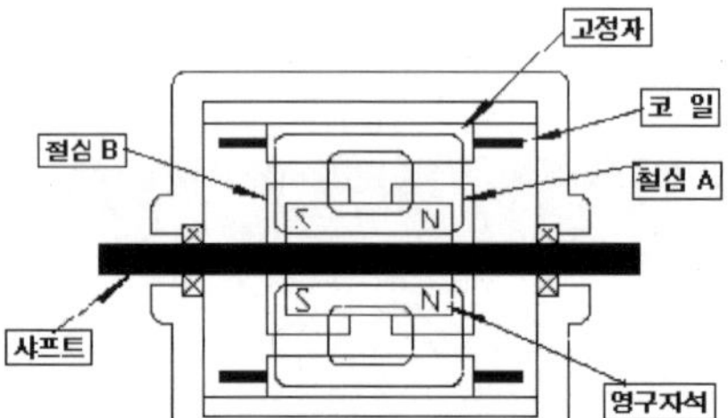

그림 7.1 고정자와 회전자의 구성

(a) 고정자

(b) 회전자

그림 7.2 스텝 모터의 구조

(2) 스텝 모터의 동작 원리

그림 7.3은 스텝 모터의 동작원리를 나타낸다. 그림 7.3에서 회전자는 N, S극을 가진 연구자석이고 고정자는 권선이 감긴 전자석이다. 그림 7.3(a)에서와 같이 좌측 권선에 전류를 흘리면 고정자 철심은 전자석이 되어 회전자의 S극을 끌어 당겨 N극과 S극은 상호 일치하게 된다. 그 다음 그림 7.3(b)와 같이 좌측의 권선에 흐르는 전류를 차단하고 상부의 권선에 전류를 인가하면 회전자가 90도 시계 방향으로 회전하여 상부의 N극 고정자와 일치하게 된다. 이것을 (a) → (b) → (c) → (d) 순서대로 전류를 인가하면 회전자는 1회전하게 되는 것이다.

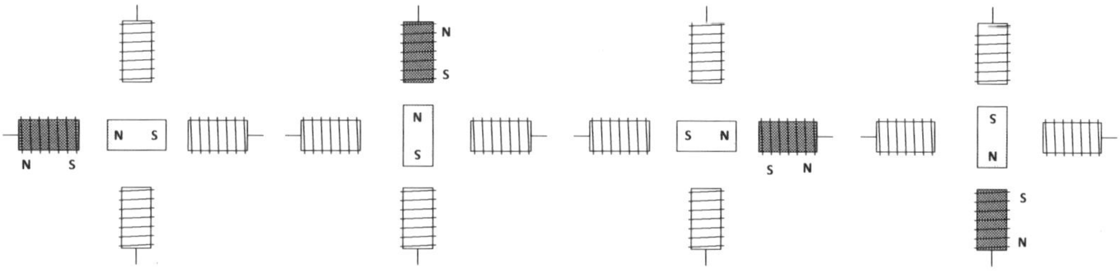

(a) (b) (c) (d)

그림 7.3 스텝 모터의 동작원리

그러나 실제 스텝 모터를 만들게 되는 경우 스텝 모터의 스텝 각을 줄이기 위하여 각 상마다 치를 설치하게 되는데, 그림 7.4는 치가 설치된 고정자와 회전자를 보여 준다.

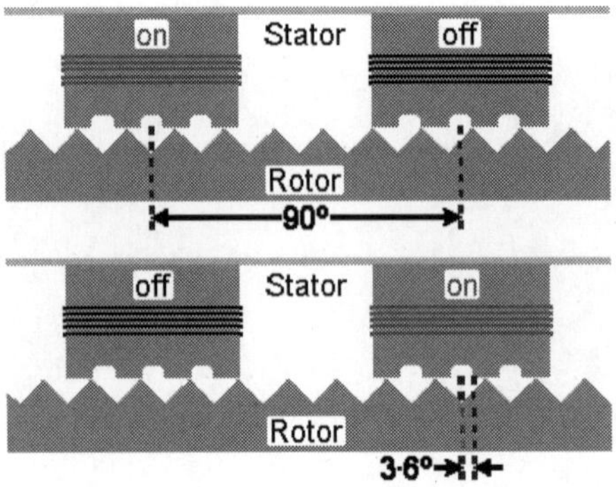

그림 7.4 치가 설치된 회전자와 고정자

그림 7.4와 같이 스텝 각이 3.6° 의 일반적인 4상 모터는 회전자 쪽의 치가 25개, 고정자 쪽에는 각 상마다 4개의 치가 각각 등 간격으로 만들어져 있다. 따라서 회전자이 1 피치각은 360° /25° =14.4° 가 되며, 각 고정자 치가 4개이므로 각 고정자가 여자될 때마다 회전자의 이동 각도는 14.4° /4=3.6° 가 된다.

(3) 스텝 모터의 종류

스텝 모터는 그 구조에 따라 다음과 같이 3가지로 구분된다.

1) 가변 릴럭턴스 형(VR형 : Variable Reluctance Type)

VR형은 연철 또는 성층강판으로 회전자가 만들어져 있고, 톱니바퀴형의 회전자와 고정자 권선에서 만들어지는 전자력에 끌려 붙여 회전한다. 이 모터는 무여자일 때는 자력이 어느 곳에서도 발생하지 않으므로 유지 토오크는 0이 된다. 또한 VR형은 회전자의 관성이 적고 고속 응답에 우수하며 스텝 각은 일반적으로 15° 이다.

2) 영구자석형(PM형 : Permanent Magnet Type)

PM형은 회전자로 영구자석을 사용하고, 고정자 권선에서 발생되는 전자력에 의해 끌려 회전된다. 이 PM형은 영구자석을 사용하게 때문에 무여자 시에도 유지 토오크가 있다는 점이 큰 특징이다. 영구자석의 종류에 따라 스텝 각이 분류되며 스텝 각이 큰 90° , 45° 의 모터는 일반적으로 알니코계 자석을 18° , 15° , 11.25° , 7.5° 등의 모터는 페라이트계 자석을 사용한다.

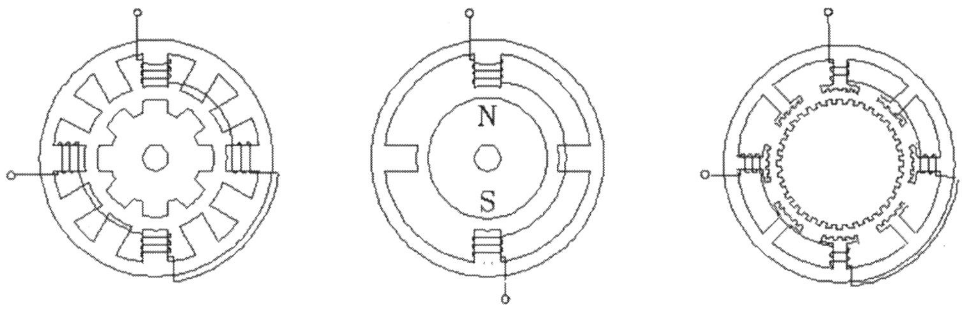

(a) VR형 (b) PM형 (c) 하이브리드 PM형

그림 7.5 스텝 모터의 종류

3) 복합형(HB PM 형 : Hybrid PM Type)

PM형과 VR형을 복합한 형태인데, 회전자의 바깥쪽에 치가 만들어져 있다. 또 회전자에는 축 방향으로 자화된 영구자석이 끼워져 있으며, 그 바깥쪽에 치가 있는 2개의 철심으로 구성되어 있다. 복합형은 고정밀도, 높은 토오크, 작은 스텝을 가지는 용도에 많이 사용되고 있다.

7.3 스텝 모터의 구동방식

스텝 모터의 구동방식은 크게 유니폴라 구동방식과 바이폴러 구동방식으로 구분된다.

(1) 유니폴라 구동방식

그림 7.6과 같은 유니폴라 구동방식은 모터의 내부 코일에 전류를 한 방향으로만 흘리는 방식으로 회로의 구성이 간단하고 저렴하며 고속시 탈조 가능성이 낮다는 장점이 있는 반면 저속에서는 토오크가 작고 에너지 효율이 낮다는 단점이 있다.

(2) 바이폴라 구동방식

그림 7.7과 같은 바이폴라 구동방식은 코일에 전류의 방향을 교대로 바꾸어 흐르게 하는 방식으로 스텝 각을 정밀하게 제어하는 것이 가능하다. 저속에서의 토오크가 크고 에너지 효율이 높다는 장점이 있으나 회로의 구성이 복잡하여 비용이 많이 들고 고속시 탈조 가능성이 높다는 단점이 있다.

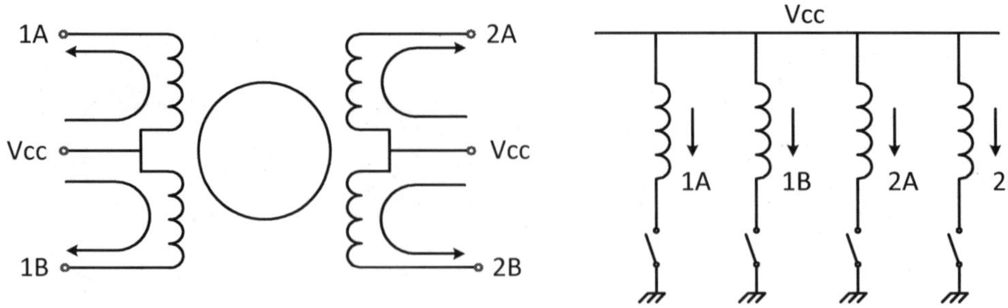

그림 7.6 유니폴라 구동

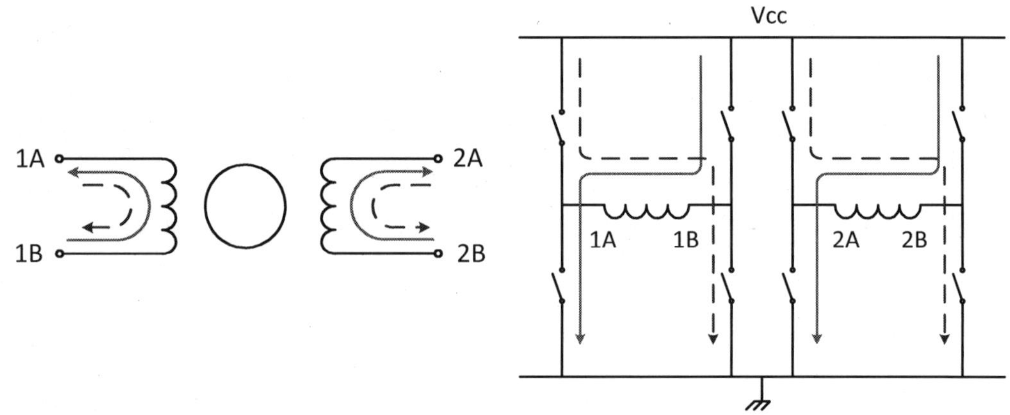

그림 7.7 바이폴라 구동

7.4 상 여자방식

스텝 모터의 상 여자방식에는 1상 여자방식, 2상 여자방식 그리고 1-2상 여자방식이 있다. 1상 여자 방식은 그림 7.8과 같이 각 스텝 당 1상만 여자 되는 방식이다. 1상 여자방식은 1개의 코일만을 차례로 여자 하는 방식으로 소비전력이 낮고 1스텝 당 각 정밀도가 높으나 감쇄진동이 크고 탈조하기 쉬운 단점이 있다. 이에 비하여 그림 7.9와 같은 2상 여자 방식은 항상 2상이 여자 되므로 1상 여자 방식에 비하여 토오크가 크고 감쇄진동이 작다. 하지만 1상 여자 구동방식에 비해 2배의 전류가 필요하다.

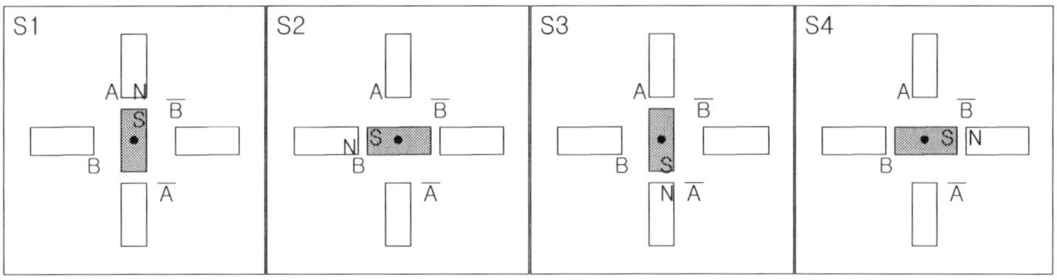

(a) 여자에 따른 회전자 위치

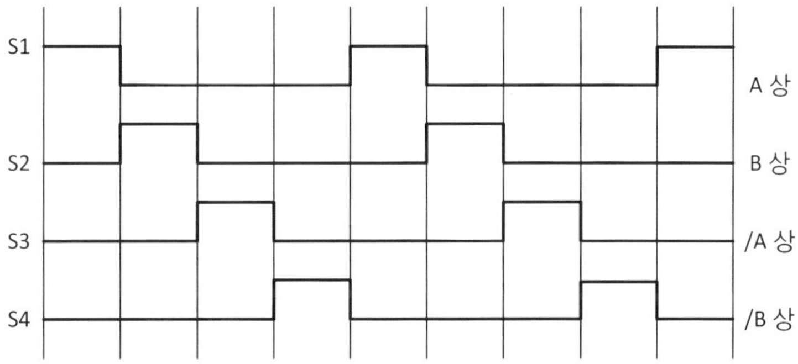

(b) 상 여자 순서도

그림 7.8 1상 여자방식 동작 타이밍

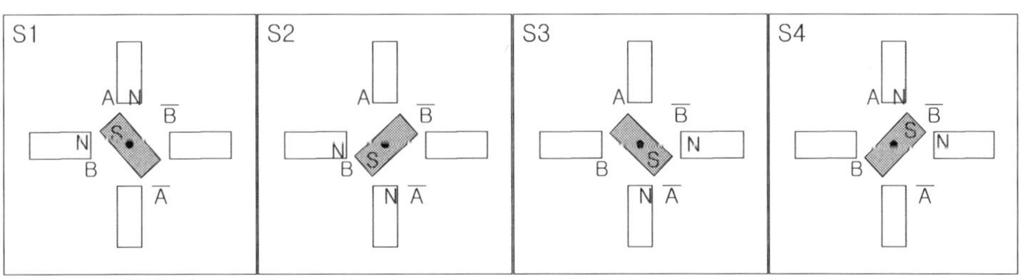

(a) 여자에 따른 회전자 위치

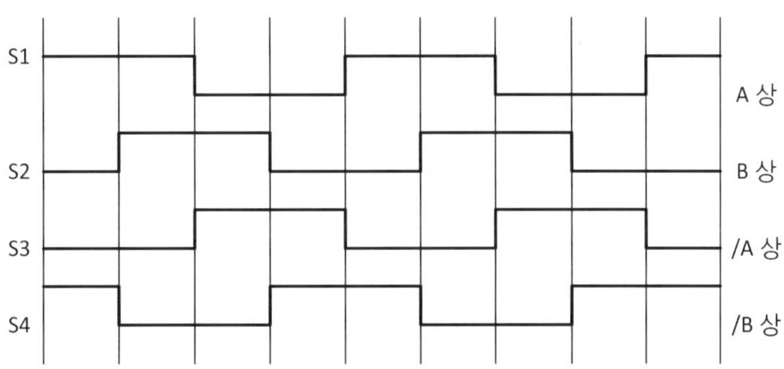

(b) 상 여자 순서도

그림 7.9 2상 여자방식 동작 타이밍

그림 7.10과 같은 1-2상 여자방식은 하나의 상과 두 개의 상이 교대로 전류를 흐르게 하는 방식으로 스텝 각이 1상 여자 방식이나 2상 여자 방식의 1/2이 되어 각도를 정밀하게 제어하는 경우 사용된다. 하지만 1상 여자방식에 비해 1.5배의 전류가 필요하다.

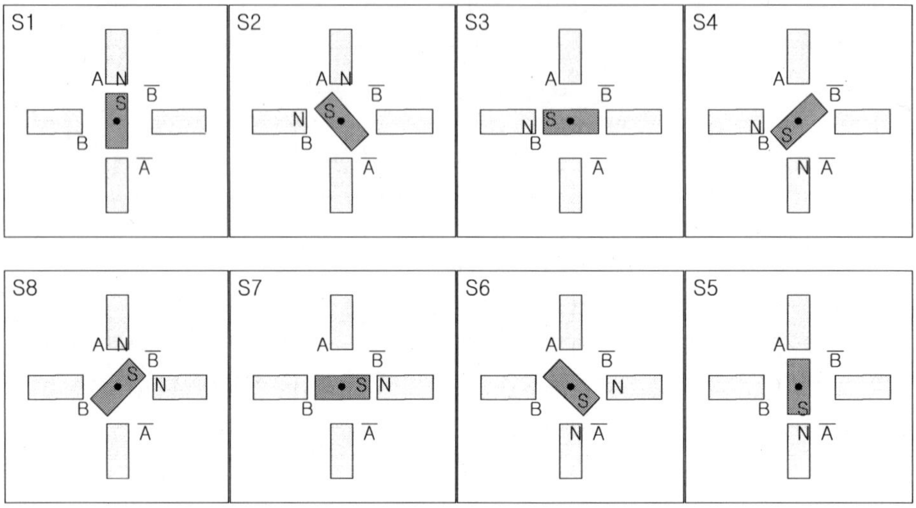

(a) 여자에 따른 회전자 위치

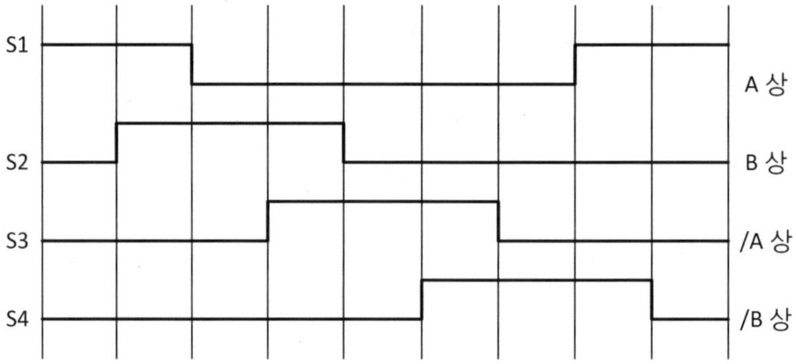

(b) 상 여자 순서도

그림 7.10 1-2 상 여자방식

7.5 스텝 모터 제어 프로그래밍 실습

ED-4513 마이크로프로세서 콤보 II에는 그림 7.11과 같은 스텝 모터 구동회로가 구성되어 있다. 그림 7.11(a)는 FAN8200을 이용한 스텝 모터 구동회로를 보여주고 있다. 여기서 제어 입력은 IN1, IN2, CE1, CE2이다. 여기서 CE1, CE2 핀은 제어 신호가 없을 때 "LOW"를 유지하기 위하여 풀 다운 저항을 이용하여 접지상태를 유지한다. 표 7.1과 그림 7.12는 제어 입력신호에 따른 출력 신호의 관계를 보여주고 있다. 스텝 모터는 주어진 입력펄스의 순서에 따라 구동되는 전동이다. 따라서 스텝 모터를 구동하기 위해서는 그림 7.12에서 주어진 펄스 입력에 따른 출력 시퀀스를 정확히 이해하여야 한다. 스텝 모터의 정역회전 방향은 각 상에 주어진 펄스열의 순서를 역순으로 변경하면 된다.

그림 7.11(b)의 회로는 회전 검출회로이며 광소자로 구성된 일종의 엔코드이다. 스텝 모터에는 4개의 홈이 있는 원판이 연결되어 있고 모터의 회전에 따라 원판도 같이 회전한다. 따라서 일정한 시간마다 입력되는 펄스의 개수를 측정하면 회전 속도를 계산 할 수 있게 된다. 이 펄스열은 ATmega128의 T1 핀으로 입력 되도록 설계되어 있다.

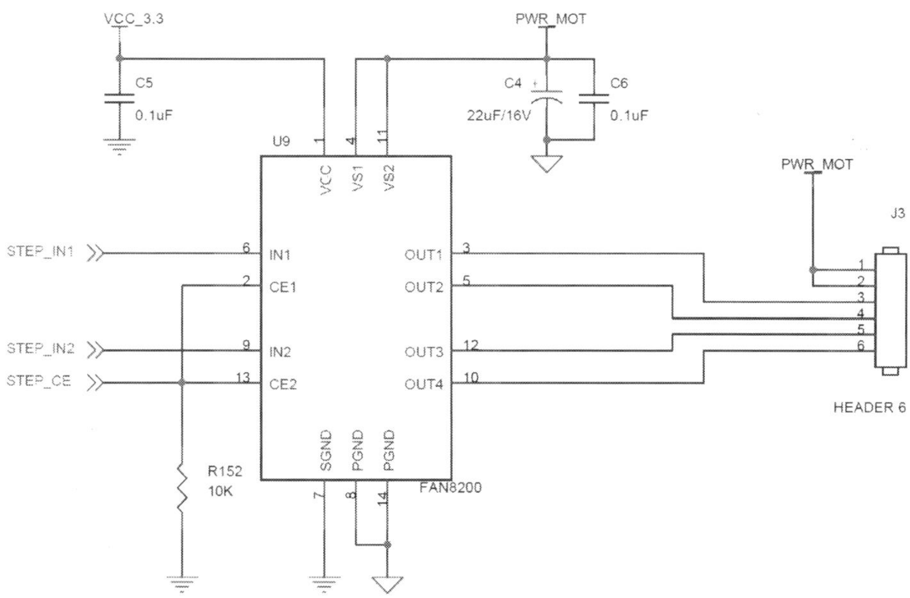

(a) 제어 회로

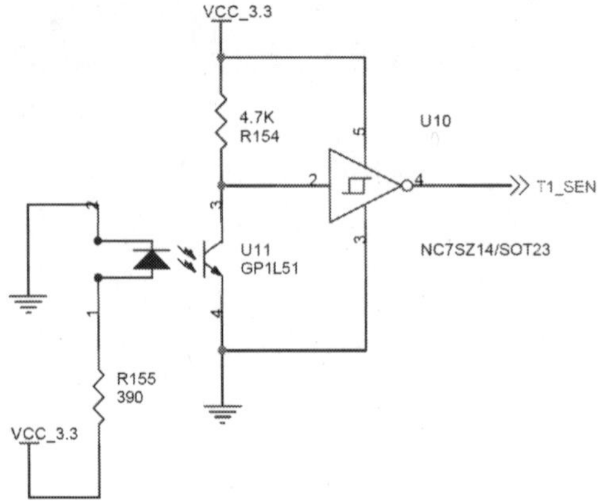

(b) 회전 검출회로

그림 7.11 스텝 모터 구동회로

표 7.1 FAN8200 핀 입력신호와 출력신호

CE1	IN1	OUT1	OUT2	CE2	IN2	OUT3	OUT4
Low	X	Z	Z	Low	X	Z	Z
High	Low	High	Low	High	Low	High	Low
High	High	Low	High	High	High	Low	High

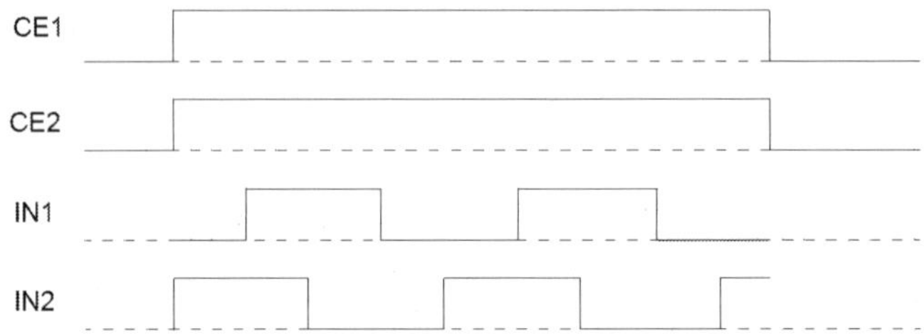

(a) 입력신호

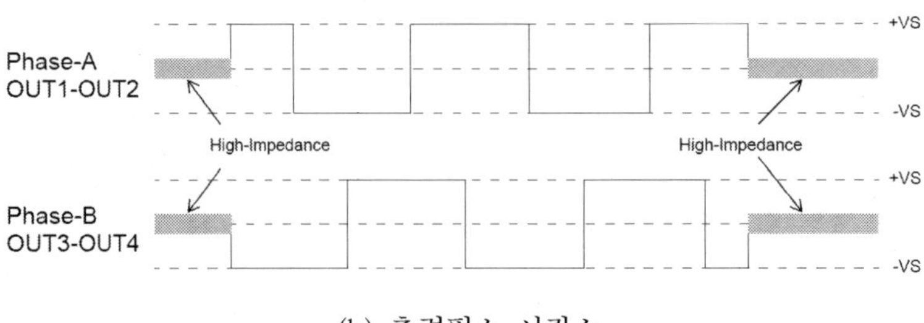

(b) 출력펄스 시퀀스

그림 7.12 제어 입력신호와 출력펄스 시퀀스

그림 7.13은 스텝 모터 구동 스위치와 제어포트 선택 스위치 회로도를 보여주고 있고 그림 7.14는 스텝 모터 구동 스위치와 제어포트 선택 스위치 설정 방법을 보여주고 있다.

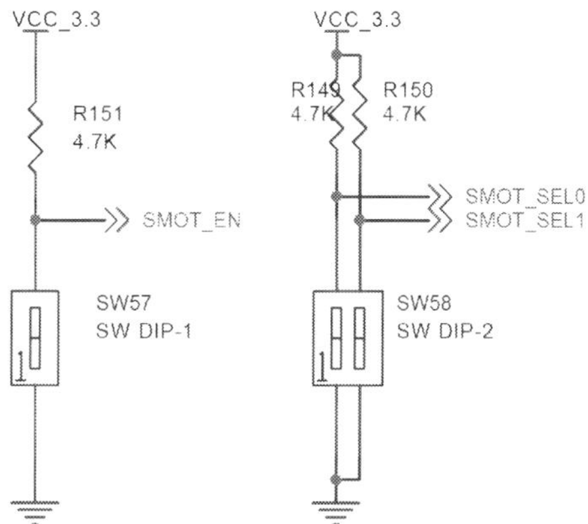

그림 7.13 스텝 모터 구동 스위치와 포트 설정 스위치 회로

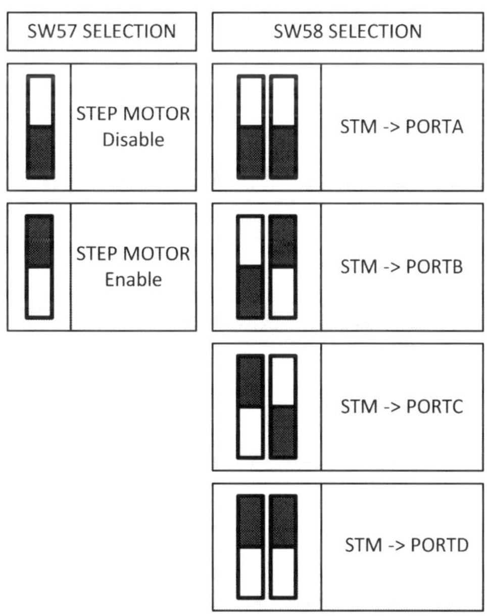

그림 7.14 전동기 구동스위치와 포트 선택 스위치 설정방법

예제 7.1

SW1, SW2의 입력에 따라 스텝 모터의 회전방향이 변경되고 문자형 LCD에 회전 방향을 표시하는 동작을 수행한다.

* 예제 7.1을 수행하기 위해서는 SW28, SW29를 이용하여 SW1, SW2를 ON 시켜야 하고 SW50, SW51을 이용하여 문자형 LCD를 ON시켜야 한다.

- 스위치 입력 포트 : PORTC
- SW1 : CCW
- SW2 : CW
- 문자형 LCD 제어 및 데이터 포트 : PORTA
- 스텝 모터 제어포트 : PORTD

```
/***********************************************************************
* SW1(LEFT TURN), SW2(RIGHT TURN) 입력에 따른 스텝 모터 방향 제어
***********************************************************************/
#include <iom128.h>
#include <ina90.h>
#include "delay.h"
#include "char_lcd.h"
/* SW 포트 및 입출력 레지스터 설정 */
#define SW_PORT_REG         PORTC
#define SW_DDR_REG          DDRC
#define SW_PIN_REG          PINC

/* SW 포트 읽기 (Active LOW) */
#define SW1_PIN_READ      ((SW_PIN_REG&BIT0)?0:1)
#define SW2_PIN_READ      ((SW_PIN_REG&BIT1)?0:1)

/* STEPPING MOTOR CONTROL 포트 및 입출력 레지스터 설정 */
#define STEPPING_MOTOR_PORT_REG        PORTD
#define STEPPING_MOTOR_DDR_REG         DDRD

/* STEPPING MOTOR A PHASE (FAN8200 IN1) 제어 */
#define STEPPING_MOTOR_A_PHASE_HIGH (STEPPING_MOTOR_PORT_REG |= BIT2)
#define STEPPING_MOTOR_A_PHASE_LOW (STEPPING_MOTOR_PORT_REG &= ~BIT2)
```

```
/* STEPPING MOTOR B PHASE (FAN8200 IN2) 제어 */
#define STEPPING_MOTOR_B_PHASE_HIGH  (STEPPING_MOTOR_PORT_REG |= BIT1)
#define STEPPING_MOTOR_B_PHASE_LOW   (STEPPING_MOTOR_PORT_REG &=
~BIT1)

/* STEPPING MOTOR Enable (FAN8200 CE) 제어 */
#define STEPPING_MOTOR_CE_Enable   (STEPPING_MOTOR_PORT_REG |= BIT0)
#define STEPPING_MOTOR_CE_Disable   (STEPPING_MOTOR_PORT_REG &= ~BIT0)

/* STEPPING MOTOR DIRECTION FLAG */
#define STEPPING_MOTOR_LEFT_DIR          1
#define STEPPING_MOTOR_RIGHT_DIR         2

/* Character LCD 에 표시 할 문자열 */
BYTE  TITLE[16] = "STEP MOTOR TEST";
BYTE  LEFT_TURN[16] = "CCW TURN  ";
BYTE  RIGHT_TURN[16] = "CW TURN";

/* STEPPING MOTOR DIRECTION 저장 변수 */
BYTE stepping_Motor_Direction;
/************************************************************************
 * function : I/O 포트 초기화 - 범용 입/출력 핀을 설정한다.
************************************************************************/
void port_Init()
{
  SW_PORT_REG=0x00;
  SW_DDR_REG=0x00;  // PC.0 : SW1(Input) , PC.1 : SW2(Input)
  STEPPING_MOTOR_PORT_REG=0x00;
// PD.0 : FAN8200_CE(Output) , PD.1 : FAN8200_IN2(Output)
// PD.2 : FAN8200_IN1(Output)
  STEPPING_MOTOR_DDR_REG=0xFF;
}
```

```
/*********************************************************************
 * function : STEPPING 모터 방향 제어 - 입력된 회전 방향으로
              STEPPING 모터를 구동한다.
 * para. : BYTE dir : STEPPING 모터 회전 방향
*********************************************************************/
void turn_Stepping_Motor(BYTE dir)
{
  STEPPING_MOTOR_CE_Enable;

  if(dir == STEPPING_MOTOR_LEFT_DIR)
  {
    STEPPING_MOTOR_A_PHASE_HIGH;
    STEPPING_MOTOR_B_PHASE_HIGH;
    delay_ms(25);

    STEPPING_MOTOR_A_PHASE_HIGH;
    STEPPING_MOTOR_B_PHASE_LOW;
    delay_ms(25);

    STEPPING_MOTOR_A_PHASE_LOW;
    STEPPING_MOTOR_B_PHASE_LOW;
    delay_ms(25);

    STEPPING_MOTOR_A_PHASE_LOW;
    STEPPING_MOTOR_B_PHASE_HIGH;
    delay_ms(25);
  }
  else if(dir == STEPPING_MOTOR_RIGHT_DIR)
  {
    STEPPING_MOTOR_A_PHASE_LOW;
    STEPPING_MOTOR_B_PHASE_HIGH;
    delay_ms(25);

    STEPPING_MOTOR_A_PHASE_LOW;
    STEPPING_MOTOR_B_PHASE_LOW;
```

```
    delay_ms(25);

    STEPPING_MOTOR_A_PHASE_HIGH;
    STEPPING_MOTOR_B_PHASE_LOW;
    delay_ms(25);

    STEPPING_MOTOR_A_PHASE_HIGH;
    STEPPING_MOTOR_B_PHASE_HIGH;
    delay_ms(25);
  }

  STEPPING_MOTOR_CE_Disable;
}
/**********************************************************************
 * function : SW입력 감지 - SW 입력에 따른 LCD 문자열 출력 및
              STEPPING MOTOR 제어
**********************************************************************/
void scan_SW()
{
  if(SW1_PIN_READ)
  {
    lcd_string_Out(LCD_LINE2, LEFT_TURN);
    stepping_Motor_Direction = STEPPING_MOTOR_LEFT_DIR;
    while(SW1_PIN_READ) turn_Stepping_Motor(stepping_Motor_Direction);
  }
  else if(SW2_PIN_READ)
  {
    lcd_string_Out(LCD_LINE2, RIGHT_TURN);
    stepping_Motor_Direction = STEPPING_MOTOR_RIGHT_DIR;
    while(SW2_PIN_READ) turn_Stepping_Motor(stepping_Motor_Direction);
  }
}
/***************************************************************
 * MAIN 함수
***************************************************************/
```

```
void main()
{
  stepping_Motor_Direction = 0;

  lcd_Init();
  port_Init();

  lcd_string_Out(LCD_LINE1, TITLE);

  while(1)
  {
    scan_SW();
    turn_Stepping_Motor(stepping_Motor_Direction);
  };
}
```

"delay.h"

```
#ifndef _DELAY_H_
#define _DELAY_H_
#define F_CPU 7372800
#define delay_us(usecs) __delay_cycles((F_CPU/1000000) *(usecs))
void delay_ms(unsigned char millisecs)
{
    while(millisecs--)
    {
      delay_us(1000);
    }
}
void delay_s(unsigned char secs)
{
    while(secs--)
    {
      __delay_cycles(F_CPU);
    }
}
```

```
void delay_mins(unsigned char minutes)
{
    while(minutes--)
    {
      __delay_cycles(60*F_CPU);
    }
}
#endif
```

"CHAR_LCD.h"

```
#ifndef _CHAR_LCD_H_
#define _CHAR_LCD_H_
#include <iom128.h>
#include <ina90.h>
/* 자료형 재정의 */
typedef unsigned char         BYTE;
typedef unsigned int          WORD;
typedef unsigned long         DWORD;
/* 비트 정의 */
#define BIT0    0x01
#define BIT1    0x02
#define BIT2    0x04
#define BIT3    0x08
#define BIT4    0x10
#define BIT5    0x20
#define BIT6    0x40
#define BIT7    0x80

/* Character LCD 포트 및 입출력 레지스터 설정 */
#define CHAR_LCD_PORT_REG       PORTA
#define CHAR_LCD_DDR_REG        DDRA

/* Character LCD Enable 제어 */
#define LCD_ENABLE        (CHAR_LCD_PORT_REG |= BIT1)
#define LCD_DISABLE       (CHAR_LCD_PORT_REG &= ~BIT1)
```

```
/* Character LCD R/W 제어 */
#define LCD_DATA_READ         (CHAR_LCD_PORT_REG |= BIT3)
#define LCD_DATA_WRITE        (CHAR_LCD_PORT_REG &= ~BIT3)
/* Character LCD RS 제어 */
#define LCD_CONTROL_REGISTER_SELECT  (CHAR_LCD_PORT_REG &= ~BIT2)
#define LCD_DATA_REGISTER_SELECT  (CHAR_LCD_PORT_REG |= BIT2)

/* Character LCD LINE1,2 제어 및 어드레스 */
// set DD RAM Address Command : 0x80 | Position (1,0) DD RAM Address : 0x00
#define LCD_LINE1   0x80

// set DD RAM Address Command : 0x80 | Position (2,0) DD RAM Address : 0x40
#define LCD_LINE2   0xC0
/***********************************************************************
 * function : LCD 제어 레지스터 쓰기함수 - 입력받은 명령을
              LCD 제어 레지스터에 기록한다.
 * para. : BYTE data : 한 바이트 제어 명령 및 설정 값
***********************************************************************/
void instruction_Out(BYTE data)
{
  BYTE data_H;
  data_H = data;

  LCD_CONTROL_REGISTER_SELECT;
  LCD_DATA_WRITE;

  LCD_ENABLE;
  CHAR_LCD_PORT_REG &= ~0xF0;
  CHAR_LCD_PORT_REG |= data_H & 0xF0;        // 상위 4BIT 출력
  LCD_DISABLE;

    LCD_ENABLE;
  CHAR_LCD_PORT_REG &= ~0xF0;
  CHAR_LCD_PORT_REG |= (data<<4) & 0xF0;     // 하위 4BIT 출력
```

```
   LCD_DISABLE;
   delay_ms(2);
}
/************************************************************************
 * function : LCD DD RAM 쓰기함수 - 입력받은 문자
              한 바이트를 LCD의 DD RAM에 기록한다.
 * para. : BYTE data : 한 바이트 문자
************************************************************************/
void char_Out(BYTE data)
{
   BYTE data_H;
   data_H = data;
   LCD_DATA_REGISTER_SELECT;
   LCD_DATA_WRITE;
   LCD_ENABLE;
   CHAR_LCD_PORT_REG &= ~0xF0;
   CHAR_LCD_PORT_REG |= data_H & 0xF0;        // 상위 4BIT 출력
   LCD_DISABLE;
   LCD_ENABLE;
   CHAR_LCD_PORT_REG &= ~0xF0;
   CHAR_LCD_PORT_REG |= (data<<4) & 0xF0;     // 하위 4BIT 출력
   LCD_DISABLE;
   delay_ms(2);
}
/************************************************************************
 * function : LCD 초기화 - LCD 초기 환경을 설정한다.
************************************************************************/
void lcd_Init(void)
{
   CHAR_LCD_DDR_REG = 0xFF;
   LCD_DISABLE;
   delay_ms(100);
   instruction_Out(0x28);    // LCD  FUNCTION  SET(16*2LINE,  4BIT,  5*8DOT)
delay_ms(100);
   instruction_Out(0x28);    // LCD FUNCTION SET(16*2LINE, 4BIT, 5*8DOT)
```

```
  delay_ms(100);
  instruction_Out(0x0c);   // LCD DISPLAY ON,CURSOR OFF,BLINK OFF
  delay_ms(100);
  instruction_Out(0x01);   // LCD CLEAR
  delay_ms(100);
  instruction_Out(0x06);   // LCD ENTRY MODE SET
  delay_ms(100);
  instruction_Out(0x02);   // RETURN HOME
}
/***********************************************************************
 * function : LCD 문자열 출력 - LINE 설정 명령(ADDR)과
              문자열을 입력받아 해당 LINE에 문자열을 출력한다.
 * para. : BYTE line_sel : LINE 시작 주소 및 제어 명령,
           BYTE* str : LCD0에 출력할 문자열의 시작 주소
***********************************************************************/
void lcd_string_Out(BYTE line_sel, BYTE* str)
{
  BYTE i = 0;
instruction_Out(line_sel);
  do{
    char_Out(str[i]);
  }while(str[++i]!='₩0');
}
#endif
```

평 / 가 / 문 / 제

1. 스텝 모터의 구동원리를 설명하시오.

2. 스텝 모터의 여자방식과 각각의 장단점을 설명하시오.

3. 스텝 모터의 특징과 장단점을 설명하시오.

4. 스텝 모터의 회전방향을 변경할 수 있는 방법을 설명하시오.

5. 스텝 모터의 종류와 각각의 특징에 대하여 설명하시오.

6. 스텝 모터가 산업체에서 많이 사용되는 이유는 무엇인가?

CHAPTER 08

그래픽 LCD 응용

8.1 그래픽 LCD의 동작원리

ED-4513에 장착된 그래픽 LCD는 128×64 도트의 해상도를 가지고 있으며 콘트롤러는 S6B0108을 사용하고 있다. 표 8.1은 이 LCD의 사양을 보여주고 그림 8.1은 그래픽 LCD의 내부 블록도를 보여준다.

표 8.1 그래픽 LCD 사양

디스플레이 형식	128×64 도트
LCD 모듈	STN-Yellow green-Positive-Transmissive
구동방법	1/64 듀티, 1/9 바이어스
시야각	6:00
백라이트	LED, yellow green color
외형	93.0(W)×70.0(H)×13.5(T) [mm]

가시 영역	72.0(W)×39.0(H) [mm]
도트크기	0.48×0.48 [mm]
도트피치	0.52×0.52 [mm]
무게	75 g
제어기	S6B0108(KS0108B)

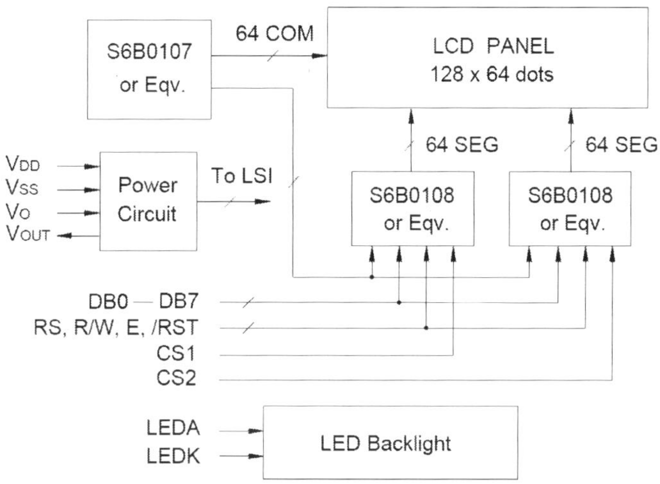

그림 8.1 그래픽 LCD 내부 블록도

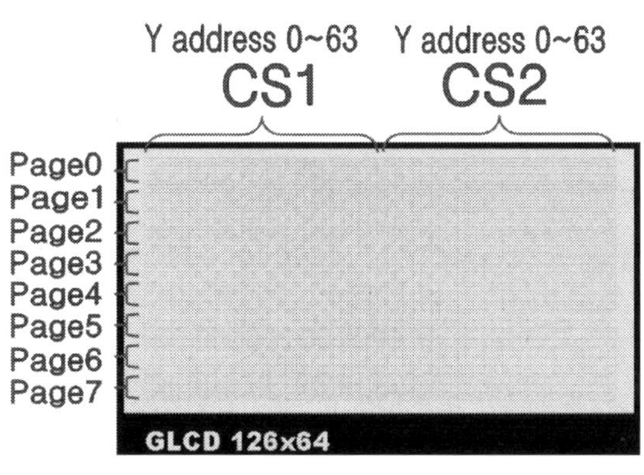

그림 8.2 각 제어기별 LCD 도트 담당 영역

그림 8.1에서와 같이 내부에는 S6B0108(KS0108B) 제어기 2개가 있으며, 각각의 제어기는 그림 8.2와 같이 LCD 패널의 64×64 도트를 각각 담당하고 있다. DB0~DB7은 데이터 입력 신호이고 각 핀별 신호는 표 8.2에서 설명된다.

표 8.2 핀 기능

핀 번호	심볼	레벨	기능
1	V_{ss}	0V	접지
2	V_{DD}	+5V	논리회로 전원(+)
3	V_O	-	LCD 동작전압(밝기 조정)
4	RS	H/L	레지스터 선택 H : 데이터 레지스터 L : 명령어 레지스터
5	R/W	H/L	읽기/쓰기 선택 H : 읽기동작 L : 쓰기 동작
6	E	H, H->L	인에이블 신호 E = H : 데이터 읽기 E : H->L(하강에지)에서 데이터 쓰기
7	DB0~DB7	H/L	데이터 비트 0~7
8	CS1	H	IC1 칩 선택(active H)
9	CS2	H	IC2 칩 선택(active H)
10	/RST	L	리셋((active L)
11	V_{OUT}	-10V	LCD 구동 출력 전압
12	LEDA	+5V	LED 백라이트 전원(+)
13	LEDK	0V	LED 백라이트 전원(-)

그림 8.3은 S6B0108(KS0108B) 제어기의 쓰기 동작 타이밍도를 보여준다. E 신호와 R/W 신호를 '0'으로 하고, CS1, CS2 그리고 RS를 선택한 후 데이터 버스에 데이터를 써넣으면 데이터 버스의 값이 내부의 명령어 레지스터 또는 데이터 레지스터에 저장된다. 반드시 타이밍도를 정확히 이해한 상태에서 프로그램을 진행하여야 한다. 만약 타이밍도를 이해하지 못한 상태에서 제어 프로그램을 작성하는 경우 원하는 동작을 얻지 못하거나 또는 이상한 동작을 하게 된다.

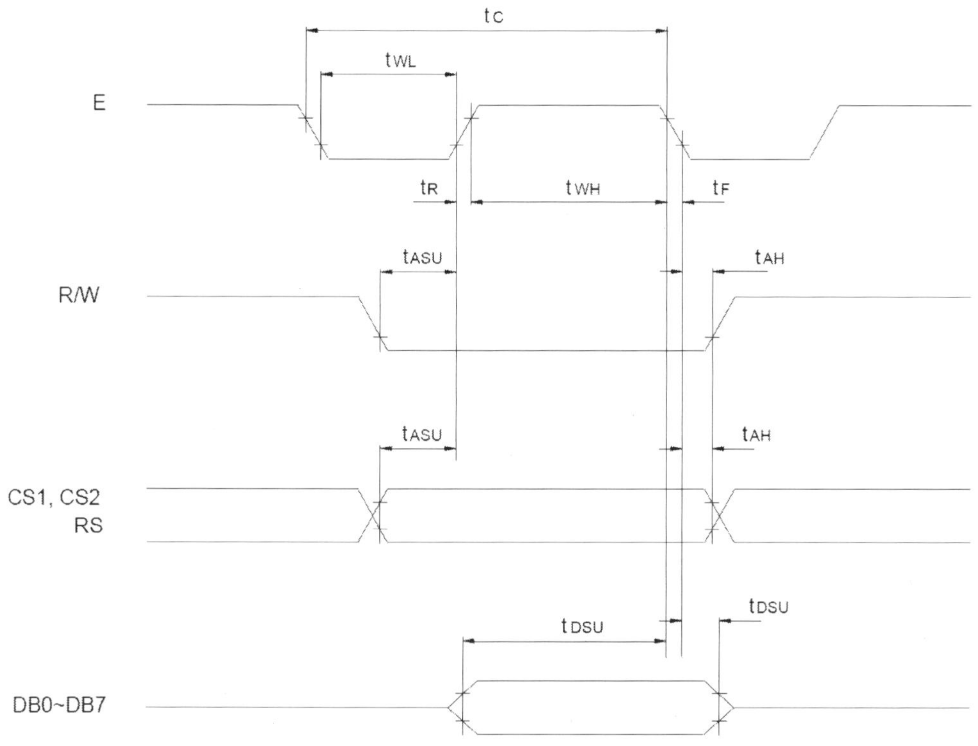

그림 8.3 쓰기 동작 타이밍도

그림 8.4는 읽기 동작 타이밍도인데 S6B0108(KS0108B) 제어기의 내부 메모리 또는 상태 레지스터를 읽기 위한 동작 타이밍도이다. 그래픽 LCD 또는 문자형 LCD의 경우 일반적으로 상태 레지스터에 내부동작 상태를 알려주는 비지 플래그 비트가 존재한다. 이것은 외부에서 써넣거나 읽은 데이터가 내부제어기에서 처리되는 시간 동안 기다리라는 의미를 가지고 있다. 따라서 LCD 제어시 비지 플래그를 검사하여 내부 동작이 완료상태가 되었을 때 후속 동작을 하여야 한다. 만약 내부 동작이 진행 중인 동안 다른 외부 동작이 수행된다면 이 동작은 정상적으로 처리되지 않는다. ED-4513에서는 매우 많은 기능을 가지고 있어 이러한 기능을 선택적으로 사용하기 위하여 FPGA를 사용하고 있다. 따라서 그래픽 LCD의 비지 플래그를 읽을 수 없도록 되어 있다. 그러므로 내부동작의 상태를 알 수 없기 때문에 비지 플래그를 검사하는 대신 시간 지연을 통하여 이 문제를 해결한다.

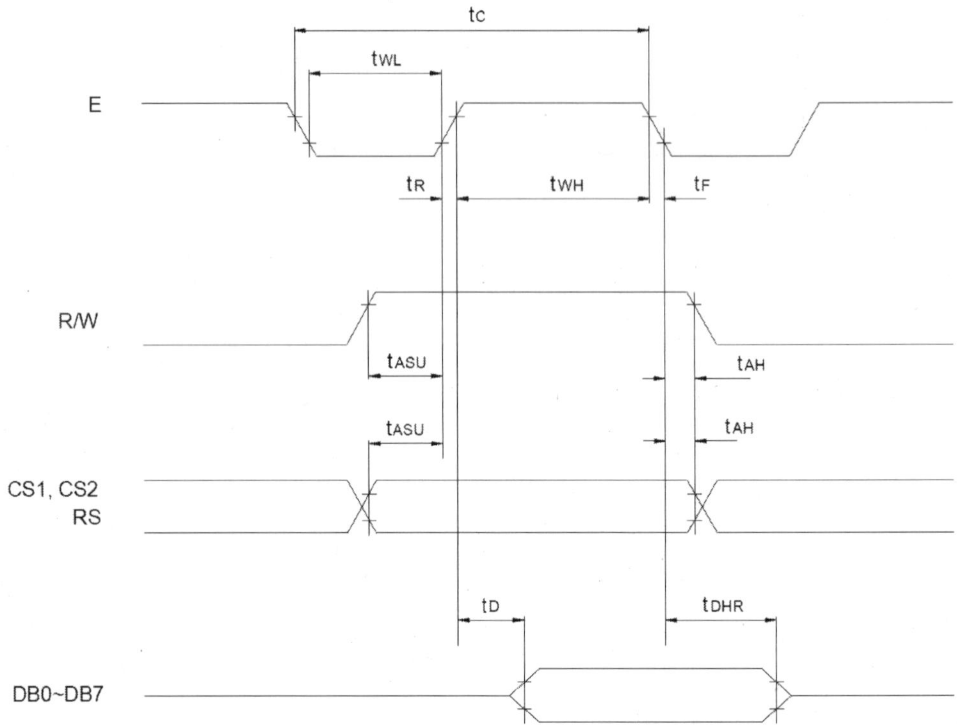

그림 8.4 읽기 동작 타이밍도

8.2 S6B0108(KS0108B) 제어기 기능

(1) 입출력 버퍼

입력 버퍼는 칩의 인에이블과 디스플레이 사이의 상태를 제어한다. 만약 IC가 비활성화 상태라면, 데이터의 입출력과 명령은 수행되지 않는다. 따라서 내부 상태는 그대로 유지된다. 그러나 /RST는 CS의 상태에 관계없이 동작한다.

(2) 레지스터

내부 레지스터의 선택은 R/W, RS 레지스터의 상태에 따라 표 8.3과 같이 결정된다.

표 8.3 레지스터 선택

RS	R/W	기 능
L	L	명령어 레지스터 쓰기
	H	상태 레지스터 읽기(비지 비트 검사)
H	L	데이터 레지스터 쓰기 (입력 레지스터로 부터 표시 데이터 램으로)
	H	데이터 레지스터 읽기 (표시 데이터 램으로부터 출력 레지스터로)

1) 입력 레지스터

입력 레지스터는 디스플레이 데이터 램으로 써넣기 전, 임시로 데이터를 저장하는 역할을 수행한다. IC가 활성화 상태일 때 RS와 R/W를 이용하여 입력 레지스터를 선택할 수 있다. MPU로 부터 출력된 데이터는 일단 입력 레지스터에 저장된 후, 디스플레이 데이터 램으로 이동 저장된다. 이때 데이터는 E 신호의 하강 모서리에서 입력 레지스터에 래치된 후, 내부 동작에 의해 자동으로 표시 데이터 램으로 저장된다.

2) 출력 레지스터

출력 레지스터는 IC가 활성화 상태이고, R/W=H, RS=H일 때, 디스플레이 데이터 램으로부터 읽은 데이터를 임시로 저장한다. 즉, 디스플레이 데이터 램에 저장된 데이터가 출력 레지스터에 래치 된다. 그리고 IC가 활성화 상태이고 R/W=H, RS=L 이면, 상태 데이터(비지 검사 비트)를 읽을 수 있다. 디스플레이 데이터 램의 내용을 읽기 위해서는 읽기 명령이 2번 수행 되어야 한다. 첫 번째 읽기 명령이 수행되면 표시 데이터 램에 저장된 데이터가 출력 레지스터에 래치되고, 두 번째 명령이 수행되면 MPU는 출력 레지스터에 래치된 데이터를 읽을 수 있다. 그래서 표시 데이터 램에 있는 데이터를 읽기 위해서는 부가적인 읽기 명령이 필요하다. 그러나 상태 데이터를 읽을 때는 부가적인 읽기 명령이 필요 없다. 다음은 MPU의 읽기 타이밍도를 보여준다.

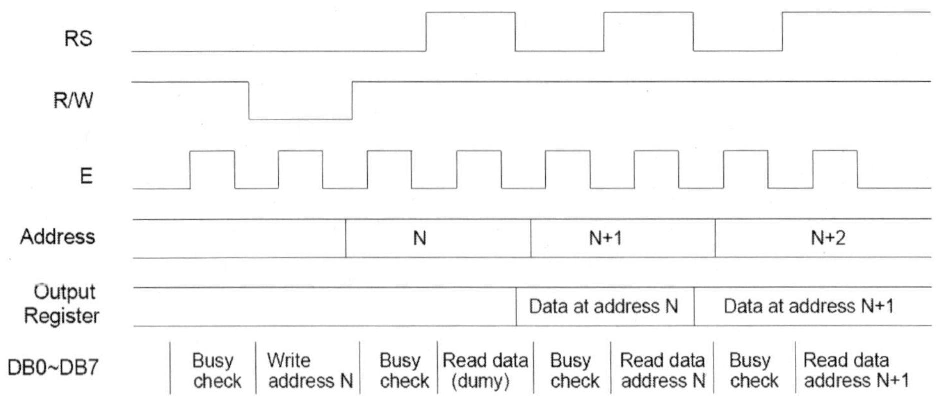

그림 8.5 MPU 읽기 타이밍도

(3) 리셋

시스템은 /RST 신호에 의하여 초기화 되며, /RST가 "LOW"가 될 때 다음과 같은 동작이 시작된다.

① 디스플레이 오프
② 디스플레이 시작라인 레지스터 0으로 초기화(Z 어드레스=0)

/RST 신호가 "LOW"일 동안은 상태 레지스터를 읽는 것 외에 어떤 동작도 허용되지 않는다. 리셋 상태는 상태 바이트의 DB4에 표시된다. DB4가 "L"이 된 후에는 어떠한 명령도 수행되지 않는다.

표 8.4 리셋시간

항목	심볼	Min	Typ	Max	단위
리셋타임	T_{RS}	1.0	--	--	μS
상승시간	T_R	--	--	200	nS

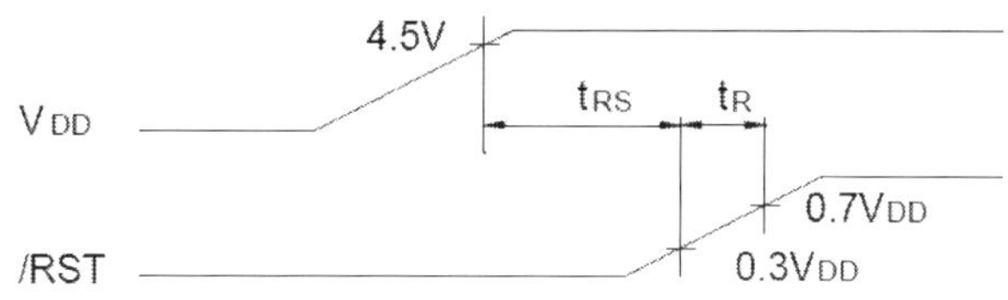

그림 8.6 리셋시간 타이밍도

(4) 비지 플래그 비트

비지 플래그 비트는 시스템이 내부적으로 동작 중이라는 사실을 알려주는 비트이다. 비지 플래그 비트가 'H'라면 시스템은 내부적으로 동작 중이라는 의미를 가진다. 또한 비지 플래그 비트가 'L'라면 시스템은 내부적으로 어떠한 동작도 수행되지 않으며 데이터나 명령을 받아들일 준비가 되어 있다는 의미를 가진다. 이 비지 플래그 비트는 상태 읽기 명령을 이용하면 DB7 비트로부터 읽을 수 있다.

(5) 디스플레이 ON/OFF 플립플롭

디스플레이 ON/OFF 플립플롭은 LCD를 ON/OFF 한다. 플립플롭이 'L'이면, 선택되거나 또는 선택되지 않은 전압이 세그먼트 출력단에 나타난다. 'H'이면, 표시 램 데이터와 관계없이 선택되지 않은 전압이 세그먼트 출력단에 나타난다.

표시 ON/OFF 플립플롭은 명령어에 의하여 상태를 변경시킬 수 있다. /RST-L 이면 모든 세그먼트의 표시 데이터는 사라진다. 이 플립플롭의 상태는 상태 레지스터 읽기를 통하여 DB5 로부터 알 수 있다.

(6) X 페이지 레지스터

X 페이지 레지스터는 내부 표시 데이터 램의 페이지를 지정한다. 이때 X 페이지 주소는 자동 증가되지 않으며 X 페이지 지정 명령에 의하여 설정된다.

(7) Y 주소 카운터

Y 주소 카운터는 내부 표시 데이터 램의 주소를 지정한다. Y 주소는 명령에 의하여 설정되고, 표시 데이터의 읽기 또는 쓰기 동작 후 자동으로 1 증가한다.

(8) 디스플레이 데이터 램

디스플레이 데이터 램은 LCD에 표시될 데이터를 저장한다. 이 램의 1 비트 데이터는 디스플레이 패널의 1도트 데이터에 해당하며, 이 값이 1이면 도트가 ON 되고 0이면 도트는 OFF 된다.

(9) 디스플레이 시작 라인 레지스터

이 레지스터는 디스플레이 데이터 램에 있는 내용을 LCD 패널에 디스플레이 할 때, LCD 패널의 가장 상위 라인에 해당하는 디스플레이 데이터 램 라인을 지정한다. 디스플레이 시작 라인 정보의 비트 데이터(DB〈0 : 5〉)는 디스플레이 시작 라인 설정 명령에 의하여 이 레지스터에 저장된다. 이것은 LCD 표시 스크린의 스크롤을 위하여 사용된다.

8.3 디스플레이 제어 명령어

디스플레이 제어 명령은 KS0108B의 내부 상태를 제어한다. 다음 표는 디스플레이 제어 명령어를 보여준다.

(1) 디스플레이 ON/OFF

RS	R/W	DB7	DB6	DB5	DB4	DB3	DB2	DB1	DB0
0	0	0	0	1	1	1	1	1	D

기능 : 디스플레이 ON/OFF를 제어하며 내부 상태와 디스플레이 램 데이터는 영향을 미치지 않는다.

- D=1 : 데이터 디스플레이
- D=0 : 데이터 OFF

(2) 주소 설정(Y 주소)

RS	R/W	DB7	DB6	DB5	DB4	DB3	DB2	DB1	DB0
0	0	0	1	Y 주소(0~63)					

기능 : Y 주소 카운터에 Y 주소를 설정한다. 디스플레이 데이터 램의 Y 주소는 Y 주소 카운터에 설정되며, 주소는 명령어에 의하여 설정된다. 그리고 디스플레이 데이터 쓰기/읽기 후 주소는 자동으로 1 증가한다.

(3) 페이지 설정(X 주소)

RS	R/W	DB7	DB6	DB5	DB4	DB3	DB2	DB1	DB0
0	0	1	0	1	1	1	페이지(0~7)		

기능 : X 주소 레지스터에 X 주소를 설정한다.

(4) 디스플레이 시작 라인(Z 주소)

RS	R/W	DB7	DB6	DB5	DB4	DB3	DB2	DB1	DB0
0	0	1	1	디스플레이 시작 라인 (0~63)					

기능 : 디스플레이 데이터 램의 Z 주소(AC0~AC5)는 디스플레이 시작 라인 레지스터에 설정된다. 그리고 이 주소의 데이터는 LCD 스크린의 가장 위에 디스플레이 된다.

(5) 상태 읽기

RS	R/W	DB7	DB6	DB5	DB4	DB3	DB2	DB1	DB0
0	1	BUSY	0	ON/ OFF	RESET	0	0	0	0

기능 :

- BUSY
  - 0 : 준비
  - 1 : 내부 동작 중
- ON/OFF
  - 0 : 디스플레이 ON
  - 1 : 디스플레이 OFF
- RESET
  - 0 : 정상상태
  - 1 : 리셋상태(시스템 초기화)

(6) 디스플레이 데이터 쓰기

RS	R/W	DB7	DB6	DB5	DB4	DB3	DB2	DB1	DB0
1	0	디스플레이 데이터							

기능 : 디스플레이 데이터 램을 데이터를 써 넣는다. 명령어를 써넣은 후 Y 주소는 자동으로 1 증가한다.

(7) 디스플레이 데이터 읽기

RS	R/W	DB7	DB6	DB5	DB4	DB3	DB2	DB1	DB0
1	1	디스플레이 데이터							

기능 : 디스플레이 데이터 램으로부터 데이터를 읽는다. 읽기 명령 후 Y 주소는 자동으로 1 증가한다. 열 주소 설정 이후 읽기 명령이 한 번 더 실행되어야 한다.

8.4 디스플레이 데이터 램 주소 맵

페이지 주소	디스플레이 데이터	1st KS0108B	2nd KS0108B	라인 주소	공통
B8	D0			C0	COM1
	D1			C1	COM2
	D2			C2	COM3
	D3			C3	COM4
	D4			C4	COM5
	D5			C5	COM6
	D6			C6	COM7
	D7			C7	COM8
B9	D0			C8	COM9
	D1			C9	COM10
	D2			CA	COM11
	D3			CB	COM12
	D4			CC	COM13
	D5			CD	COM14
	D6			CE	COM15
	D7			CF	COM16
BA	D0			D0	COM17
	D1			D1	COM18
	D2			D2	COM19
	D3			D3	COM20

	D4															D4	COM21
	D5															D5	COM22
	D6															D6	COM23
	D7															D7	COM24
BB	D0															D8	COM25
	D1															D9	COM26
	D2															DA	COM27
	D3															DB	COM28
	D4															DC	COM29
	D5															DD	COM30
	D6															DE	COM31
	D7															DF	COM32
BC	D0															E0	COM33
	D1															E1	COM34
	D2															E2	COM35
	D3															E3	COM36
	D4															E4	COM37
	D5															E5	COM38
	D6															E6	COM39
	D7															E7	COM40
BD	D0															E8	COM41
	D1															E9	COM42
	D2															EA	COM43
	D3															EB	COM44
	D4															EC	COM45
	D5															ED	COM46
	D6															EE	COM47
	D7															EF	COM48
BE	D0															F0	COM49
	D1															F1	COM50
	D2															F2	COM51
	D3															F3	COM52
	D4															F4	COM53
	D5															F5	COM54
	D6															F6	COM55
	D7															F7	COM56
BF	D0															F8	COM57
	D1															F9	COM58
	D2															FA	COM59
	D3															FB	COM60
	D4															FC	COM61
	D5															FD	COM62
	D6															FE	COM63
	D7															FF	COM64
	열 주소	40	41	42	—	7D	7E	7F	40	41	42	—	7D	7E	7F		
	세그먼트	SEG 1	SEG 2	SEG 3		SEG 62	SEG 63	SEG 64	SEG 65	SEG 66	SEG 67		SEG 126	SEG 127	SEG 128		

8.5 그래픽 LCD 제어 프로그래밍 실습

ED-4513에는 그림 8.7과 같이 128×64 도트를 가지는 그래픽 LCD가 연결되어 있다. 이 그래픽 LCD를 제어하기 위해서는 8비트 데이터 포트 1개와 제어포트 1개가 필요하다. 여기서는 데이터 포트로 PORTA를 사용하고 제어 포트로는 PORTB를 사용한다. 표 8.5는 프로그램에서 사용된 데이터 포트와 제어포트를 보여준다. 표 8.5에서와 같이 그래픽 LCD의 128x64 도트 중 좌측 화면 [0,0]~[63,63]까지는 CS1을 선택해야 사용할 수 있고, 우측 화면 [0,64]~[63,127]까지는 CS2를 선택해야 사용할 수 있다.

그림 8.8은 그래픽 LCD의 동작 스위치와 포트 선택 스위치 회로를 보여주며, 그림 8.9는 그래픽 LCD 동작 스위치와 포트 선택 스위치 설정 방법을 보여준다.

표 8.5 사용된 데이터 포트와 제어포트

포트	기능
PORTA	데이터 포트
PORTB_Bit2	RS 신호
PORTB_Bit3	CS1
PORTB_Bit4	WR
PORTB_Bit5	CS2
PORTB_Bit6	E
PORTB_Bit7	Graphic LCD Reset

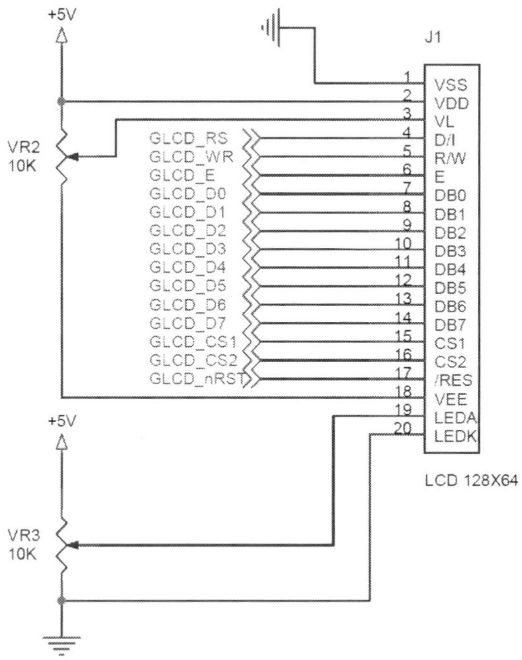

그림 8.7 그래픽 LCD 회로도

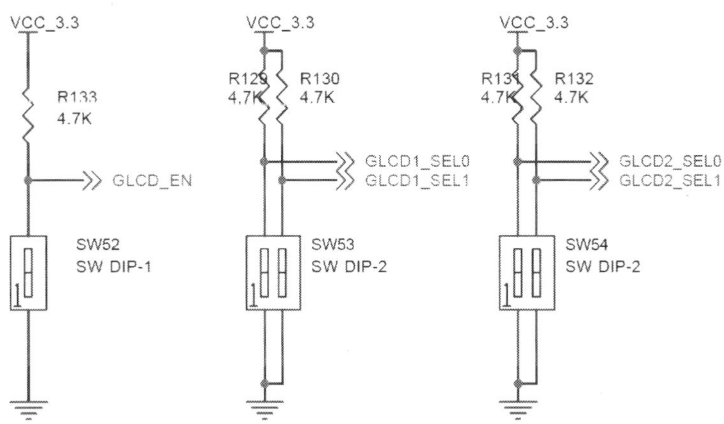

그림 8.8 그래픽 LCD 동작 스위치와 포트 선택 스위치 회로도

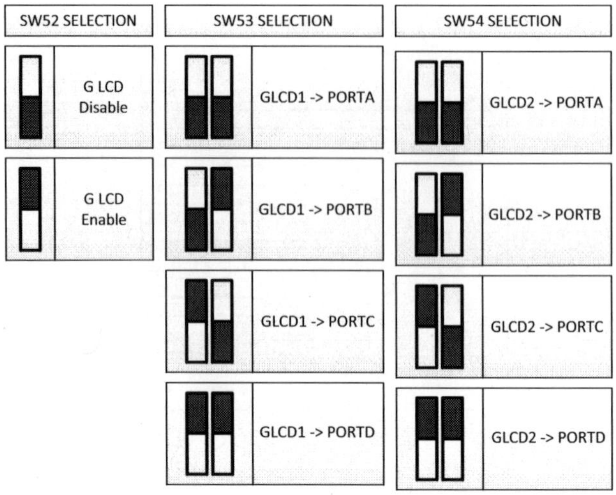

그림 8.9 그래픽 LCD 동작 스위치와 포트선택 스위치 설정 방법

다음은 그래픽 LCD 제어를 위한 각 기능별 함수에 대한 설명이다.

(1) 디스플레이 ON/OFF 함수

```
void Display_ON_OFF(BYTE chip, BYTE on_off) {
  RS_Instruction;           // RS=0, 명령어 모드
  WR_WRITE;                 // WR=0 , 쓰기 모드
  if(chip == 1) {
        CHIP_Disable;       // 칩 디스에이블
        CHIP_Select1;       // 칩 1 인에이블
        }
        else if(chip == 2){
        CHIP_Disable;       // 칩 디스에이블
        CHIP_Select2;       // 칩 2 인에이블
  }
        else if(chip == 3){
        CHIP_Disable;       // 칩 디스에이블
        CHIP_SelectAll;     // 칩 1,2 인에이블
  }
/*******************************************************************
* CMD_DATA_MASK_DISPLAY_ON_OFF=0x3E
```

```
* on_off : 1 -> ON, on_off : 0 -> OFF
* 0x3E : 디스플레이 OFF
* 0x3F : 디스플레이 ON
*****************************************************************/
 DATA_PORT_REG = CMD_DATA_MASK_DISPLAY_ON_OFF | on_off;
  delay_us(40);            // 시간지연
  E_HIGH;                  // E =1
  delay_us(1);             // 시간지연
  E_LOW;                   // E=0
}
```

(2) Y 좌표축 설정 함수

```
void Set_Y_Address(BYTE chip, BYTE y_address) {
  RS_Instruction;          // 명령어
  WR_WRITE;                // 쓰기
  if(chip == 1)            // 왼쪽 1/2 화면
  {
        CHIP_Disable;      // 모든 칩 디스에이블
        CHIP_Select1;      // 인쪽 칩 선택
  }
  else if(chip == 2)       // 오른쪽 1/2 화면
  {
        CHIP_Disable;      // 모든 칩 디스에이블
        CHIP_Select2;      // 오른쪽 칩 선택
  }
  else if(chip == 3)       // 모든 화면
  {
        CHIP_Disable;      // 모든 칩 디스에이블
        CHIP_SelectAll;    // 모든 칩 선택
  }
// Y 축 주소 : 0x40 ~ 0x7f(0~63)
  DATA_PORT_REG = CMD_DATA_MASK_SET_Y_ADDRESS | (y_address & 0x3F);
```

```
  delay_us(40);    // 시간지연
   E_HIGH;         // E =1
   delay_us(1);    // 시간지연
   E_LOW;          // E =0
}
```

(3) X 좌표축 설정 함수

```
void Set_X_Address(BYTE chip, BYTE x_address){
  RS_Instruction;                    // 명령어
  WR_WRITE;                          // 쓰기
  if(chip == 1)                      // 왼쪽 1/2 화면
  {
        CHIP_Disable;                // 모든 칩 디스에이블
        CHIP_Select1;                // 왼쪽 칩 선택
  }
  else if(chip == 2)                 // 오른쪽 1/2 화면
  {
        CHIP_Disable;                // 모든 칩 디스에이블
        CHIP_Select2;                // 오른쪽 칩 선택
  }
  else if(chip == 3)                 // 모든 화면
  {
        CHIP_Disable;                // 모든 칩 디스에이블
        CHIP_SelectAll;              // 모든 칩 선택
  }
  DATA_PORT_REG = CMD_DATA_MASK_SET_X_ADDRESS |
                    (x_address & 0x07);
 delay_us(40);              // 시간지연
 E_HIGH;                    // E=1
 delay_us(1);               // 시간지연
 E_LOW;                     // E=0
}
```

(4) Z 좌표축 설정 함수

```
void Set_Display_Start_Line(BYTE chip, BYTE z_address){
  RS_Instruction;
  WR_WRITE;
  if(chip == 1){
        CHIP_Disable;
        CHIP_Select1;
  }
  else if(chip == 2){
        CHIP_Disable;
        CHIP_Select2;
  }
  else if(chip == 3){
        CHIP_Disable;
        CHIP_SelectAll;
  }
  DATA_PORT_REG = CMD_DATA_MASK_START_LINE | (z_address & 0x3F);
  delay_us(40);
  E_HIGH;
  delay_us(1);
  E_LOW;
}
```

(5) 데이터 메모리에 디스플레이 데이터 써넣기 함수

이 함수는 데이터 시트의 읽기, 쓰기 타이밍도에 따라 프로그래밍 된다. 따라서 이 함수를 이해하기 위해서는 데이터 시트에서 데이터 메모리 읽기, 쓰기 타이밍도를 먼저 충분히 숙지하여야 한다.

```
void Write_Display_Data(BYTE chip, BYTE data)
{
  RS_Data;      // RS 신호를 1로 하여 데이터 레지스터에 입력되도록 한다.
```

```
 WR_WRITE;      // WR을 0으로 하여 쓰기 모드로 설정한다.
  if(chip == 1)  // 칩 선택 값이 1이면
  {
       CHIP_Disable;                // 전체 칩 디스에이블
      CHIP_Select1;                 // 칩 1 인에이블
  }
  else if(chip == 2)                // 칩 값이 2이면
  {
      CHIP_Disable;                 // 전체 칩 디스에이블
        CHIP_Select2;               // 칩 2 인에이블
  }
  else if(chip == 3){
        CHIP_Disable;               // 전체 칩 디스에이블
        CHIP_SelectAll;             // 칩 1,2 인에이블
  }
  DATA_PORT_REG = data;             // 데이터 쓰기
 delay_us(40);                      // 시간 지연
  E_HIGH;        // E 신호 1
  delay_us(1);   // 시간지연
  E_LOW;         // E 신호 0
}
```

(6) 라인 이동 함수

```
void GLCD_GoLine(BYTE line)
{
  Set_X_Address(LEFT_CHIP | RIGHT_CHIP, line);
  Set_Y_Address(LEFT_CHIP, 4); // 전체 화면의 좌측 여백을 4 dots로 설정
  Set_Y_Address(RIGHT_CHIP, 0);
}
```

(7) 그래픽 LCD 초기화 함수

```
void GLCD_Init()
{
  DATA_PORT_REG = 0xFF;
  DATA_DDR_REG = 0xFF;
  CONTROL_PORT_REG = 0xFF;
  CONTROL_DDR_REG = 0xFF;
  Display_ON_OFF(LEFT_CHIP | RIGHT_CHIP, ON);
  Set_Display_Start_Line(LEFT_CHIP | RIGHT_CHIP, 0);
}
```

(8) 전체 화면 클리어 함수

```
void GLCD_Clear()
{
  BYTE x, y;
  for(x=0; x<8; x++)
  {
    Set_X_Address(LEFT_CHIP | RIGHT_CHIP, x);
    Set_Y_Address(LEFT_CHIP | RIGHT_CHIP, 0);

    for(y=0; y<64; y++)          // Y 축은 주소가 자동으로 증가됨
    {
      Write_Display_Data(LEFT_CHIP | RIGHT_CHIP, 0x00);
    }
  }
}
```

다음은 그래픽 LCD에 문자를 출력하기 위한 문자 생성방법에 대하여 설명한다. 그래픽 LCD에 문자를 출력하기 위해서는 먼저 각 도트의 ON/OFF 상태에 의한 문자 모양을 생성하여야 한다. 각 문자는 5×8개의 도트로 구성되며 아래의 예에서와 같이 각 문자에 대한 코드를 생성하면 된다.

문자 생성하기(5×8 도트)

예 !

	0	1	2	3	4	5열의 원소값
LSB	0	0	1	0	0	{0x00, 0x00, 0x4f, 0x00, 0x00}
	0	0	1	0	0	
	0	0	1	0	0	
	0	0	1	0	0	
	0	0	0	0	0	
	0	0	0	0	0	
	0	0	1	0	0	
MSB	0	0	0	0	0	

예 '0'

	0	1	2	3	4	5열의 원소값
LSB	0	1	1	1	0	{0x3e, 0x51, 0x49, 0x45, 0x3e}
	1	0	0	0	1	
	1	0	0	1	1	
	1	0	1	0	1	
	1	1	0	0	1	
	1	0	0	0	1	
	0	1	1	1	0	
MSB	0	0	0	0	0	

예 '1'

	0	1	2	3	4	5열의 원소값
LSB	0	0	1	0	0	{0x00, 0x42, 0x7f, 0x40, 0x00}
	0	1	1	0	0	
	0	0	1	0	0	
	0	0	1	0	0	
	0	0	1	0	0	
	0	0	1	0	0	
	0	1	1	1	0	
MSB	0	0	0	0	0	

예제 8.1 그래픽 LCD의 X=0, Y=0에 1도트 표시하기

```
#include <iom128.h>
#include <ina90.h>
#include "glcd_128x64.h"
/*************************************************************
 * Set Port Direction
*************************************************************/
void PORT_Init(void)
{
 DDRA=0xff;     // Using for Graphic LCD data bus
 DDRB=0xff;     // Using for Graphic LCD data bus
 }
/*************************************************************
 *  MAIN 함수 : 1도트 표시하기
*************************************************************/
void main()
{
  GLCD_Init();
  GLCD_Clear();
  GLCD_GoLine(0);
  Set_Y_Address(3, 0);
  Set_X_Address(3, 0);
  Write_Display_Data(1,0x01);
  while(1);
  }
```

"glcd_128x64.h"

```
/*************************************************************
* For 128*64 Graphic LCD
*************************************************************/
#include <string.h>
/* 자료형 재정의 */
typedef unsigned char       BYTE;
typedef unsigned int        WORD;
```

```
typedef unsigned long        DWORD;
#define F_CPU 7372800
#define delay_us(usecs) __delay_cycles((F_CPU/1000000)   *(usecs))
/* 비트 정의 */
#define  BIT0     0x01
#define  BIT1     0x02
#define  BIT2     0x04
#define  BIT3     0x08
#define  BIT4     0x10
#define  BIT5     0x20
#define  BIT6     0x40
#define  BIT7     0x80
/* Graphic LCD DATA 포트 및 입출력 레지스터 설정 */
#define DATA_PORT_REG        PORTA
#define DATA_DDR_REG         DDRA

/* Graphic LCD CONTROL 신호 포트 및 입출력 레지스터 설정 */
#define CONTROL_PORT_REG    PORTB
#define CONTROL_DDR_REG     DDRB

/* Graphic LCD Chip Selection(CS1, CS2) 포트 제어 */
/* Graphic LCD의 128x64 dots중 좌측 화면 [0,0]~[63,63] 까지는 CS1을 선택해야 
사용할 수 있고, 우측 화면 [0,64]~[63,127] 까지는 CS2를 선택해야 사용할 수 있다.
*/
#define CHIP_Disable   (CONTROL_PORT_REG &= ~0x28)    // CS1=CS2=0
#define CHIP_Select1   (CONTROL_PORT_REG |= 0x08)     // CS1=1
#define CHIP_Select2   (CONTROL_PORT_REG |= 0x20)     // CS2=1
#define CHIP_SelectAll (CONTROL_PORT_REG |= 0x28)     // CS1=CS2=1

/* Reset 포트 제어 (Active LOW) */
#define RESET_Enable   (CONTROL_PORT_REG &= ~BIT7)  // RESET=0
#define RESET_Disable  (CONTROL_PORT_REG |= BIT7)   // RESET=1

/* RS 포트 제어 (0:명령어 레지스터 선택, 1:데이터 레지스터 선택) */
#define RS_Data               (CONTROL_PORT_REG |= BIT2)  // RS=1
```

```
#define RS_Instruction     (CONTROL_PORT_REG &= ~BIT2)        // RS=0

/* WR 포트 제어 (0:쓰기, 1:읽기) */
#define WR_READ            (CONTROL_PORT_REG |= BIT4)         // WR=1
#define WR_WRITE           (CONTROL_PORT_REG &= ~BIT4)        // WR=0

/* E 포트 제어 (데이터 읽기/쓰기 시 클럭 제어) */
#define E_HIGH             (CONTROL_PORT_REG |= BIT6)         // E=1
#define E_LOW              (CONTROL_PORT_REG &= ~BIT6)        // E=0

/* Graphic LCD 명령어 레지스터에 따른 기본 레지스터 값 */
// 화면 ON/OFF 제어용 레지스터
#define CMD_DATA_MASK_DISPLAY_ON_OFF        0x3E
// Y축 좌표 설정용 레지스터
#define CMD_DATA_MASK_SET_Y_ADDRESS         0x40
// X축 좌표 설정용 레지스터
#define CMD_DATA_MASK_SET_X_ADDRESS         0xB8
// 시작 Line 설정용 레지스터
#define CMD_DATA_MASK_START_LINE            0xC0

/* CS1, CS2 포트 출력 값 정의 */
#define LEFT_CHIP     1   // CS1 : Enable(High), CS2 : Disable(Low)
#define RIGHT_CHIP    2   // CS1 : Disable(Low), CS2 : Enable(High)

/* ON, OFF 값 정의 (Display_ON_OFF 함수에서 사용) */
#define ON          1
#define OFF         0

void delay_ms(unsigned char millisecs){
    while(millisecs--){
      delay_us(1000);
    }
}
void delay_s(unsigned char secs){
    while(secs--){
```

```
        __delay_cycles(F_CPU);
    }
}
void delay_mins(unsigned char minutes){
    while(minutes--){
        __delay_cycles(60*F_CPU);
    }
}
/**********************************************************************
 * GLCD 화면 ON/OFF 제어 - chip 인자 값으로 CS 핀을 설정한 후
   on_off 인자 값을 Display 제어 레지스터에 적용하여 화면을
   ON/OFF 한다.
 * para : BYTE chip : 왼쪽 1/2 화면, 오른쪽 1/2 화면 선택 값,
          BYTE on_off : 화면 ON/OFF 데이터 값
**********************************************************************/
void Display_ON_OFF(BYTE chip, BYTE on_off){
  RS_Instruction;
  WR_WRITE;
  if(chip == 1){
        CHIP_Disable;
        CHIP_Select1;
  }
  else if(chip == 2){
        CHIP_Disable;
        CHIP_Select2;
  }
  else if(chip == 3){
        CHIP_Disable;
        CHIP_SelectAll;
  }
 DATA_PORT_REG = CMD_DATA_MASK_DISPLAY_ON_OFF | on_off;
  delay_us(40);
  E_HIGH;
  delay_us(1);
  E_LOW;
```

```
}
/**********************************************************************
 * GLCD Y축 좌표 설정 – 선택된 화면(chip)의 Y축 좌표(y_address)를 설정한다.
 * para. : BYTE chip : 왼쪽 1/2 화면, 오른쪽 1/2 화면 선택 값,
           BYTE y_address : Y축 좌표 값
**********************************************************************/
void Set_Y_Address(BYTE chip, BYTE y_address){
  RS_Instruction;
  WR_WRITE;
  if(chip == 1){
        CHIP_Disable;
        CHIP_Select1;
  }
  else if(chip == 2){
        CHIP_Disable;
        CHIP_Select2;
  }
  else if(chip == 3){
        CHIP_Disable;
        CHIP_SelectAll;
  }
  DATA_PORT_REG = CMD_DATA_MASK_SET_Y_ADDRESS
                       | (y_address & 0x3F);
  delay_us(40);
  E_HIGH;
  delay_us(1);
  E_LOW;
}
/**********************************************************************
* GLCD X축 좌표 설정 – 선택된 화면(chip)의 X축 좌표(x_address)를 설정한다.
* para. :  BYTE chip : 왼쪽 1/2 화면, 오른쪽 1/2 화면 선택 값,
           BYTE x_address : X축 좌표 값
**********************************************************************/
void Set_X_Address(BYTE chip, BYTE x_address){
  RS_Instruction;
```

```
  WR_WRITE;
  if(chip == 1){
          CHIP_Disable;
          CHIP_Select1;
  }
  else if(chip == 2){
          CHIP_Disable;
          CHIP_Select2;
  }
  else if(chip == 3){
          CHIP_Disable;
          CHIP_SelectAll;
  }
  DATA_PORT_REG = CMD_DATA_MASK_SET_X_ADDRESS
                        | (x_address & 0x07);
  delay_us(40);
  E_HIGH;
  delay_us(1);
  E_LOW;
}
/************************************************************************
* GLCD Z축 좌표 설정 - 선택된 화면(chip)의 Z축(LINE) 좌표(z_address)를 설정한다.
* para. : BYTE chip : 왼쪽 1/2 화면, 오른쪽 1/2 화면 선택 값,
          BYTE z_address : Z축 좌표 값(LINE 값)
************************************************************************/
void Set_Display_Start_Line(BYTE chip, BYTE z_address){
  RS_Instruction;
  WR_WRITE;
  if(chip == 1){
          CHIP_Disable;
          CHIP_Select1;
  }
  else if(chip == 2){
          CHIP_Disable;
          CHIP_Select2;
```

```
  }
  else if(chip == 3){
        CHIP_Disable;
        CHIP_SelectAll;
  }
  DATA_PORT_REG = CMD_DATA_MASK_START_LINE | (z_address & 0x3F);
  delay_us(40);
  E_HIGH;
  delay_us(1);
  E_LOW;
}
/************************************************************************
* GLCD 데이터 레지스터 쓰기 - 선택된 화면(chip)의 데이터 레지스터에
                              8BIT dots 데이터를 기록한다.
* para. : BYTE chip : 왼쪽 1/2 화면, 오른쪽 1/2 화면 선택 값,
         BYTE data : 8BIT dots 데이터
************************************************************************/
void Write_Display_Data(BYTE chip, BYTE data){
  RS_Data;
  WR_WRITE;
  if(chip == 1){
       CHIP_Disable,
      CHIP_Select1;
  }
  else if(chip == 2){
      CHIP_Disable;
        CHIP_Select2;
  }
  else if(chip == 3){
        CHIP_Disable;
        CHIP_SelectAll;
  }
  DATA_PORT_REG = data;
  delay_us(40);
  E_HIGH;
```

```
  delay_us(1);
  E_LOW;
}
/****************************************************************
 * Line 이동 - line 인자로 X축을 설정한다.
 * para. : BYTE line : 이동할 Line 번호
****************************************************************/
void GLCD_GoLine(BYTE line){
  Set_X_Address(LEFT_CHIP | RIGHT_CHIP, line);
  Set_Y_Address(LEFT_CHIP, 4); // 전체 화면의 좌측 여백을 4 dots로 설정
  Set_Y_Address(RIGHT_CHIP, 0);
}
/****************************************************************
 * GLCD 초기화 - GLCD의 DATA, CONTROL 라인이 연결된 포트 초기화 및
                 화면 ON, 시작 라인 0으로 기본 설정
****************************************************************/
void GLCD_Init(){
  DATA_PORT_REG = 0xFF;
  DATA_DDR_REG = 0xFF;
  CONTROL_PORT_REG = 0xFF;
  CONTROL_DDR_REG = 0xFF;
  Display_ON_OFF(LEFT_CHIP | RIGHT_CHIP, ON);
  Set_Display_Start_Line(LEFT_CHIP | RIGHT_CHIP, 0);
}
/******************************************************************
 * GLCD 화면 삭제 - GLCD의 화면을 모두 삭제한다.
******************************************************************/
void GLCD_Clear(){
  BYTE x, y;
  for(x=0; x<8; x++){
    Set_X_Address(LEFT_CHIP | RIGHT_CHIP, x);
    Set_Y_Address(LEFT_CHIP | RIGHT_CHIP, 0);
    for(y=0; y<64; y++){
      Write_Display_Data(LEFT_CHIP | RIGHT_CHIP, 0x00);
    }
```

```
  }
}
```

예제 8.2 X축으로 1라인 표시하기 X

```
#include <iom128.h>
#include <ina90.h>
#include "glcd_128x64.h"
/*************************************************************
 * Set Port Direction
*************************************************************/
void PORT_Init(void){
 DDRA=0xff;     // Using for Graphic LCD data bus
 DDRB=0xff;     // Using for Graphic LCD data bus
 }
/*************************************************************
 *  MAIN : 수직선 그리기
*************************************************************/
void main(){
  char i;
  GLCD_Init();
  GLCD_Clear();
  GLCD_GoLine(0);
  while(1){
   for(i=0;i<8;i++){
    Set_Y_Address(3, 0);
   Set_X_Address(3, i);
  Write_Display_Data(1,0xff);
   }
   delay_ms(10);
    }
  }
```

예제 8.3 Y축으로 1라인 표시하기

```
#include <iom128.h>
#include <ina90.h>
#include "glcd_128x64.h"
/**************************************************************
 * Set Port Direction
**************************************************************/
void PORT_Init(void)
{
 DDRA=0xff;      // Using for Graphic LCD data bus
 DDRB=0xff;      // Using for Graphic LCD data bus
 }
/**************************************************************
 *  MAIN : 수평선 그리기
**************************************************************/
void main(){
  char i;
  GLCD_Init();
  GLCD_Clear();
  GLCD_GoLine(0);

  while(1){
   for(i=0;i<64;i++){
    Set_Y_Address(3, i);
   Set_X_Address(3, 1);
  Write_Display_Data(1,0x1);
   }
   delay_ms(10);
    }
  }
```

예제 8.4 대각선 그리기

```
#include <iom128.h>
#include <ina90.h>
#include "glcd_128x64.h"
/**************************************************************
 * Set Port Direction
**************************************************************/
void PORT_Init(void){
 DDRA=0xff;       // Using for Graphic LCD data bus
 DDRB=0xff;       // Using for Graphic LCD data bus
 }
/**************************************************************
 *  MAIN : 대각선 그리기
**************************************************************/
void main(){
  unsigned int i,j;
  unsigned int _data;
  _data=1;
  j=0;
  GLCD_Init();
  GLCD_Clear();
  GLCD_GoLine(0);

  while(1){
    for(i=0;i<128;i++){
    j=i/8;
    if(_data>128) _data=1;
   Set_Y_Address(3, i);
   Set_X_Address(3, j);
  Write_Display_Data(1,_data);
   _data=_data<<1;
    }
      delay_ms(10);
    }
  }
```

예제 8.5 한 문자 표시하기(폰트 디자인)–좌, 우 영역 모두

```
#include <iom128.h>
#include <ina90.h>
#include <stdio.h>
#include "glcd_128x64.h"
void main(){
 GLCD_Init();
 clear_GLCD();
 goLine_GLCD(0);
 while(1){
 Set_X_Address(3, 0);
 Set_Y_Address(3, 0);
 charOut_GLCD(3, 'a');
 delay_ms(30);
 }
}
```

glcd_128x64.h 파일

```
#include <string.h>
/* 지료형 재정의 */
typedef unsigned char      BYTE;
typedef unsigned int       WORD;
typedef unsigned long      DWORD;
#define F_CPU 7372800
#define delay_us(usecs) __delay_cycles((F_CPU/1000000) *(usecs))

/* 비트 정의 */
#define BIT0    0x01
#define BIT1    0x02
#define BIT2    0x04
#define BIT3    0x08
#define BIT4    0x10
#define BIT5    0x20
```

```
#define  BIT6      0x40
#define  BIT7      0x80

/* Graphic LCD DATA 포트 및 입출력 레지스터 설정 */
#define GRAPHIC_LCD_DATA_PORT_REG       PORTA
#define GRAPHIC_LCD_DATA_DDR_REG        DDRA
#define GRAPHIC_LCD_DATA_PIN_REG        PINA

/* Graphic LCD CONTROL 신호 포트 및 입출력 레지스터 설정 */
#define GRAPHIC_LCD_CONTROL_PORT_REG    PORTB
#define GRAPHIC_LCD_CONTROL_DDR_REG     DDRB
#define GRAPHIC_LCD_CONTROL_PIN_REG     PINB

/* Graphic LCD Chip Selection(CS1, CS2) 포트 제어 */
/* Graphic LCD의 128x64 dots중 좌측 화면 [0,0]~[63,63] 까지는
   CS1을 선택해야 사용할 수 있고, 우측 화면 [0,64]~[63,127] 까지는
   CS2를 선택해야 사용할 수 있다. */
#define GRAPHIC_LCD_CHIP_Disable (GRAPHIC_LCD_CONTROL_PORT_REG &=
~0x28)
// CS1=CS2=0
#define GRAPHIC_LCD_CHIP_Select1 (GRAPHIC_LCD_CONTROL_PORT_REG |= 0x08)
// CS1=1
#define GRAPHIC_LCD_CHIP_Select2 (GRAPHIC_LCD_CONTROL_PORT_REG |= 0x20)
// CS2=1
#define GRAPHIC_LCD_CHIP_SelectA (GRAPHIC_LCD_CONTROL_PORT_REG |= 0x28)
// CS1=CS2=1

/* Graphic LCD Reset 포트 제어 (Active LOW) */
#define GRAPHIC_LCD_RESET_Enable (GRAPHIC_LCD_CONTROL_PORT_REG &=
~BIT7)
// RESET=0
#define GRAPHIC_LCD_RESET_Disable (GRAPHIC_LCD_CONTROL_PORT_REG |=
BIT7)   //RESET=1

/* Graphic LCD RS 포트 제어 (0:명령어 레지스터 선택, 1:데이터 레지스터 선택) */
```

```
#define GRAPHIC_LCD_RS_Data  (GRAPHIC_LCD_CONTROL_PORT_REG |= BIT2)
// RS=1
#define GRAPHIC_LCD_RS_Instruction  (GRAPHIC_LCD_CONTROL_PORT_REG &=
~BIT2)  // RS=0

/* Graphic LCD WR 포트 제어 (0:쓰기, 1:읽기) */
#define GRAPHIC_LCD_WR_READ (GRAPHIC_LCD_CONTROL_PORT_REG |= BIT4)
// WR=1
#define  GRAPHIC_LCD_WR_WRITE  (GRAPHIC_LCD_CONTROL_PORT_REG  &=
~BIT4) // WR=0

/* Graphic LCD E 포트 제어 (데이터 읽기/쓰기 시 클럭 제어) */
#define GRAPHIC_LCD_E_HIGH (GRAPHIC_LCD_CONTROL_PORT_REG |= BIT6)
// E=1
#define GRAPHIC_LCD_E_LOW (GRAPHIC_LCD_CONTROL_PORT_REG &= ~BIT6)
// E=0

/* Graphic LCD 명령어 레지스터에 따른 기본 레지스터 값 */
#define CMD_DATA_MASK_DISPLAY_ON_OFF   0x3E  // 화면 ON/OFF 제어용 레지스터
#define CMD_DATA_MASK_SET_Y_ADDRESS   0x40  // Y축 좌표 설정용 레지스터
#define CMD_DATA_MASK_SET_X_ADDRESS   0xB8  // X축 좌표 설정용 레지스터
#define CMD_DATA_MASK_START_LINE      0xC0  // 시작 Line 설정용 레지스터

/* CS1, CS2 포트 출력 값 정의 */
#define LEFT_CHIP     1     // CS1 : Enable(High), CS2 : Disable(Low)
#define RIGHT_CHIP    2     // CS1 : Disable(Low), CS2 : Enable(High)

/* ON, OFF 값 정의 (Display_ON_OFF 함수에서 사용) */
#define ON          1
#define OFF         0

void delay_ms(BYTE);
/* 95개 출력문자의 5*8 dots 데이터 정의
```

```
(예 : '!' 문자)

    01234 - 2차원 배열의 두 번째 인덱스
LSB 00100 ┐
    00100 |
    00100 | ?   00100  ├──── 각 행에 대한 5개 열의 원소 값
    00000 |     {0x00, 0x00, 0x4f, 0x00, 0x00}   *21h ! *
    00100 |            '!' 문자에 대한 ASCII Code 값 ──┘
    00000 |
MSB 00000 ┘
*/
const BYTE font[95][5] = {
                    {0x00, 0x00, 0x00, 0x00, 0x00},/*20h SPACE */
                    {0x00, 0x00, 0x4f, 0x00, 0x00}, /*21h !  */
                    {0x00, 0x07, 0x00, 0x07, 0x00}, /*22h "  */
                    {0x14, 0x7f, 0x14, 0x7f, 0x14},   /*23h # */
                    {0x24, 0x2a, 0x7f, 0x2a, 0x12},   /*24h $ */
                    {0x23, 0x13, 0x08, 0x64, 0x62},  /*25h % */
                    {0x36, 0x49, 0x55, 0x22, 0x50},  /*26h & */
                    {0x00, 0x05, 0x03, 0x00, 0x00}, /*27h '  */
                    {0x00, 0x1c, 0x22, 0x41, 0x00},  /*28h (  */
                    {0x00, 0x41, 0x22, 0x1c, 0x00},  /*29h )  */
                    {0x14, 0x08, 0x3e, 0x08, 0x14},  /*2ah * */
                    {0x08, 0x08, 0x3e, 0x08, 0x08}, /*2bh + */
                    {0x00, 0x50, 0x30, 0x00, 0x00}, /*2ch ,  */
                    {0x08, 0x08, 0x08, 0x08, 0x08}, /*2dh - */
                    {0x00, 0x60, 0x60, 0x00, 0x00}, /*2eh .  */
                    {0x20, 0x10, 0x08, 0x04, 0x02},  /*2fh /  */
                    {0x3e, 0x51, 0x49, 0x45, 0x3e},  /*30h 0 */
                    {0x00, 0x42, 0x7f, 0x40, 0x00},  /*31h 1  */
                    {0x42, 0x61, 0x51, 0x49, 0x46},  /*32h 2 */
                    {0x21, 0x41, 0x45, 0x4b, 0x31},   /*33h 3 */
                    {0x18, 0x14, 0x12, 0x7f, 0x10},   /*34h 4 */
                    {0x27, 0x45, 0x45, 0x45, 0x39},  /*35h 5 */
                    {0x3c, 0x4a, 0x49, 0x49, 0x30},  /*36h 6 */
```

```
{0x01, 0x71, 0x09, 0x05, 0x03}, /*37h 7 */
{0x36, 0x49, 0x49, 0x49, 0x36}, /*38h 8 */
{0x06, 0x49, 0x49, 0x29, 0x1e}, /*39h 9 */
{0x00, 0x36, 0x36, 0x00, 0x00}, /*3ah : */
{0x00, 0x56, 0x36, 0x00, 0x00}, /*3bh ; */
{0x08, 0x14, 0x22, 0x41, 0x00}, /*3ch < */
{0x14, 0x14, 0x14, 0x14, 0x14}, /*3dh = */
{0x00, 0x41, 0x22, 0x14, 0x08}, /*3eh > */
{0x02, 0x01, 0x51, 0x09, 0x06}, /*3fh ? */
{0x32, 0x49, 0x79, 0x41, 0x3e}, /*40h @*/
{0x7e, 0x11, 0x11, 0x11, 0x7e}, /*41h A */
{0x7f, 0x49, 0x49, 0x49, 0x36}, /*42h B */
{0x3e, 0x41, 0x41, 0x41, 0x22}, /*43h C */
{0x7f, 0x41, 0x41, 0x22, 0x1c}, /*44h D */
{0x7f, 0x49, 0x49, 0x49, 0x41}, /*45h E */
{0x7f, 0x09, 0x09, 0x09, 0x01}, /*46h F */
{0x3e, 0x41, 0x49, 0x49, 0x7a}, /*47h G */
{0x7f, 0x08, 0x08, 0x08, 0x7f}, /*48h H */
{0x00, 0x41, 0x7f, 0x41, 0x00}, /*49h I */
{0x20, 0x40, 0x41, 0x3f, 0x01}, /*4ah J */
{0x7f, 0x08, 0x14, 0x22, 0x41}, /*4bh K */
{0x7f, 0x40, 0x40, 0x40, 0x40}, /*4ch L */
{0x7f, 0x02, 0x0c, 0x02, 0x7f}, /*4dh M*/
{0x7f, 0x04, 0x08, 0x10, 0x7f}, /*4eh N */
{0x3e, 0x41, 0x41, 0x41, 0x3e}, /*4fh O */
{0x7f, 0x09, 0x09, 0x09, 0x06}, /*50h P */
{0x3e, 0x41, 0x51, 0x21, 0x5e}, /*51h Q */
{0x7f, 0x09, 0x19, 0x29, 0x46}, /*52h R */
{0x46, 0x49, 0x49, 0x49, 0x31}, /*53h S */
{0x01, 0x01, 0x7f, 0x01, 0x01}, /*54h T */
{0x3f, 0x40, 0x40, 0x40, 0x3f}, /*55h U */
{0x1f, 0x20, 0x40, 0x20, 0x1f}, /*56h V */
{0x3f, 0x40, 0x3c, 0x40, 0x3f}, /*57h W*/
{0x63, 0x14, 0x08, 0x14, 0x63}, /*58h X */
{0x07, 0x08, 0x70, 0x08, 0x07}, /*59h Y */
```

```
{0x61, 0x51, 0x49, 0x45, 0x43},  /*5ah Z */
{0x00, 0x7f, 0x41, 0x41, 0x00},  /*5bh [ */
{0x02, 0x04, 0x08, 0x10, 0x20}, /*5ch ₩*/
{0x00, 0x41, 0x41, 0x7f, 0x00},  /*5dh ] */
{0x04, 0x02, 0x01, 0x02, 0x04}, /*5eh ^ */
{0x40, 0x40, 0x40, 0x40, 0x40}, /*5fh _ */
{0x00, 0x01, 0x02, 0x04, 0x00}, /*60h ` */
{0x20, 0x54, 0x54, 0x54, 0x78}, /*61h a */
{0x7f, 0x48, 0x44, 0x44, 0x38},  /*62h b */
{0x38, 0x44, 0x44, 0x44, 0x20}, /*63h c */
{0x38, 0x44, 0x44, 0x48, 0x7f},  /*64h d */
{0x38, 0x54, 0x54, 0x54, 0x18}, /*65h e */
{0x08, 0x7e, 0x09, 0x01, 0x02}, /*66h f */
{0x0c, 0x52, 0x52, 0x52, 0x3e}, /*67h g */
{0x7f, 0x08, 0x04, 0x04, 0x78},  /*68h h */
{0x00, 0x08, 0x7a, 0x00, 0x00}, /*69h i */
{0x20, 0x40, 0x44, 0x3d, 0x00}, /*6ah j */
{0x7f, 0x10, 0x28, 0x44, 0x00},  /*6bh k */
{0x00, 0x40, 0x7f, 0x40, 0x00}, /*6ch l */
{0x7c, 0x04, 0x18, 0x04, 0x7c},  /*6dh m*/
{0x7c, 0x08, 0x04, 0x04, 0x78}, /*6eh n */
{0x38, 0x44, 0x44, 0x44, 0x38}, /*6fh o */
{0x7c, 0x14, 0x14, 0x14, 0x08},  /*70h p */
{0x08, 0x14, 0x14, 0x18, 0x7c},  /*71h q */
{0x7c, 0x08, 0x04, 0x04, 0x08}, /*72h r */
{0x48, 0x54, 0x54, 0x54, 0x20}, /*73h s */
{0x04, 0x3f, 0x44, 0x40, 0x20}, /*74h t */
{0x3c, 0x40, 0x40, 0x20, 0x7c}, /*75h u */
{0x1c, 0x20, 0x40, 0x20, 0x1c},  /*76h v */
{0x3c, 0x40, 0x20, 0x40, 0x3c}, /*77h w */
{0x44, 0x28, 0x10, 0x28, 0x44}, /*78h x */
{0x0c, 0x50, 0x50, 0x50, 0x3c}, /*79h y */
{0x44, 0x64, 0x54, 0x4c, 0x44}, /*7ah z */
{0x00, 0x08, 0x36, 0x41, 0x00}, /*7bh { */
{0x00, 0x00, 0x77, 0x00, 0x00}, /*7ch | */
```

```
                                        {0x00, 0x41, 0x36, 0x08, 0x00}, /*7dh } */
                                        {0x08, 0x04, 0x08, 0x10, 0x08}};/*7eh ~*/


/* 0~F 까지 16진수 출력문자의 5*8 dots 데이터 정의 */
const BYTE hex[16][5] = {
                                        {0x3e, 0x51, 0x49, 0x45, 0x3e}, /*0 0    */
                                        {0x00, 0x42, 0x7f, 0x40, 0x00}, /*1 1    */
                                        {0x42, 0x61, 0x51, 0x49, 0x46}, /*2 2    */
                                        {0x21, 0x41, 0x45, 0x4b, 0x31}, /*3 3    */
                                        {0x18, 0x14, 0x12, 0x7f, 0x10}, /*4 4    */
                                        {0x27, 0x45, 0x45, 0x45, 0x39}, /*5 5    */
                                        {0x3c, 0x4a, 0x49, 0x49, 0x30}, /*6 6    */
                                        {0x01, 0x71, 0x09, 0x05, 0x03}, /*7 7    */
                                        {0x36, 0x49, 0x49, 0x49, 0x36}, /*8 8    */
                                        {0x06, 0x49, 0x49, 0x29, 0x1e}, /*9 9    */
                                        {0x7e, 0x11, 0x11, 0x11, 0x7e}, /*A A    */
                                        {0x7f, 0x49, 0x49, 0x49, 0x36}, /*B B    */
                                        {0x3e, 0x41, 0x41, 0x41, 0x22}, /*C C    */
                                        {0x7f, 0x41, 0x41, 0x22, 0x1c}, /*D D    */
                                        {0x7f, 0x49, 0x49, 0x49, 0x41}, /*E E    */
                                        {0x7f, 0x09, 0x09, 0x09, 0x01}};  /*F F */

void delay_ms(unsigned char millisecs)
{
    while(millisecs--)
    {
      delay_us(1000);
    }
}
void delay_s(unsigned char secs)
{
    while(secs--)
    {
      __delay_cycles(F_CPU);
```

```
    }
}
void delay_mins(unsigned char minutes)
{
    while(minutes--)
    {
      __delay_cycles(60*F_CPU);
    }
}

/*****************************************************************************
  * function : GLCD 화면 ON/OFF 제어 - chip 인자 값으로 CS 핀을 설정한 후
               on_off 인자 값을 Display 제어 레지스터에 적용하여 화면을
               ON/OFF 한다.
  * para. : BYTE chip : 왼쪽 1/2 화면, 오른쪽 1/2 화면 선택 값,
            BYTE on_off : 화면 ON/OFF 데이터 값
*****************************************************************************/
void Display_ON_OFF(BYTE chip, BYTE on_off)
{
  GRAPHIC_LCD_RS_Instruction;
  GRAPHIC_LCD_WR_WRITE;
  if(chip == 1)
  {
        GRAPHIC_LCD_CHIP_Disable;
        GRAPHIC_LCD_CHIP_Select1;
  }
  else if(chip == 2)
  {
        GRAPHIC_LCD_CHIP_Disable;
        GRAPHIC_LCD_CHIP_Select2;
  }
  else if(chip == 3)
  {
        GRAPHIC_LCD_CHIP_Disable;
        GRAPHIC_LCD_CHIP_SelectA;
```

```
  }

  GRAPHIC_LCD_DATA_PORT_REG = CMD_DATA_MASK_DISPLAY_ON_OFF |
on_off;
  delay_us(40);
  GRAPHIC_LCD_E_HIGH;
  delay_us(1);
  GRAPHIC_LCD_E_LOW;
}

/***************************************************************************
  * function : GLCD Y축 좌표 설정 - 선택된 화면(chip)의 Y축 좌표(y_address)를
             설정한다.
 * para. : BYTE chip : 왼쪽 1/2 화면, 오른쪽 1/2 화면 선택 값,
         BYTE y_address : Y축 좌표 값
***************************************************************************/
void Set_Y_Address(BYTE chip, BYTE y_address)
{
  GRAPHIC_LCD_RS_Instruction;
  GRAPHIC_LCD_WR_WRITE;
  if(chip == 1)
  {
        GRAPHIC_LCD_CHIP_Disable;
        GRAPHIC_LCD_CHIP_Select1;
  }
  else if(chip == 2)
  {
        GRAPHIC_LCD_CHIP_Disable;
        GRAPHIC_LCD_CHIP_Select2;
  }
  else if(chip == 3)
  {
        GRAPHIC_LCD_CHIP_Disable;
        GRAPHIC_LCD_CHIP_SelectA;
  }
```

```
  GRAPHIC_LCD_DATA_PORT_REG  =  CMD_DATA_MASK_SET_Y_ADDRESS  |
(y_address & 0x3F);
 delay_us(40);
  GRAPHIC_LCD_E_HIGH;
  delay_us(1);
  GRAPHIC_LCD_E_LOW;
}

/************************************************************************
 * function : GLCD X축 좌표 설정 - 선택된 화면(chip)의 X축 좌표(x_address)를
              설정한다.
 * para : BYTE chip : 왼쪽 1/2 화면, 오른쪽 1/2 화면 선택 값,
          BYTE x_address : X축 좌표 값
************************************************************************/
void Set_X_Address(BYTE chip, BYTE x_address)
{
  GRAPHIC_LCD_RS_Instruction;
  GRAPHIC_LCD_WR_WRITE;
  if(chip == 1)
  {
        GRAPHIC_LCD_CHIP_Disable;
        GRAPHIC_LCD_CHIP_Select1;
  }
  else if(chip == 2)
  {
        GRAPHIC_LCD_CHIP_Disable;
        GRAPHIC_LCD_CHIP_Select2;
  }
  else if(chip == 3)
  {
        GRAPHIC_LCD_CHIP_Disable;
        GRAPHIC_LCD_CHIP_SelectA;
  }
```

```
  GRAPHIC_LCD_DATA_PORT_REG  =  CMD_DATA_MASK_SET_X_ADDRESS  |
(x_address & 0x07);
 delay_us(40);
  GRAPHIC_LCD_E_HIGH;
  delay_us(1);
  GRAPHIC_LCD_E_LOW;
}

/*************************************************************************
  * function : GLCD Z축 좌표 설정 - 선택된 화면(chip)의 Z축(LINE)
             좌표(z_address)를 설정한다.
 * para : BYTE chip : 왼쪽 1/2 화면, 오른쪽 1/2 화면 선택 값,
         BYTE z_address : Z축 좌표 값(LINE 값)
*************************************************************************/
void Set_Display_Start_Line(BYTE chip, BYTE z_address)
{
  GRAPHIC_LCD_RS_Instruction;
  GRAPHIC_LCD_WR_WRITE;
  if(chip == 1)
  {
        GRAPHIC_LCD_CHIP_Disable;
        GRAPHIC_LCD_CHIP_Select1;
  }
  else if(chip == 2)
  {
        GRAPHIC_LCD_CHIP_Disable;
        GRAPHIC_LCD_CHIP_Select2;
  }
  else if(chip == 3)
  {
        GRAPHIC_LCD_CHIP_Disable;
        GRAPHIC_LCD_CHIP_SelectA;
  }
```

```
  GRAPHIC_LCD_DATA_PORT_REG = CMD_DATA_MASK_START_LINE |
(z_address & 0x3F);
  delay_us(40);
  GRAPHIC_LCD_E_HIGH;
  delay_us(1);
  GRAPHIC_LCD_E_LOW;
}

/***************************************************************************
 * function : GLCD 데이터 레지스터 쓰기 - 선택된 화면(chip)의
              데이터 레지스터에 8BIT dots 데이터를 기록한다.
 * para. : BYTE chip : 왼쪽 1/2 화면, 오른쪽 1/2 화면 선택 값,
           BYTE data : 8BIT dots 데이터
***************************************************************************/
void Write_Display_Data(BYTE chip, BYTE data)
{
  GRAPHIC_LCD_RS_Data;
  GRAPHIC_LCD_WR_WRITE;
  if(chip == 1)
  {
        GRAPHIC_LCD_CHIP_Disable;
        GRAPHIC_LCD_CHIP_Select1;
  }
  else if(chip == 2)
  {
        GRAPHIC_LCD_CHIP_Disable;
        GRAPHIC_LCD_CHIP_Select2;
  }
  else if(chip == 3)
  {
        GRAPHIC_LCD_CHIP_Disable;
        GRAPHIC_LCD_CHIP_SelectA;
  }

  GRAPHIC_LCD_DATA_PORT_REG = data;
```

```
  delay_us(40);
  GRAPHIC_LCD_E_HIGH;
  delay_us(1);
  GRAPHIC_LCD_E_LOW;
}

/****************************************************************************
 * function : Line 이동 - line 인자로 X축을 설정한다.
 * para. : BYTE line : 이동할 Line 번호
****************************************************************************/
void goLine_GLCD(BYTE line)
{
  Set_X_Address(LEFT_CHIP | RIGHT_CHIP, line);
  Set_Y_Address(LEFT_CHIP, 4); // 전체 화면의 좌측 여백을 4 dots로 설정
  Set_Y_Address(RIGHT_CHIP, 0);
}

/****************************************************************************
 * function : 한 문자 출력 - 선택된 화면(chip)에 5*8 dots 문자(character)
              를 출력한 후 1 dots 자간 여백을 출력한다.
 * para. : BYTE chip : 왼쪽 1/2 화면, 오른쪽 1/2 화면 선택 값,
           char character : 1 BYTE 문자
****************************************************************************/
void charOut_GLCD(BYTE chip, char character)
{
  BYTE y;

  for(y=0; y<5; y++)
  {
    Write_Display_Data(chip, font[character-0x20][y]);
  }

  Write_Display_Data(chip, 0x00);          // 자간 1 dot 출력
}
```

```
/************************************************************************
 * function : GLCD 초기화 - GLCD의 DATA, CONTROL 라인이 연결된
              포트 초기화 및 화면 ON, 시작 라인 0으로 기본 설정
************************************************************************/
void GLCD_Init()
{
  GRAPHIC_LCD_DATA_PORT_REG = 0xFF;
  GRAPHIC_LCD_DATA_DDR_REG = 0xFF;

  GRAPHIC_LCD_CONTROL_PORT_REG = 0xFF;
  GRAPHIC_LCD_CONTROL_DDR_REG = 0xFF;

  Display_ON_OFF(LEFT_CHIP | RIGHT_CHIP, ON);
  Set_Display_Start_Line(LEFT_CHIP | RIGHT_CHIP, 0);
}

/************************************************************************
 * function : 문자열 출력 - 해당 line에 문자열 str을 출력한다.
 * para. : BYTE line : 출력할 line 번호 (0~7),
           char* str : 출력할 문자열 (한 라인에 최대 20자 가능)
************************************************************************/
void stringOut_GLCD(BYTE line, char* str)
{
  BYTE length = 0, chip, i;

  goLine_GLCD(line);
  length = strlen(str);
  chip = LEFT_CHIP;

  for(i=0; i<length; i++)
  {
    if(i>9) chip = RIGHT_CHIP;

    charOut_GLCD(chip, str[i]);
  }
```

```
}

/*************************************************************************
 * function : GLCD 화면 삭제 - GLCD의 화면을 모두 삭제한다.
*************************************************************************/
void clear_GLCD()
{
  BYTE x, y;

  for(x=0; x<8; x++)
  {
    Set_X_Address(LEFT_CHIP | RIGHT_CHIP, x);
    Set_Y_Address(LEFT_CHIP | RIGHT_CHIP, 0);

    for(y=0; y<64; y++)
    {
      Write_Display_Data(LEFT_CHIP | RIGHT_CHIP, 0x00);
    }
  }
}
```

예제 8.6 문자열 표시하기

```
#include <iom128.h>
#include <ina90.h>
#include <stdio.h>
#include "glcd_128x64.h"
void main(){
 GLCD_Init();
 clear_GLCD();
 goLine_GLCD(0);
 while(1){
 Set_X_Address(3, 0);
 Set_Y_Address(3, 0);
```

```
 stringOut_GLCD(0, "< GRAPHIC LCD TEST >");
 Set_Y_Address(3, 0);
 stringOut_GLCD(1, "Value1=1234");
 Set_Y_Address(3, 0);
stringOut_GLCD(2, "Value2=5678");
 delay_ms(30);
 }
}
```

"glcd_128x64.h"

```
#include <string.h>
/* 자료형 재정의 */
typedef unsigned char        BYTE;
typedef unsigned int         WORD;
typedef unsigned long        DWORD;
#define F_CPU 7372800
#define delay_us(usecs) __delay_cycles((F_CPU/1000000)  *(usecs))

/* 비트 정의 */
#define  BIT0      0x01
#define  BIT1      0x02
#define  BIT2      0x04
#define  BIT3      0x08
#define  BIT4      0x10
#define  BIT5      0x20
#define  BIT6      0x40
#define  BIT7      0x80

/* Graphic LCD DATA 포트 및 입출력 레지스터 설정 */
#define GRAPHIC_LCD_DATA_PORT_REG        PORTA
#define GRAPHIC_LCD_DATA_DDR_REG         DDRA
#define GRAPHIC_LCD_DATA_PIN_REG         PINA

/* Graphic LCD CONTROL 신호 포트 및 입출력 레지스터 설정 */
#define GRAPHIC_LCD_CONTROL_PORT_REG    PORTB
```

```
#define GRAPHIC_LCD_CONTROL_DDR_REG      DDRB
#define GRAPHIC_LCD_CONTROL_PIN_REG      PINB

/* Graphic LCD Chip Selection(CS1, CS2) 포트 제어 */
/* Graphic LCD의 128x64 dots중 좌측 화면 [0,0]~[63,63] 까지는 CS1을 선택해야
사용할 수 있고, 우측 화면 [0,64]~[63,127] 까지는 CS2를 선택해야 사용할 수 있다.
*/
#define GRAPHIC_LCD_CHIP_Disable    (GRAPHIC_LCD_CONTROL_PORT_REG &=
~0x28) // CS1=CS2=0
#define GRAPHIC_LCD_CHIP_Select1    (GRAPHIC_LCD_CONTROL_PORT_REG |=
0x08)  //CS1=1
#define GRAPHIC_LCD_CHIP_Select2    (GRAPHIC_LCD_CONTROL_PORT_REG |=
0x20)  //CS2=1
#define GRAPHIC_LCD_CHIP_SelectA    (GRAPHIC_LCD_CONTROL_PORT_REG |=
0x28)  // CS1=CS2=1

/* Graphic LCD Reset 포트 제어 (Active LOW) */
#define GRAPHIC_LCD_RESET_Enable    (GRAPHIC_LCD_CONTROL_PORT_REG &=
~BIT7) //RESET=0
#define GRAPHIC_LCD_RESET_Disable    (GRAPHIC_LCD_CONTROL_PORT_REG |=
BIT7)  //RESET=1

/* Graphic LCD RS 포트 제어 (0:명령어 레지스터 선택, 1:데이터 레지스터 선택) */
#define GRAPHIC_LCD_RS_Data    (GRAPHIC_LCD_CONTROL_PORT_REG |= BIT2)
//RS=1
#define GRAPHIC_LCD_RS_Instruction  (GRAPHIC_LCD_CONTROL_PORT_REG &=
~BIT2)  //RS=0

/* Graphic LCD WR 포트 제어 (0:쓰기, 1:읽기) */
#define GRAPHIC_LCD_WR_READ  (GRAPHIC_LCD_CONTROL_PORT_REG |= BIT4)
//WR=1
#define  GRAPHIC_LCD_WR_WRITE   (GRAPHIC_LCD_CONTROL_PORT_REG  &=
~BIT4) //WR=0

/* Graphic LCD E 포트 제어 (데이터 읽기/쓰기 시 클럭 제어) */
```

```
#define GRAPHIC_LCD_E_HIGH   (GRAPHIC_LCD_CONTROL_PORT_REG |= BIT6)
// E=1
#define GRAPHIC_LCD_E_LOW   (GRAPHIC_LCD_CONTROL_PORT_REG &= ~BIT6)
//E=0

/* Graphic LCD 명령어 레지스터에 따른 기본 레지스터 값 */
#define CMD_DATA_MASK_DISPLAY_ON_OFF  0x3E  // 화면 ON/OFF 제어용 레지스터
#define CMD_DATA_MASK_SET_Y_ADDRESS 0x40  // Y축 좌표 설정용 레지스터
#define CMD_DATA_MASK_SET_X_ADDRESS 0xB8  // X축 좌표 설정용 레지스터
#define CMD_DATA_MASK_START_LINE      0xC0  // 시작 Line 설정용 레지스터

/* CS1, CS2 포트 출력 값 정의 */
#define LEFT_CHIP      1          // CS1 : Enable(High) , CS2 : Disable(Low)
#define RIGHT_CHIP     2          // CS1 : Disable(Low) , CS2 : Enable(High)

/* ON, OFF 값 정의 (Display_ON_OFF 함수에서 사용) */
#define ON             1
#define OFF            0

void delay_ms(BYTE);
/* 95개 출력문자의 5*8 dots 데이터 정의

(예 : '!' 문자)

    01234 - 2차원 배열의 두 번째 인덱스
LSB 00100  ┐
    00100  |
    00100  | ?    00100  ├──── 각 행에 대한 5개 열의 원소 값
    00000  |      {0x00, 0x00, 0x4f, 0x00, 0x00}   *21h ! *
    00100  |             '!' 문자에 대한 ASCII Code 값 ──┘
    00000  |
MSB 00000  ┘
*/
```

```
const BYTE font[95][5] = {
                {0x00, 0x00, 0x00, 0x00, 0x00}, /*20h SPACE */
                {0x00, 0x00, 0x4f, 0x00, 0x00}, /*21h !  */
                {0x00, 0x07, 0x00, 0x07, 0x00}, /*22h "  */
                {0x14, 0x7f, 0x14, 0x7f, 0x14},   /*23h # */
                {0x24, 0x2a, 0x7f, 0x2a, 0x12},   /*24h $ */
                {0x23, 0x13, 0x08, 0x64, 0x62}, /*25h % */
                {0x36, 0x49, 0x55, 0x22, 0x50}, /*26h & */
                {0x00, 0x05, 0x03, 0x00, 0x00}, /*27h '  */
                {0x00, 0x1c, 0x22, 0x41, 0x00}, /*28h (  */
                {0x00, 0x41, 0x22, 0x1c, 0x00}, /*29h )  */
                {0x14, 0x08, 0x3e, 0x08, 0x14}, /*2ah *  */
                {0x08, 0x08, 0x3e, 0x08, 0x08}, /*2bh + */
                {0x00, 0x50, 0x30, 0x00, 0x00}, /*2ch ,  */
                {0x08, 0x08, 0x08, 0x08, 0x08}, /*2dh - */
                {0x00, 0x60, 0x60, 0x00, 0x00}, /*2eh .  */
                {0x20, 0x10, 0x08, 0x04, 0x02}, /*2fh /  */
                {0x3e, 0x51, 0x49, 0x45, 0x3e}, /*30h 0 */
                {0x00, 0x42, 0x7f, 0x40, 0x00}, /*31h 1  */
                {0x42, 0x61, 0x51, 0x49, 0x46}, /*32h 2 */
                {0x21, 0x41, 0x45, 0x4b, 0x31}, /*33h 3 */
                {0x18, 0x14, 0x12, 0x7f, 0x10},   /*34h 4 */
                {0x27, 0x45, 0x45, 0x45, 0x39}, /*35h 5 */
                {0x3c, 0x4a, 0x49, 0x49, 0x30}, /*36h 6 */
                {0x01, 0x71, 0x09, 0x05, 0x03}, /*37h 7 */
                {0x36, 0x49, 0x49, 0x49, 0x36}, /*38h 8 */
                {0x06, 0x49, 0x49, 0x29, 0x1e}, /*39h 9 */
                {0x00, 0x36, 0x36, 0x00, 0x00}, /*3ah :  */
                {0x00, 0x56, 0x36, 0x00, 0x00}, /*3bh ;  */
                {0x08, 0x14, 0x22, 0x41, 0x00},  /*3ch < */
                {0x14, 0x14, 0x14, 0x14, 0x14},  /*3dh = */
                {0x00, 0x41, 0x22, 0x14, 0x08}, /*3eh > */
                {0x02, 0x01, 0x51, 0x09, 0x06}, /*3fh ?  */
                {0x32, 0x49, 0x79, 0x41, 0x3e}, /*40h @ */
                {0x7e, 0x11, 0x11, 0x11, 0x7e},   /*41h A */
```

```
{0x7f, 0x49, 0x49, 0x49, 0x36},  /*42h B */
{0x3e, 0x41, 0x41, 0x41, 0x22},  /*43h C */
{0x7f, 0x41, 0x41, 0x22, 0x1c},  /*44h D */
{0x7f, 0x49, 0x49, 0x49, 0x41},  /*45h E */
{0x7f, 0x09, 0x09, 0x09, 0x01},  /*46h F */
{0x3e, 0x41, 0x49, 0x49, 0x7a},  /*47h G */
{0x7f, 0x08, 0x08, 0x08, 0x7f},  /*48h H */
{0x00, 0x41, 0x7f, 0x41, 0x00},  /*49h I */
{0x20, 0x40, 0x41, 0x3f, 0x01},  /*4ah J */
{0x7f, 0x08, 0x14, 0x22, 0x41},  /*4bh K */
{0x7f, 0x40, 0x40, 0x40, 0x40},  /*4ch L */
{0x7f, 0x02, 0x0c, 0x02, 0x7f},  /*4dh M */
{0x7f, 0x04, 0x08, 0x10, 0x7f},  /*4eh N */
{0x3e, 0x41, 0x41, 0x41, 0x3e},  /*4fh O */
{0x7f, 0x09, 0x09, 0x09, 0x06},  /*50h P */
{0x3e, 0x41, 0x51, 0x21, 0x5e},  /*51h Q */
{0x7f, 0x09, 0x19, 0x29, 0x46},  /*52h R */
{0x46, 0x49, 0x49, 0x49, 0x31},  /*53h S */
{0x01, 0x01, 0x7f, 0x01, 0x01},  /*54h T */
{0x3f, 0x40, 0x40, 0x40, 0x3f},  /*55h U */
{0x1f, 0x20, 0x40, 0x20, 0x1f},  /*56h V */
{0x3f, 0x40, 0x3c, 0x40, 0x3f},  /*57h W */
{0x63, 0x14, 0x08, 0x14, 0x63},  /*58h X */
{0x07, 0x08, 0x70, 0x08, 0x07},  /*59h Y */
{0x61, 0x51, 0x49, 0x45, 0x43},  /*5ah Z */
{0x00, 0x7f, 0x41, 0x41, 0x00},  /*5bh [ */
{0x02, 0x04, 0x08, 0x10, 0x20},  /*5ch ₩*/
{0x00, 0x41, 0x41, 0x7f, 0x00},  /*5dh ] */
{0x04, 0x02, 0x01, 0x02, 0x04},  /*5eh ^ */
{0x40, 0x40, 0x40, 0x40, 0x40},  /*5fh _ */
{0x00, 0x01, 0x02, 0x04, 0x00},  /*60h ` */
{0x20, 0x54, 0x54, 0x54, 0x78},  /*61h a */
{0x7f, 0x48, 0x44, 0x44, 0x38},  /*62h b */
{0x38, 0x44, 0x44, 0x44, 0x20},  /*63h c */
{0x38, 0x44, 0x44, 0x48, 0x7f},  /*64h d */
```

```
                              {0x38, 0x54, 0x54, 0x54, 0x18}, /*65h e */
                              {0x08, 0x7e, 0x09, 0x01, 0x02}, /*66h f */
                              {0x0c, 0x52, 0x52, 0x52, 0x3e}, /*67h g */
                              {0x7f, 0x08, 0x04, 0x04, 0x78}, /*68h h */
                              {0x00, 0x08, 0x7a, 0x00, 0x00}, /*69h i */
                              {0x20, 0x40, 0x44, 0x3d, 0x00}, /*6ah j */
                              {0x7f, 0x10, 0x28, 0x44, 0x00}, /*6bh k */
                              {0x00, 0x40, 0x7f, 0x40, 0x00}, /*6ch l */
                              {0x7c, 0x04, 0x18, 0x04, 0x7c}, /*6dh m*/
                              {0x7c, 0x08, 0x04, 0x04, 0x78}, /*6eh n */
                              {0x38, 0x44, 0x44, 0x44, 0x38}, /*6fh o */
                              {0x7c, 0x14, 0x14, 0x14, 0x08}, /*70h p */
                              {0x08, 0x14, 0x14, 0x18, 0x7c}, /*71h q */
                              {0x7c, 0x08, 0x04, 0x04, 0x08}, /*72h r */
                              {0x48, 0x54, 0x54, 0x54, 0x20}, /*73h s */
                              {0x04, 0x3f, 0x44, 0x40, 0x20}, /*74h t */
                              {0x3c, 0x40, 0x40, 0x20, 0x7c}, /*75h u */
                              {0x1c, 0x20, 0x40, 0x20, 0x1c}, /*76h v */
                              {0x3c, 0x40, 0x20, 0x40, 0x3c}, /*77h w */
                              {0x44, 0x28, 0x10, 0x28, 0x44}, /*78h x */
                              {0x0c, 0x50, 0x50, 0x50, 0x3c}, /*79h y */
                              {0x44, 0x64, 0x54, 0x4c, 0x44}, /*7ah z */
                              {0x00, 0x08, 0x36, 0x41, 0x00}, /*7bh { */
                              {0x00, 0x00, 0x77, 0x00, 0x00}, /*7ch | */
                              {0x00, 0x41, 0x36, 0x08, 0x00}, /*7dh } */
                              {0x08, 0x04, 0x08, 0x10, 0x08}};/*7eh ~*/


/* 0~F 까지 16진수 출력문자의 5*8 dots 데이터 정의 */
const BYTE hex[16][5] = {
                              {0x3e, 0x51, 0x49, 0x45, 0x3e}, /*0 0    */
                              {0x00, 0x42, 0x7f, 0x40, 0x00}, /*1 1    */
                              {0x42, 0x61, 0x51, 0x49, 0x46}, /*2 2    */
                              {0x21, 0x41, 0x45, 0x4b, 0x31}, /*3 3    */
                              {0x18, 0x14, 0x12, 0x7f, 0x10}, /*4 4    */
```

```
                         {0x27, 0x45, 0x45, 0x45, 0x39}, /*5 5   */
                         {0x3c, 0x4a, 0x49, 0x49, 0x30}, /*6 6   */
                         {0x01, 0x71, 0x09, 0x05, 0x03}, /*7 7   */
                         {0x36, 0x49, 0x49, 0x49, 0x36}, /*8 8   */
                         {0x06, 0x49, 0x49, 0x29, 0x1e}, /*9 9   */
                         {0x7e, 0x11, 0x11, 0x11, 0x7e},  /*A A   */
                         {0x7f, 0x49, 0x49, 0x49, 0x36},  /*B B   */
                         {0x3e, 0x41, 0x41, 0x41, 0x22},  /*C C   */
                         {0x7f, 0x41, 0x41, 0x22, 0x1c},  /*D D   */
                         {0x7f, 0x49, 0x49, 0x49, 0x41},  /*E E   */
                         {0x7f, 0x09, 0x09, 0x09, 0x01}};   /*F F */

void delay_ms(unsigned char millisecs)
{
    while(millisecs--)
    {
      delay_us(1000);
    }
}
void delay_s(unsigned char secs)
{
    while(secs--)
    {
      __delay_cycles(F_CPU);
    }
}
void delay_mins(unsigned char minutes)
{
    while(minutes--)
    {
      __delay_cycles(60*F_CPU);
    }
}

/***************************************************************************
```

```
  * function : GLCD 화면 ON/OFF 제어 - chip 인자 값으로 CS 핀을 설정한 후
               on_off 인자 값을 Display 제어 레지스터에 적용하여 화면을
               ON/OFF 한다.
  * para. : BYTE chip : 왼쪽 1/2 화면, 오른쪽 1/2 화면 선택 값,
            BYTE on_off : 화면 ON/OFF 데이터 값
*************************************************************************/
void Display_ON_OFF(BYTE chip, BYTE on_off)
{
  GRAPHIC_LCD_RS_Instruction;
  GRAPHIC_LCD_WR_WRITE;
  if(chip == 1)
  {
        GRAPHIC_LCD_CHIP_Disable;
        GRAPHIC_LCD_CHIP_Select1;
  }
  else if(chip == 2)
  {
        GRAPHIC_LCD_CHIP_Disable;
        GRAPHIC_LCD_CHIP_Select2;
  }
  else if(chip == 3)
  {
        GRAPHIC_LCD_CHIP_Disable;
        GRAPHIC_LCD_CHIP_SelectA;
  }

  GRAPHIC_LCD_DATA_PORT_REG = CMD_DATA_MASK_DISPLAY_ON_OFF |
on_off;
  delay_us(40);
  GRAPHIC_LCD_E_HIGH;
  delay_us(1);
  GRAPHIC_LCD_E_LOW;
}

/*************************************************************************
```

```
 * function : GLCD Y축 좌표 설정 - 선택된 화면(chip)의 Y축 좌표(y_address)를
               설정한다.
 * para. : BYTE chip : 왼쪽 1/2 화면, 오른쪽 1/2 화면 선택 값,
             BYTE y_address : Y축 좌표 값
*************************************************************************/
void Set_Y_Address(BYTE chip, BYTE y_address)
{
  GRAPHIC_LCD_RS_Instruction;
  GRAPHIC_LCD_WR_WRITE;
  if(chip == 1)
  {
        GRAPHIC_LCD_CHIP_Disable;
        GRAPHIC_LCD_CHIP_Select1;
  }
  else if(chip == 2)
  {
        GRAPHIC_LCD_CHIP_Disable;
        GRAPHIC_LCD_CHIP_Select2;
  }
  else if(chip == 3)
  {
        GRAPHIC_LCD_CHIP_Disable;
        GRAPHIC_LCD_CHIP_SelectA;
  }

  GRAPHIC_LCD_DATA_PORT_REG  =  CMD_DATA_MASK_SET_Y_ADDRESS  |
(y_address & 0x3F);
 delay_us(40);
  GRAPHIC_LCD_E_HIGH;
  delay_us(1);
  GRAPHIC_LCD_E_LOW;
}


/*************************************************************************
```

```
* function : GLCD X축 좌표 설정 - 선택된 화면(chip)의 X축 좌표(x_address)를
             설정한다.
 * para : BYTE chip : 왼쪽 1/2 화면, 오른쪽 1/2 화면 선택 값,
          BYTE x_address : X축 좌표 값
******************************************************************************/
void Set_X_Address(BYTE chip, BYTE x_address)
{
  GRAPHIC_LCD_RS_Instruction;
  GRAPHIC_LCD_WR_WRITE;
  if(chip == 1)
  {
        GRAPHIC_LCD_CHIP_Disable;
        GRAPHIC_LCD_CHIP_Select1;
  }
  else if(chip == 2)
  {
        GRAPHIC_LCD_CHIP_Disable;
        GRAPHIC_LCD_CHIP_Select2;
  }
  else if(chip == 3)
  {
        GRAPHIC_LCD_CHIP_Disable;
        GRAPHIC_LCD_CHIP_SelectA;
  }

  GRAPHIC_LCD_DATA_PORT_REG  =  CMD_DATA_MASK_SET_X_ADDRESS  |
(x_address & 0x07);
 delay_us(40);
  GRAPHIC_LCD_E_HIGH;
  delay_us(1);
  GRAPHIC_LCD_E_LOW;
}

/******************************************************************************
 * function : GLCD Z축 좌표 설정 - 선택된 화면(chip)의 Z축(LINE)
```

```
              좌표(z_address)를 설정한다.
 * para : BYTE chip : 왼쪽 1/2 화면, 오른쪽 1/2 화면 선택 값,
          BYTE z_address : Z축 좌표 값(LINE 값)
****************************************************************************/
void Set_Display_Start_Line(BYTE chip, BYTE z_address)
{
  GRAPHIC_LCD_RS_Instruction;
  GRAPHIC_LCD_WR_WRITE;
  if(chip == 1)
  {
        GRAPHIC_LCD_CHIP_Disable;
        GRAPHIC_LCD_CHIP_Select1;
  }
  else if(chip == 2)
  {
        GRAPHIC_LCD_CHIP_Disable;
        GRAPHIC_LCD_CHIP_Select2;
  }
  else if(chip == 3)
  {
        GRAPHIC_LCD_CHIP_Disable;
        GRAPHIC_LCD_CHIP_SelectA;
  }

  GRAPHIC_LCD_DATA_PORT_REG    =    CMD_DATA_MASK_START_LINE    |
(z_address & 0x3F);
  delay_us(40);
  GRAPHIC_LCD_E_HIGH;
  delay_us(1);
  GRAPHIC_LCD_E_LOW;
}

/****************************************************************************
* function : GLCD 데이터 레지스터 쓰기 - 선택된 화면(chip)의
             데이터 레지스터에 8BIT dots 데이터를 기록한다.
```

```
 * para. : BYTE chip : 왼쪽 1/2 화면, 오른쪽 1/2 화면 선택 값,
           BYTE data : 8BIT dots 데이터
***************************************************************************/
void Write_Display_Data(BYTE chip, BYTE data)
{
  GRAPHIC_LCD_RS_Data;
  GRAPHIC_LCD_WR_WRITE;
  if(chip == 1)
  {
        GRAPHIC_LCD_CHIP_Disable;
        GRAPHIC_LCD_CHIP_Select1;
  }
  else if(chip == 2)
  {
        GRAPHIC_LCD_CHIP_Disable;
        GRAPHIC_LCD_CHIP_Select2;
  }
  else if(chip == 3)
  {
        GRAPHIC_LCD_CHIP_Disable;
        GRAPHIC_LCD_CHIP_SelectA;
  }

  GRAPHIC_LCD_DATA_PORT_REG = data;
 delay_us(40);
  GRAPHIC_LCD_E_HIGH;
  delay_us(1);
  GRAPHIC_LCD_E_LOW;
}

/***************************************************************************
 * function : Line 이동 - line 인자로 X축을 설정한다.
 * para. : BYTE line : 이동할 Line 번호
***************************************************************************/
```

```
void goLine_GLCD(BYTE line)
{
  Set_X_Address(LEFT_CHIP | RIGHT_CHIP, line);
  Set_Y_Address(LEFT_CHIP, 4); // 전체 화면의 좌측 여백을 4 dots로 설정
  Set_Y_Address(RIGHT_CHIP, 0);
}

/***************************************************************************
 * function : 한 문자 출력 - 선택된 화면(chip)에 5*8 dots 문자(character)를
              출력한 후 1 dots 자간 여백을 출력한다.
 * para. : BYTE chip : 왼쪽 1/2 화면, 오른쪽 1/2 화면 선택 값,
           char character : 1 BYTE 문자
***************************************************************************/
void charOut_GLCD(BYTE chip, char character)
{
  BYTE y;

  for(y=0; y<5; y++)
  {
    Write_Display_Data(chip, font[character-0x20][y]);
  }

  Write_Display_Data(chip, 0x00); // 자간 1 dot 출력
}

/***************************************************************************
 * function : GLCD 초기화 - GLCD의 DATA, CONTROL 라인이 연결된
              포트 초기화 및 화면 ON, 시작 라인 0으로 기본 설정
***************************************************************************/
void GLCD_Init()
{

  GRAPHIC_LCD_DATA_PORT_REG = 0xFF;
  GRAPHIC_LCD_DATA_DDR_REG = 0xFF;
```

```
  GRAPHIC_LCD_CONTROL_PORT_REG = 0xFF;
  GRAPHIC_LCD_CONTROL_DDR_REG = 0xFF;

  Display_ON_OFF(LEFT_CHIP | RIGHT_CHIP, ON);
  Set_Display_Start_Line(LEFT_CHIP | RIGHT_CHIP, 0);
}

/***************************************************************************
 * function : 문자열 출력 - 해당 line에 문자열 str을 출력한다.
 * para. : BYTE line : 출력할 line 번호 (0 ~ 7),
           char* str : 출력할 문자열 (한 라인에 최대 20자 가능)
***************************************************************************/
void stringOut_GLCD(BYTE line, char* str)
{
  BYTE length = 0, chip, i;
  goLine_GLCD(line);
  length = strlen(str);
  chip = LEFT_CHIP;
  for(i=0; i<length; i++)
  {
    if(i>9) chip = RIGHT_CHIP;

    charOut_GLCD(chip, str[i]);
  }
}
/***************************************************************************
 * function : GLCD 화면 삭제 - GLCD의 화면을 모두 삭제한다.
***************************************************************************/
void clear_GLCD()
{
  BYTE x, y;
  for(x=0; x<8; x++)
  {
    Set_X_Address(LEFT_CHIP | RIGHT_CHIP, x);
    Set_Y_Address(LEFT_CHIP | RIGHT_CHIP, 0);
```

```
        for(y=0; y<64; y++)
        {
            Write_Display_Data(LEFT_CHIP | RIGHT_CHIP, 0x00);
        }
    }
}
```

평 / 가 / 문 / 제

1. 그래픽 LCD의 구동원리에 대하여 설명하시오.

2. 그래픽 LCD와 문자형 LCD의 차이점은 무엇인가?

3. 그래픽 LCD를 이용하여 다음과 같은 문자를 디스플레이 할 수 있도록 문자 코드를 작성하시오.

“홍 길 동”

4. 그래픽 LCD를 제어하는데 있어서 메모리 읽기, 쓰기 타이밍도가 중요한 이유는 무엇인가?

CHAPTER 09

이더넷 응용 프로그래밍

최근 통신기술의 급속한 발달에 따라 제어기술과 통신기술이 결합된 형태의 네트워크 기반 원격제어 자동화기술이 산업전반에 걸쳐 증가되고 있다. 과거의 원격제어 시스템은 주로 주변 조건이 열악하여 인간이 직접 근무하기 어려운 환경이나 오지환경 등에 자동화, 무인화를 실시하여 인건비를 절약하거나 인력을 대치하기 위한 방법으로 주로 사용되었다. 그러나 최근 인터넷과 제어기술의 발달과 함께, 거의 모든 곳에 보급된 인터넷 선로를 이용하여 유비쿼터스 환경을 구축 하려는 연구가 활발히 연구되고 있다. 제어 분야에서도 이러한 네트워크 환경을 이용하여 제어를 구현하려는 연구가 활발히 진행되고 있다.

9.1 Ethernet의 개요

(1) Ethernet

1970년대 하와이 알로하 대학의 네트워크를 구축하며 탄생한 Ethernet은 지속적인 발전으로 인해 1973년 제록스사 연구소에서 개발되기 시작하였다. 1979년에 제록스 PARC의 Metcalf와 Boggs 등은 원격지에서 데이터를 상호 전송 할 수 있는 프로토콜을 발표하였다. 이후 제록스, DEC, 인텔 등이 공동으로 개발한 LAN(Local Area Network)의 DIX(DEC, INTEL, Xerox) Ethernet이 개발되었다.

1979년 Ethernet I으로 발표된 이 프로토콜은 1982년 Ethernet I의 단점을 보완하여 IEEE802.3 표준에 내용이 많이 흡수되어 있는 현 Ethernet의 효시인 Ethernet II가 발표되었다. 약 2Mbit의 전송 속도를 가지고 태어난 Ethernet은 현재 네트워크의 눈부신 발전으로 10Gbps의 속도까지 제공하고 있다. 현재는 전 세계적으로 Ethernet 망이 형성되어 있으며 주변에서도 쉽게 접근이 가능한 통신망이 되었다. Ethernet 망을 제어 시스템에 적용할 경우 가장 큰 장점은 최대 10~1000Mbps에 이르는 고속의 데이터 전송대역폭을 이용하여 제어에 필요한 데이터 이외에 다양한 관련 정보들을 실시간 전송 할 수 있으며 기존의 잘 구축된 인터넷 망을 그대로 활용할 수 있어 그 경제적 파급 효과가 높다는데 있다. 그러나 Ethernet의 데이터 전송 구성상 네트워크 최대 응답 시간이나 전송 데이터의 신뢰성을 보장하지 못한다는 단점은 네트워크 제어 시스템 설계가 해결해야 할 문제이다.

(2) Ethernet 계층 구조

네트워크의 계층 구조는 그림 9.1과 같이 1978년 IOS(International Organization of Standards)에 의해 표준으로 제정된 OSI 7층 모델이며, 현재 네트워크에 관련된 모든 장비와 프로토콜, 운영체계 등은 OSI 7 계층으로 구현되어 있다.

<table>
<tr><th>OSI 7 Layer</th><th>TCP/IP</th><th>프로토콜 예</th><th></th></tr>
<tr><td>응용 계층</td><td rowspan="3">응용 계층</td><td rowspan="3">TELNET, FTP</td><td rowspan="3">ATmega128</td></tr>
<tr><td>프리젠테이션 계층</td></tr>
<tr><td>세션계층</td></tr>
<tr><td>트랜스포트 계층</td><td>트랜스포트 계층</td><td>TCP,UDP</td><td rowspan="2">W5100</td></tr>
<tr><td>네트워크 계층</td><td>인터넷 계층</td><td>IP, ICMP, ARP</td></tr>
<tr><td>데이터 링크 계층</td><td rowspan="2">Network Access</td><td rowspan="2">이더넷, 토큰링, FDDI</td><td rowspan="2">UTP</td></tr>
<tr><td>물리계층</td></tr>
</table>

그림 9.1 네트워크 계층 구조

한편, Ethernet 기반에서 TCP와 IP 프로토콜은 OSI7 계층에서 각각 트랜스포트 계층(Transport Layer)과 네트워크 계층(Network Layer)에 해당된다. IEEE802에서는 이 층의 LAN에 대한 표준과 기술을 규정하고 있다. 데이터 전송과 물리적 연결에 대한 표준 정리 및 물리 계층과 데이터 링크 계층을 좀 더 세부적으로 분류한 IEEE802.3 Ethernet 모델은 그림 9.2와 같이 나타낼 수 있다.

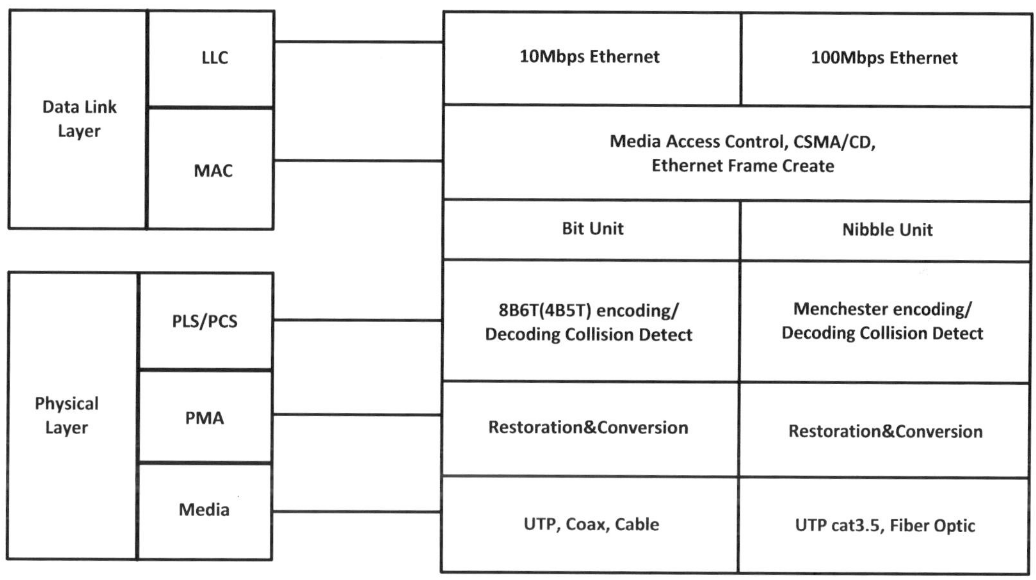

그림 9.2 IEEE 802.3 이더넷 모델

응용계층(Application Layer)은 SMTP, POP3, FTP, HTTP, TFTP, SMTP 등의 응용 프로그램을 구성하여 전체 네트워크를 구축한다. 데이터 링크 계층(Data Link Layer)은 상위에서 전달된 메시지의 물리적인 데이터를 네트워크에 전달하고 데이터의 손상 유무를 판단하기 위한 CRC를 프레임에 첨가하는 계층이며, CSMA/CD의 버스 점유 방식을 사용한다. 물리계층(Physical Layer)은 데이터를 송수신하는 두 스테이션 사이에 실제적인 전기신호가 전송되는 경로를 말하며, UTP, 동축 케이블, 광섬유 등이 사용되고 있다.

(3) Ethernet 프로토콜

1) 프레임 포맷

10Mbps의 Ethernet 프로토콜의 프레임 포맷은 두 가지의 표준을 가지고 있으며 MAC 계층에서 완성되고 그림 9.3과 같이 나타낼 수 있다, 일반적인 Ethernet 프레임과 IEEE802.3 프레임

포맷은 약간의 차이가 존재하며 초기에는 프레임의 호환성에 문제가 있었으나 현재는 이 두 가지 프로토콜이 상호 호환 될 수 있다.

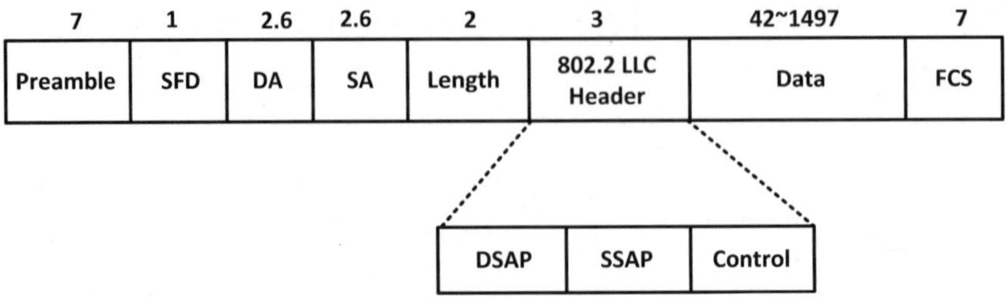

(a) IEEE802.3 프레임 포맷

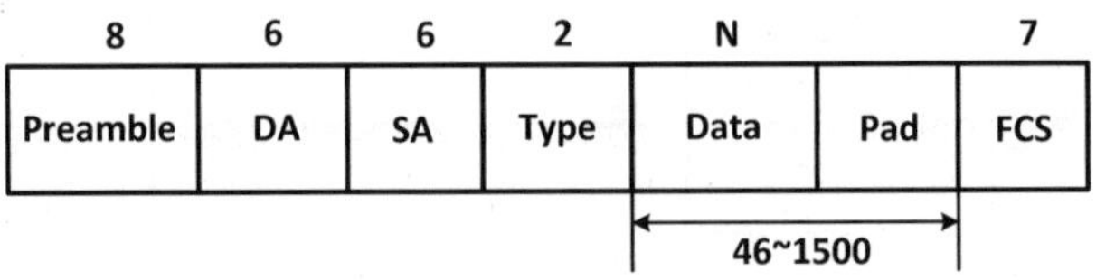

(b) 원래의 이더넷 프레임 포맷

그림 9.3 데이터 링크 계층 프레임 포맷

그림 9.3에서 각각의 세부적인 프레임 포맷의 구조를 간단히 설명하면 다음과 같다.

Preamble : 프레임의 시작을 알려주는 기능을 하고 802.3 Ethernet은 7 바이트의 길이를 가지고 있으며 수신 PLS(Physical Layer signaling)에게 안정된 상태로 동기화 임무를 수행하도록 7 바이트의 10101010 신호를 송신, PLS 프레임 헤드에 입력하여 실제 데이터를 담은 전기 신호가 시작됨을 나타낸다.

SPD : 프리엠블 바로 뒤에 연결되어 실제 프레임의 시작을 나타낸다.
802.3의 preamble + SFD = Ethernet Preamble

DA : 6 바이트의 길이를 가지고 목적지 주소(MAC Address)가 들어가는 부분

SD : 전송하는 스테이션의 MAC 주소가 들어가는 부분

Length & Type Field : 프레임에 입력되는 값이 0x0600 보다 크면 MAC의 상위 계층의 프로토콜을 나타내고, 이는 Ethernet 프레임에 입력된 데이터가 어떠한 프로토콜인가를 나타내며 0~0x05dc 사이의 값이며 802.3 프레임의 데이터 길이를 표시한다. 표 9.1에 프레임 타입을 표시한다.

Data : MAC의 상위 계층이 만들어낸 데이터가 입력된다. Ethernet의 최소 프레임은 46 바이트이며 최대 크기는 1500 바이트이다. 46 바이트 보다 데이터 값이 작으면 크기를 맞추기 위해 Pad가 추가된다. 그러나 Pad는 실제 연산에서 제어되어진다.

DSAP : 목적지 스테이션의 수신을 담당한다.

PCS : 프레임 오류 검사와 손상여부를 나타내기 위한 값이다. 프레임이 손상되었는지를 판단하고 만일 손상되었다고 판단되면 손상된 프레임은 제거된다.

표 9.1 프레임 타입

Type Code	Protocal	Type Code	Protocol
0x0000~0x05dc	802.3의 길이	0x0806	ARP
0x0600	XNS IDP	0x8035	RARP
0x0800	IP	0x8137	IPX
0x0805	X25 PLP	0x8191	NetBIOS

Ethernet과 IEEE 802.3은 기본적으로 브로드 캐스터 네트워크이다. 즉 하나의 네트워크에 연결된 모든 스테이션은 해당 네트워크에서 브로드 캐스트 되는 모든 메시지를 수신 할 수 있다. 각 스테이션은 수신된 프레임을 검사하여 수신한 프레임이 자기 자신의 프레임이라면 적당한 메시지 처리과정을 거친 후 상위 계층에 전달하고 그렇지 않으면 곧바로 수신한 메시지를 폐기하는 과정을 거친다.

2) 메시지 전송방식

Ethernet은 IEEE802.3의 CSMA/CD 버스 점유 방식을 이용한다. CSMA/CD 방식은 먼저 데이터를 송신하려는 스테이션은 현재 네트워크 버스가 아이들 상태에 있을 때까지 대기하며 버스를 사용하고 있는 다른 스테이션이 없을 때는 바로 데이터 전송을 시작한다. 이때 서로 다른 두 스테이션에서 전송한 데이터가 충돌할 경우 후자의 스테이션은 충돌이 일어났음을 감지하고 데이터 전송을 중단, 이를 48 비트의 신호인 jamming 신호로 네트워크의 스테이션에 알린다. 다른 스테이션 또한 이를 감지하고 데이터 전송을 중단한 뒤 두 호스트는 임의 시간 대기 상태에 들어간 후 binary exponential backoff 알고리듬에 의해 데이터를 재전송한다. 이때 재전송 시도 회수가 지정한 한계를 벗어나면 에러가 발생했음을 상위계층에 통보하게 된다. 10Mbps 이더넷 환경에서 CSMA/CD가 원활히 구동되기 위해서는 최소 프레임의 크기가 제한되어야 한다. 이는 만일 특정 스테이션이 jamming 신호 보다 작은 비트의 프레임을 네트워크에 전송하면 이 프레임은 jamming 신호가 송신 스테이션에 전송되는 시간 보다 빠르게 전송이 가능하게 함으로 실제 충돌이 일어났음에도 불구하고 전송 스테이션은 성공적으로 이루어 졌다고 오판 할 수 있다. 이러한 이유로 인해 Ethernet에서는 최소 프레임의 크기를 512 비트로 제한하고 있다. 그러나 일반적으로 이더넷을 이용한 데이터 통신은 네트워크 부하가 적고 전송 속도가 빠른 경우에는 높은 데이터 성공률을 보장하는 것으로 알려져 있다.

위의 설명을 그림으로 도시하면 그림 9.4의 CSMA/CD 흐름도로 나타낼 수 있다.

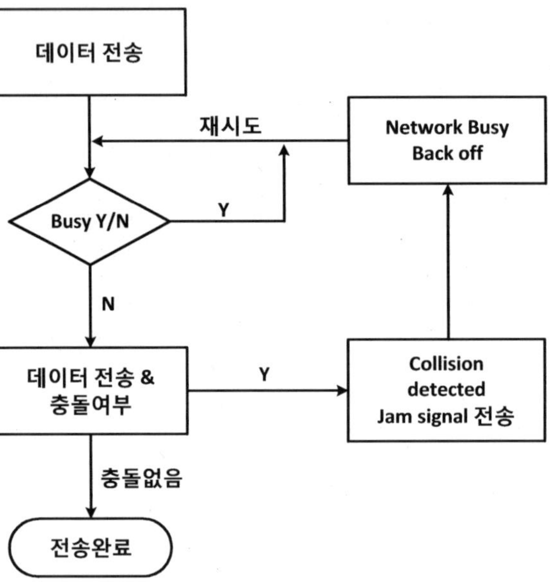

그림 9.4 CSMA/CD 흐름도

CSMA/CD 방식의 상태를 정리해 보면 그림 9.5와 같이 크게 세 가지 상태로 나타낼 수 있다. 즉, 데이터 교환이 이루어지는 "Transmission state", 데이터 전송이 없는 상태를 나타내는 "Idle state", 두 데이터 사이에 충돌이 발생한 경우 이에 대한 조정을 하는 "Contention state"로 나누어진다.

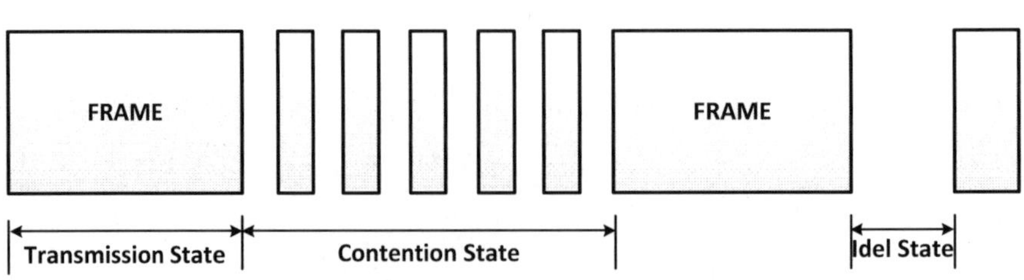

그림 9.5 CSMA/CD 방식의 3가지 상태

충돌이 발생할 경우 "Contention state"가 되면 10Mbps Ethernet일 경우 512 bits time인 약 50us의 일정한 Slot time의 재전송 시간을 결정한다.

그림 9.6은 CSMA/CD 방식을 이용한 소켓 프로그램 연결의 흐름선도를 보여준다.

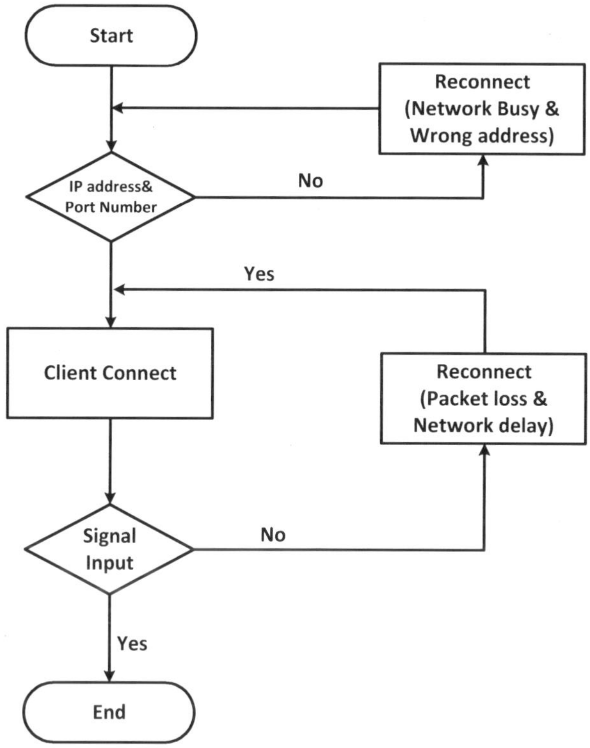

그림 9.6 소켓 프로그램 연결 흐름선도

9.2 W5100의 특성과 이더넷 통신 시스템의 구성

(1) 특성

W5100은 Wiznet사의 LAN LSI로서 OS 커널에서 구현하는 TCP/IP, ICMP, IPv4, ARP 드라이버 프로그램과 하드웨어에서 구현하는 MAC, PHY 부분을 하드웨어 원 칩으로 구현한 인터넷 통신 전용소자이다.

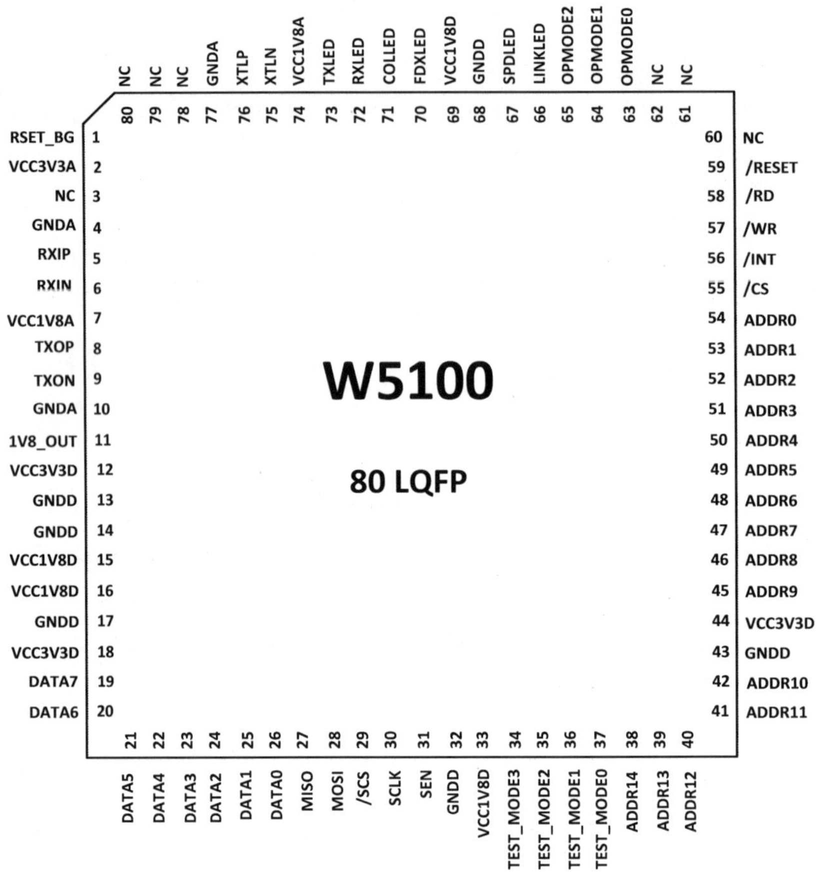

그림 9.7 W5100의 핀 구조

이 소자는 OS 없이 인터넷 접속을 쉽게 하기 위하여 설계되었으며 IEEE802.3 10 BASE-TX와 IEEE802.3u 100BASE-TX와 완벽한 호환성을 유지한다. 또한 하드웨어로 구현된 TCP/IP 스택은 TCP, UDP, IPv4, ICMP, ARP, IGMP 그리고 PPPoE 통신 방식을 모두 안정적으로 지원한다. 그리고 데이터 전송을 위한 16K 바이트의 버퍼가 내장되어 있어 Ethernet 제어장치를 위한 특별한 고려 없이 단지 소켓 프로그램만 있으면 인터넷 통신의 구현이 가능하다. W5100은 그림 9.7과 같이 15개의 어드레스 핀(A[14:0])과 8개의 데이터 핀(D[7:0]), 모드선택 핀 등을 비롯하여 총 80개의 핀을 가지고 있다.

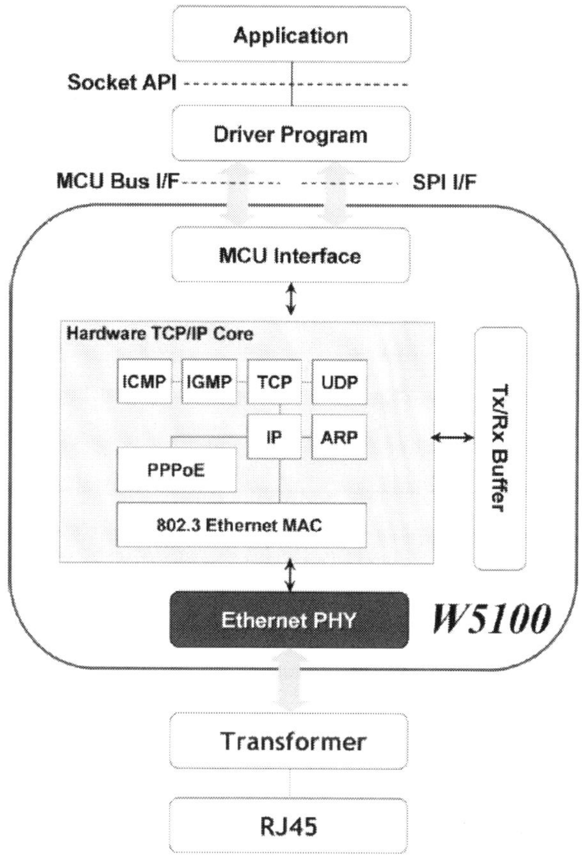

그림 9.8 W5100의 블럭도

그림 9.8은 W5100의 내부 블록도를 보여준다. 그림에서와 같이 W5100은 인터넷 프로토콜(TCP, IP, UDP, ICMP, ARP, DLC, MAC)과 이더넷 PHY 등이 모두 하드웨어적으로 구현되어 있으며 소켓 프로그램은 외부에 연결된 MCU에서 구현된다. 그리고 아래쪽은 트랜스포머와 RJ45 소켓을 통하여 Ethernet와 연결되는 부분이다. 표 9.2는 임베디드 소프트웨어와 W5100과의 비교이다.

표 9.2 임베디드 소프트웨어와 W5100

임베디드 소프트웨어	Layer	W5100
소프트웨어 (OS 커널)	Application	소프트웨어
	TCP, UDP	Full Hardware
	ICMP	
	IPv4,ARP	
	Driver Program	
하드웨어	MAC	
	PHY	

(2) W5100의 매모리 맵

그림 9.9는 W5100의 내부 메모리 맵을 보여준다. 그림 9.9에서와 같이 W5100의 메모리는 수신 데이터를 위한 Rx 메모리(0x6000~0x7fff)부, 송신 데이터를 위한 Tx 메모리(0x4000~0x5fff)부, 소켓 제어를 위한 레지스터가 모여 있는 소켓 제어 레지스터(0x0400~0x07FF)부, W5100의 일반적인 제어를 담당하는 제어 레지스터로 구성된 공통 레지스터(0x0000~0x002F)부로 구성된다. W5100에서 통신 버퍼로 사용되는 메모리의 크기는 Tx 메모리 8Kbyte, Rx 메모리 8Kbyte, 전체 16Kbyte이다. 이들 송/수신 메모리는 각각 RMSR 레지스터와 TMSR 레지스터의 설정에 의하여 각 소켓에 할당되는 메모리의 크기를 조정 할 수 있다.

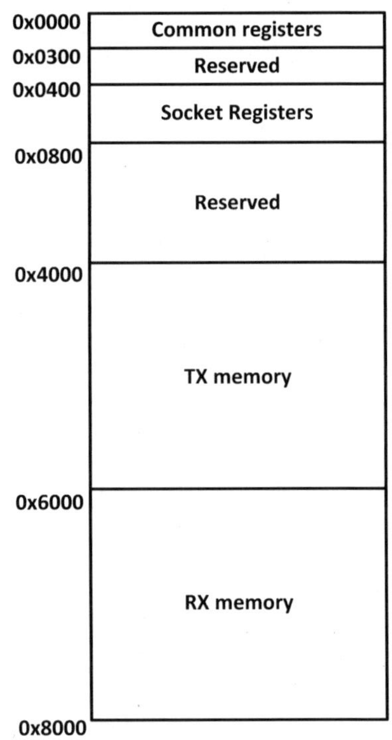

그림 9.9 메모리 맵

(3) MCU와 W5100간의 인터페이스

그림 9.10은 MCU와 W5100과의 인터페이스 방법을 보여준다. W5100에서는 총 3가지의 MCU 인터페이스 방법이 제공되는데, 본 연구에서는 그 중 어드레스 버스를 통하여 W5100 메모리 영역을 직접 인터페이스 하는 방법을 사용한다. 각 연결된 핀을 살펴보면 /CS는 칩 셀렉터, /WR은 쓰기 인에이블, /RD는 읽기 인에이블, /INT는 인터럽트 핀이며 모드 Active Low이다. 그리고 나머지는 데이터와 어드레스 핀이다. /INT 핀은 W5100이 CPU에게 소켓의 연결, 분리 또는 데이터의 수신, 타임아웃 상태를 알려주는 역할을 수행한다. 이 핀은 MCU의 외부 인터럽트 핀과 연결되어 사용된다.

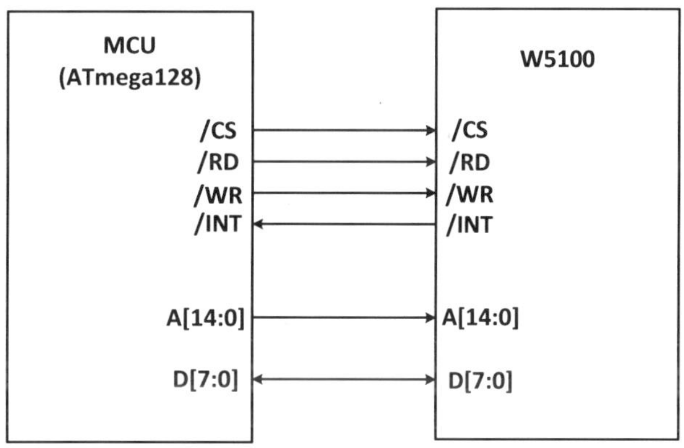

그림 9.10 MCU(Atmega128)와 W5100A의 인터페이스

그림 9.11은 쓰기와 읽기 타이밍도를 나타낸다.

쓰기 동작의 경우 먼저 /CS와 /WR 신호를 출력한 후 address 버스 신호를 출력하여 원하는 값을 data 버스를 통하여 W5100의 메모리 영역에 써넣으면 된다. 한편, 읽기 동작의 경우에는 먼저 /CS신호와 어드레스 신호를 출력하고 /RD 신호를 출력하면 데이터 버스에 데이터가 출력되고 이 데이터는 /RD 신호의 상승에지에 읽어진다.

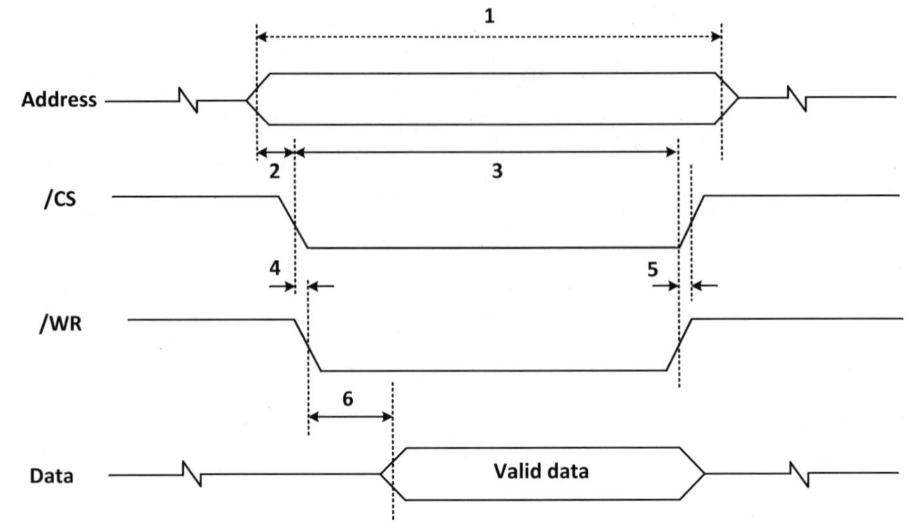

(a) 쓰기 타이밍도

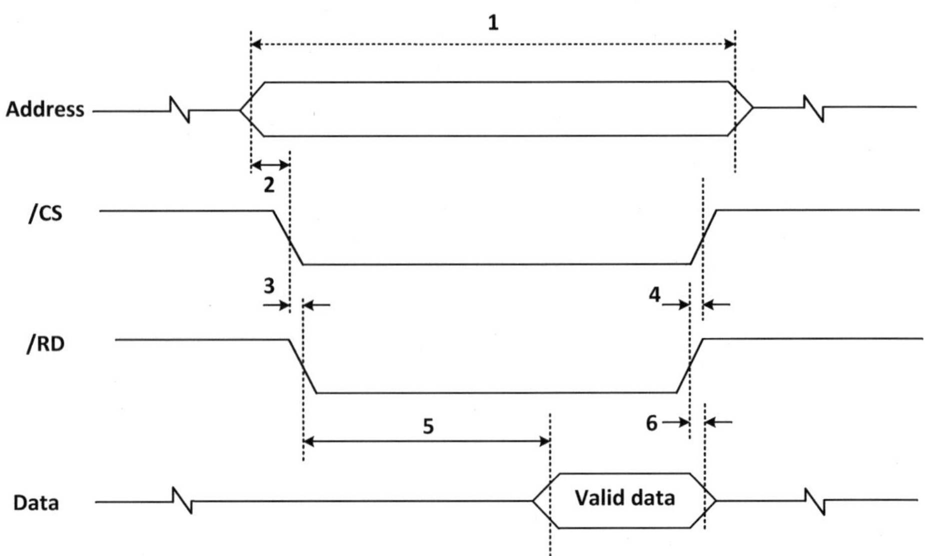

(b) 읽기 타이밍도

그림 9.11 쓰기/읽기 타이밍도

(4) W5100 회로부

앞에서 설명한 바와 같이 W5100은 LAN LSI로서 OS 커널에서 구현하는 TCP/IP, ICMP, IPv4, ARP 드라이버 프로그램과 하드웨어에서 구현하는 MAC, PHY 부분을 원 칩 하드웨어로 구현한 이더넷 통신 전용소자이다. 그림 9.12는 W5100과 MCU와의 회로 연결을 보여준다.

/CS 는 디코드 회로에서 생성되어 W5100의 /CS에 연결되고, 래치 회로를 통하여 생성된 어드레스 버스와 데이터 버스 역시 MCU의 데이터 버스와 어드레스 버스에 연결된다. 그리고 /WR, /RD, /RESET 신호 등도 MCU의 /WR, /RD, /RESET핀과 직접 연결된다. 한편 W5100의 출력신호인 INT 신호는 MCU의 INT4와 연결된다. 이 신호는 W5100의 데이터 송수신 관련 정보를 MCU에 알려주는 역할을 수행하게 된다. W5100은 3.3V의 전원을 필요로 하므로 전원회로에서 생성된 3.3V 전원을 인가하였다. 또한 별도의 W5100 전용 클럭 주파수가 필요하므로 25MHz의 크리스털을 이용하여 외부에 회로를 구성하고 W5100의 클럭 입력단자에 공급하였다. 한편 그림 9.12(b)는 W5100과 RJ45 소켓과의 연결회로를 나타내고 있다. 실제 회로에서는 출력 트랜스포머와 소켓 일체형인 LD1T516을 사용하였다.

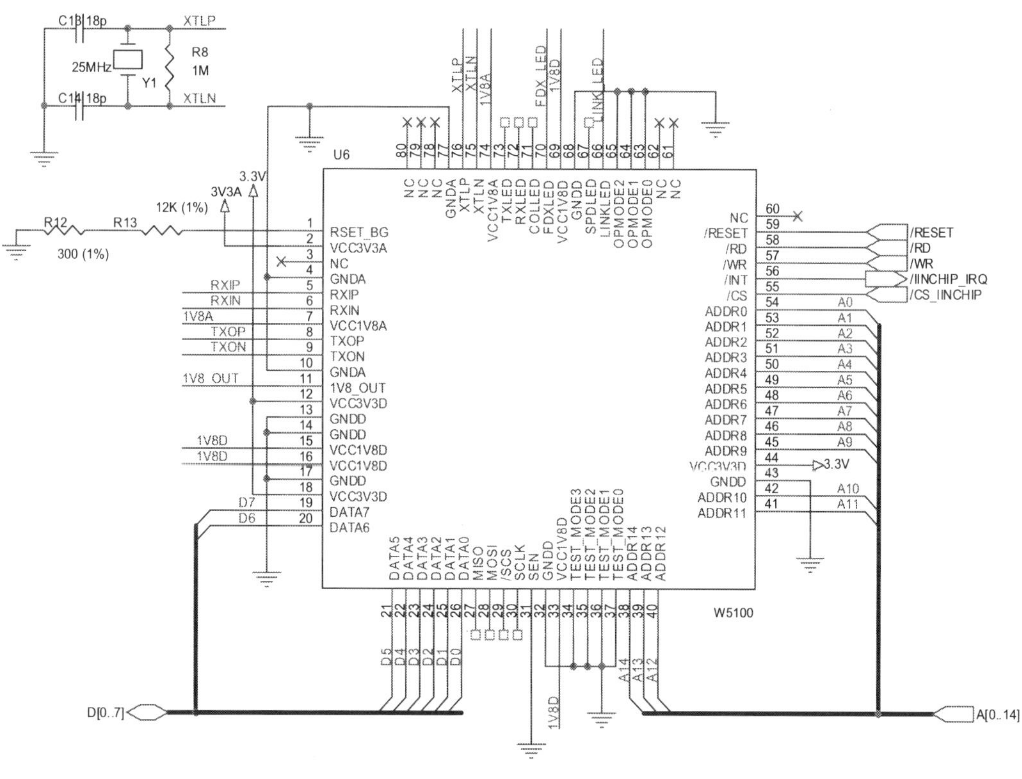

(a) W5100 회로

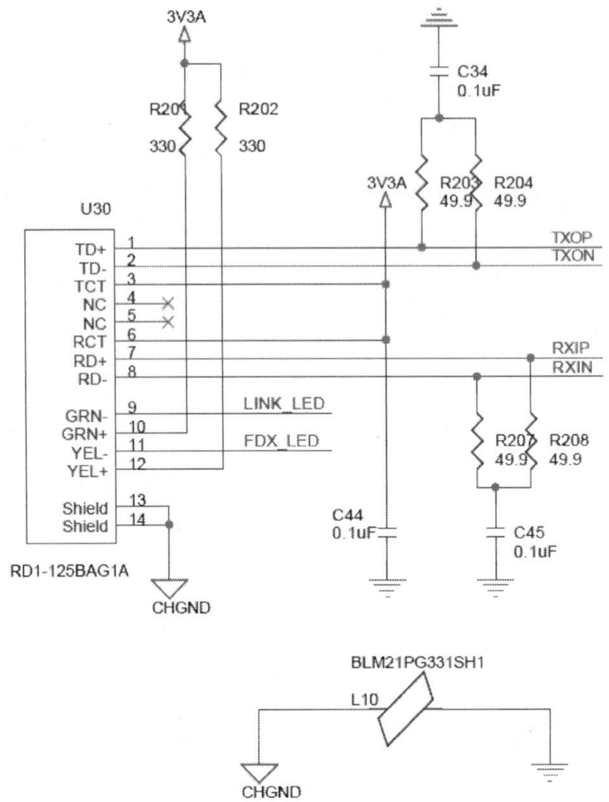

(b) RJ45 연결부

그림 9.12 W5100 회로부와 RJ45 연결부

9.3 TCP/IP 응용 프로그래밍

(1) TCP 클라이언트 프로그래밍

그림 9.13은 클라이언트 모드에서의 연결 프로그램 순서도를 보여 준다. TCP 클라이언트 모드인 경우 먼저 서버에 연결을 시도하여 연결이 되면 데이터를 수신하거나 또는 송신을 실행하고, 송신 또는 수신이 완료되면 연결 차단 절차에 따라 연결을 차단하게 된다. 그리고 연결을 시도할 때 연결이 되지 않고 타임아웃상태에 도달하면 연결시도를 중단하고 차단 절차에 따라 연결이 차단된다.

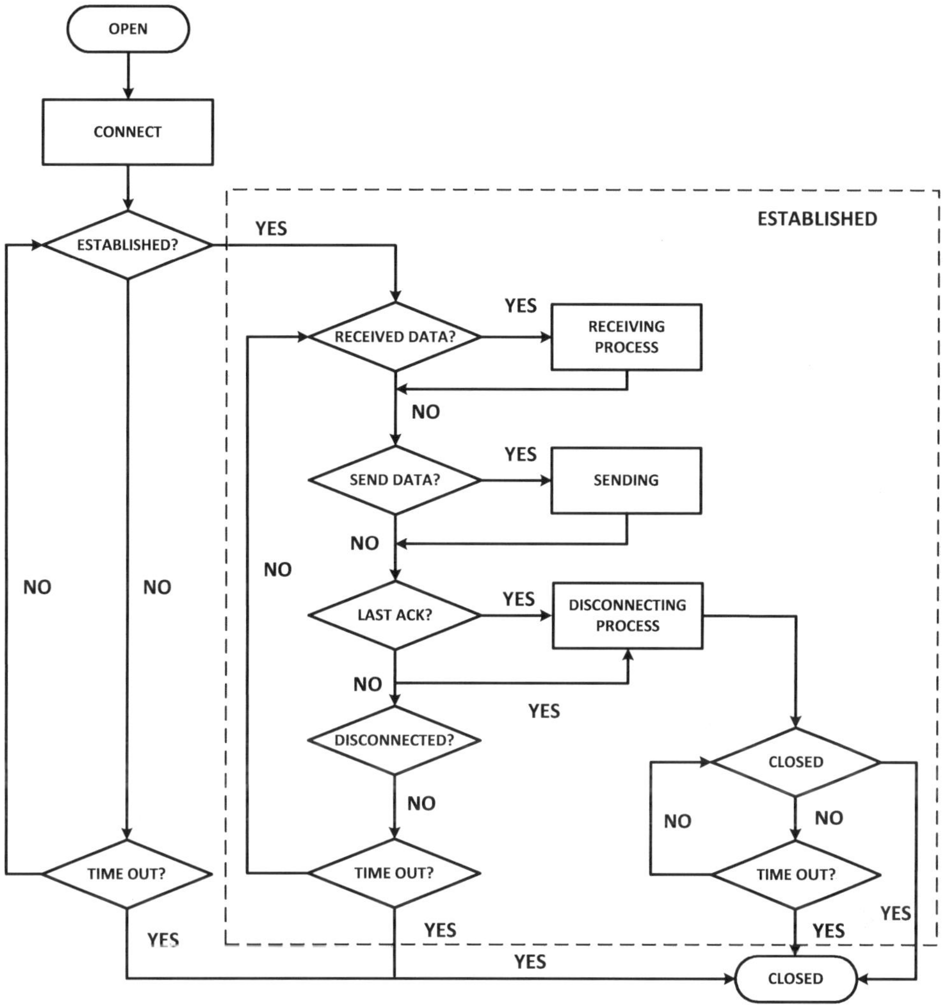

그림 9.13 TCP 클라이언트 프로그램 순서도

(2) TCP 서버 프로그래밍

그림 9.14는 TCP 서버 모드에서의 프로그램 플로차트를 보여준다. TCP 서버 모드의 경우 서버는 먼저 클라이언트의 접속을 기다리는 리슨 상태 들어간다. 리슨 상태에서 클라이언트가 접속을 시도하면 연결을 허용하고 연결이 완료되면 데이터를 송신하거나 수신을 실행한다. 그리고 송신 또는 수신 과정이 종료되면 선로 차단 절차에 따라 선로를 차단한다. 원격제어 중계기는 서버에 의하여 허용된 클라이언트에게 직접 데이터를 전달할 필요가 있는데 이 경우에는 원격제어 중계기가 서버의 기능을 수행한다.

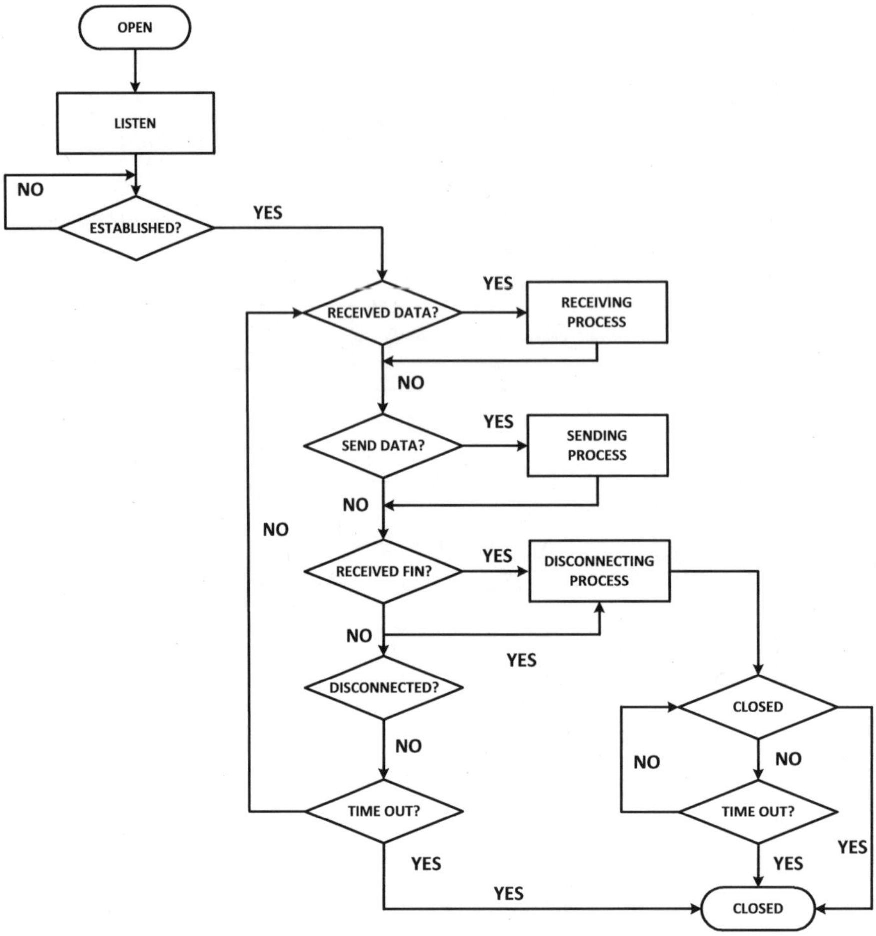

그림 9.14 TCP 서버 프로그램 순서도

9.4 TCP/IP 프로그래밍 실습

예제 9.1 TCP/IP 서버 모드

```
/**********************************************************************
* TCP/IP TEST PROGRAM
* MODE : SERVER MODE
**********************************************************************/
#include "main.h"
```

```
unsigned char * rx_buf = (unsigned char *)(0x7000);
unsigned char Peerip[4]= {192,168,135,4};     // peer ip 초기화

void main(void){
unsigned int len;          // size of rx data //
unsigned int i;
init_mega128();            // atmega128 초기화
uart_init();               // rs-232 초기화
init_iinchip();            // W5100 초기화
set_network_inform();      // set network information
// 채널당 송수신 버퍼의 크기 설정(2Kbyte)
set_socket_memory_inform(0x55,0x55);
printf("This is TCPIP SERVER MODE TEST₩r₩n");
//소켓 기능 설정 :(소켓 번호,포트번호,플래그, TCP mode)
init_sock(Socket0, 5000 , 0);      // Socket#0

/**********************************************************************
 * TCP Client Mode Test
 W5100 보드에서 PC로 연결을 시도하고 연결이 완료되면 데이터를 PC로 전송한다.
**********************************************************************/
while(1){
  switch (IINCHIP_READ(Sn_SR(0))){         // 상태 레지스터를 읽어서
   case SOCK_ESTABLISHED:                  // 만약 연결이 되었으면
    if ((len = getSn_RX_RSR(0)) > 0){      // 수신된 데이터가 있는지 검사
        if (len > TX_RX_MAX_BUF_SIZE) len = TX_RX_MAX_BUF_SIZE;
// 만약 Rx 데이터 크기가  MAX_BUF_SIZE 보다 크면
// 읽어야 할 데이터 크기는 MAX_BUF_SIZE
    len = recv(0, rx_buf, len);       // 수신된 데이터 읽기
    send(0, rx_buf, len);             // 수신된 데이터 에코백
    for(i=0;i<len;i++) printf("%d₩r₩n",*(rx_buf+i));//display received data
                }
              break;
   case SOCK_CLOSE_WAIT:          // 클라이언트가 close를 요청하였으면
        disconnect(0);            // close the socket
        break;
```

```
  case SOCK_CLOSED:            // if a socket is closed
        init_sock(0, 5000,0);    // 소켓 초기화
        break;
  default :
        break;
                        }
  }
}
void init_sock(unsigned char s,      // 소켓번호
               unsigned int port,    // 포트 번호
               unsigned char flag    // 플래그
               )
{
        socket(s, Sn_MR_TCP, port, flag);          // 새로운 소켓 생성
        if (listen(s) == 0) {        // 주어진 소켓으로 연결에 실패 했으면
               socket(s, Sn_MR_TCP, port, flag); // 새로운 소켓 생성

        }

}
```

예제 9.2　TCP/IP 클라이언트 모드

```
/************************************************************************
* TCP/IP TEST PROGRAM
* MODE : CLIENT MODE
************************************************************************/
#include "main.h"
// Rx buffer for Application
unsigned char * rx_buf = (unsigned char *)(0x7000);
unsigned char Peerip[4]= {192,168,135,4}; //peer ip 초기화
void main(void){
unsigned int len;           // size of rx data
```

```
unsigned int i;
init_mega128();              // atmega128 초기화
uart_init();                 // rs-232 초기화
init_iinchip();              // W5100 초기화
set_network_inform();        // set network information
// 채널당 송수신 버퍼의 크기 설정(2Kbyte)
set_socket_memory_inform(0x55,0x55);
printf("This is TCPIP CLIENT MODE TEST\r\n");
//소켓 기능 설정 :(소켓 번호,포트번호,플래그, TCP mode)
init_sock(Socket0, 5000 , 0);        // Socket#0
/*********************************************************************
TCP Client Mode Test
W5100보드에서 PC로 연결을 시도하고 연결이 완료되면 데이터를 PC로 전송한다.
*********************************************************************/
while(1){
  switch (IINCHIP_READ(Sn_SR(0))){          // 상태 레지스터를 읽어서
   case SOCK_ESTABLISHED:                   // 만약 연결이 되었으면
    if ((len = getSn_RX_RSR(0)) > 0){       // 수신된 데이터가 있는지 검사
        if (len > TX_RX_MAX_BUF_SIZE) len = TX_RX_MAX_BUF_SIZE;
// 만약 Rx 데이터 크기가  MAX_BUF_SIZE 보다 크면
// 읽어야 할 데이터 크기는 MAX_BUF_SIZE
  len = recv(0, rx_buf, len);         // 수신된 데이터 읽기
  send(0, rx_buf, len);               // 수신된 데이터 에코백
  for(i=0;i<len;i++) printf("%d\r\n",*(rx_buf+i));//display received data
                }
            break;
   case SOCK_CLOSE_WAIT:              // 클라이언트가 close를 요청하였으면
        disconnect(0);                // close the socket
        break;
   case SOCK_CLOSED:                  // if a socket is closed
        init_sock(0, 5000,0);         // 소켓 초기화
        break;
  default :
        break;
                        }
```

```
  }
}
void init_sock(unsigned char s,              // 소켓번호
               unsigned int port,            // 포트 번호
               unsigned char flag            // 플래그
               )
{
        socket(s, Sn_MR_TCP, port, flag);          // 새로운 소켓 생성
//주어진 소켓으로 연결에 실패 했으면
        if(connect(s, Peerip, 5000) == 0) {
                socket(s, Sn_MR_TCP, port, flag); // 새로운 소켓 생성
                }
}
```

예제 9.3 DHCP

```
/************************************************************************
                * DHCP TEST PROGRAM
************************************************************************/
/************************************************************************
                        Memory Map
-------------------------------------------------------------------------
0x0000 ~ 0xffff  : 내부 플래시 롬(128Kbyte)
0x0000 ~ 0x0fff  : 내부 EEPROM(4Kbyte)
0x0100 ~ 0x10ff  : 내부 램(4Kbyte)
0x1100 ~ 7FFF    : 외부 램(32Kbyte)
0x8000 ~ 0x8800(common register,socket register) : W5100
0x9000 ~ 93ff    : LCD
0xC000 ~ 0xffff (Tx Memory, Rx Memory) : W5100
************************************************************************/
#include "main.h"
u_char * rx_buf = (u_char *)(0x7000);      /* Rx buffer for Application */
unsigned int i;
```

```
SOCKET SOCK_DHCP=0;
SOCKET SOCK_TCPC=1;
u_char MAC_ADDR[6];
u_char SUBNET_MASK[4];
u_char GATEWAY[4];
u_char SIP[4];
u_char DNS[4];
unsigned char Peerip[4]= {192,168,135,5};   // peer ip 초기화

void main(void)
{
    int len;
    init_mcu();             // MCU 초기화
    uart_init();            // 시리얼 포트 초기화
    init_timer();           // 타이머 초기화
    iinchip_init();         // w5100 초기화
    wait_10ms(100);         // time delay 1s
    led_init();             // LED 초기화(LED 점멸)
    printf("₩r₩n*** DHCP Test using W5100 ***₩r₩n");

// MAC address 초기화
   MAC_ADDR[0] = 0x02;
   MAC_ADDR[1] = 0xe0;
   MAC_ADDR[2] = 0x4c;
   MAC_ADDR[3] = 0xe6;
   MAC_ADDR[4] = 0x18;
   MAC_ADDR[5] = 0x1d;

        SOCK_DHCP = 0;          // DHCP소켓 번호 초기화

        if (getIP_DHCPS()){     // DHCP 서버로 부터 정상적으로 IP를 얻으면
                SOCK_TCPC = 1;     // TCP/IP 서버 소켓은 1
        }

else {
```

```
// DHCP 서버로 부터 정상적으로 IP를 얻지 못하면  DHCP fail.
            printf("\r\n*** DHCP Test Fail ***\r\n");
                    iinchip_init();              // w5100 초기화
                    TIMSK &= ~(1 << TOIE2); // disable DHCP timer
                    SetDefaultIP();              // 디폴트 IP로 초기화 한다.
                    SOCK_DHCP = 99;           // DHCP소켓을 99로 정의
                    SOCK_TCPC = 1;             // TCP시너 소켓은 0빈
                    }

// 소켓(1번)을 TCP 클라이언트 모드로 초기화
init_sock(SOCK_TCPC, 5000,0);
printf("\r\n\r\nRunning Loop-Back Client");
while(1){

          check_DHCP_state();

               switch (select(SOCK_TCPC, SEL_CONTROL)){
// if connection is established
                    case SOCK_ESTABLISHED:
       if ((len = select(SOCK_TCPC, SEL_RECV)) > 0) // check Rx data
 {
     if (len > MAX_BUF_SIZE) len = MAX_BUF_SIZE;
     len = recv(SOCK_TCPC, rx_buf, len);  // read the received data
     printf("input data=%x\r\n",len);
     send(SOCK_TCPC, rx_buf, len);          // send it
     for(i=0;i<len;i++) printf("%d\r\n",*(rx_buf+i));  // display received data
                                   }
                                   break;
// If the client request to close, close the socket
                    case SOCK_CLOSE_WAIT:
                    printf("CLOSE_WAIT : %d\r\n", 1);

                  isconnect(SOCK_TCPC);                // close the socket
                  //       close(i);
 // if a socket is closed, reinitialize the socket
```

```
            case SOCK_CLOSED:
             printf("CLOSED : %d\r\n", 1);
             init_sock(SOCK_TCPC, 5000,0); // 소켓 초기화
                    break;
                    default :
                    break;
                    }
              }
}

/**********************************************************************
* Re-initialization function for the disconnected channel.
**********************************************************************/
// for client mode
void init_sock(unsigned char s,            // 소켓번호
               unsigned int port,          // 포트 번호
               unsigned char flag          // 플래그
                 )                         // 클라이언트 모드
{
      socket(s, Sn_MR_TCP, port, flag); // 새로운 소켓 생성
// 주어진 소켓으로 연결에 실패 했으면
      if (connect(s, Peerip, 5000) == 0) {
            socket(s, Sn_MR_TCP, port, flag); // 새로운 소켓 생성
    }
}
void SetDefaultIP(void){
      u_char ip[6];
      // MAC address
      setMACAddr(MAC_ADDR);
      ip[0] = 192;ip[1] = 168;ip[2] = 0;ip[3] = 5;
      setIP(ip);
      ip[3] = 1;
      setgateway(ip);
      ip[0] = 255; ip[1] = 255;ip[2] = 255; ip[3] = 0;
      setsubmask(ip);
```

```
        set_socket_memory_inform(0x55, 0x55);
        }
```

예제 9.4 UDP 모드

```
/*******************************************************************
* UDP TEST PROGRAM
* MODE :SERVER MODE
*******************************************************************/
#include "main.h“
// Rx buffer for Application
unsigned char * rx_buf = (unsigned char *)(0x7000);
unsigned char Peerip[4]= {192,168,135,4};     // peer ip 초기화
unsigned int destport=5000;

void main(void){
unsigned int len,i;          // size of rx data //
init_mega128();              // atmega128 초기화
uart_init();                 // rs-232 초기화
init_iinchip();              // W5100 초기화
set_network_inform();        // set network information
// 채널당 송수신 버퍼의 크기 설정(2Kbyte)
set_socket_memory_inform(0x55,0x55);
printf("This is UDP SERVER MODE TEST₩r₩n");
/**************************************************************
소켓 기능 설정 :(소켓 번호,포트번호,플래그, UDP mode)
**************************************************************/
socket(Socket0, Sn_MR_UDP, 5000,0);
/*******************************************************************
    -UDP server Mode Test
    -PC가 W5100 보드로 데이터를 전송한다.
*******************************************************************/
while(1){
```

```
  if((getSn_SR(0)==SOCK_UDP)){
       if ((len = getSn_RX_RSR(0)) > 0){   // check Rx data
            if (len > TX_RX_MAX_BUF_SIZE) len = TX_RX_MAX_BUF_SIZE;
//if Rx data size is lager than TX_RX_MAX_BUF_SIZE
//the data size to read is MAX_BUF_SIZE.
    len = recvfrom(0, rx_buf, len,(unsigned char *)&Peerip,&destport);
//read the received data
          if(sendto(0, rx_buf, len,(unsigned char *)&Peerip,destport) == 0)
//send the received data
          {
               printf("System Fatal Error.");
          evb_soft_reset();
                           }
//display received data
          else   for(i=0;i<len;i++) printf("%d\r\n",*(rx_buf+i));
       }
       if((getSn_SR(0)==SOCK_CLOSED)){           // if a socket is closed
                 printf("%d : Loop-Back UDP Started.",0);
// reinitialize the socket
                 if(socket(Socket0, Sn_MR_UDP, 5000, 0)==0)
          printf("\a%d : Fail to create socket.",0);
          }
       }
  }
}
void init_sock(unsigned char s,               // 소켓번호
                 unsigned int port,           // 포트 번호
                 unsigned char flag           // 플래그
          )
{
          socket(s, Sn_MR_UDP, port, flag);            // 새로운 소켓 생성
//주어진 소켓으로 연결에 실패 했으면
          if (connect(s, Peerip, 5000) == 0) {
                 socket(s, Sn_MR_UDP, port, flag); // 새로운 소켓 생성
               }
```

```
    }

void evb_soft_reset(void){
        printf("System Reset.");
//      set_reset_flag(SYSTEM_AUTO_RESET);
        asm("jmp 0x0000");
}
```

평 / 가 / 문 / 제

1. 이더넷 계층 구조에 대하여 설명하시오.

2. 소켓의 의미를 간략히 설명하시오.

3. 클라이언트와 서버의 의미를 간략히 설명하시오.

4. W5100의 내부구조와 각 기능을 간략히 설명하시오.

CHAPTER 10

센서 모듈 응용

센서 모듈을 이용하기 위해서는 먼저 플랫 케이블을 이용하여 다음과 같이 센서 모듈과 CPU의 포트를 연결하여야 한다.

① ADC 포트 연결 : J25와 J42 연결
② 데이터 포트 연결 : J19와 J36 연결
③ PWM/Timer/Counter 포트 연결 : J22와 J40 연결

10.1 센서 모듈 – 1 (광센서)

(1) 동작원리

광센서는 가시광선 또는 사람의 눈으로는 인식할 수 없는 적외선 발생하고 이를 검출하는 소자로서 근접 센서나 조도계, 가로등 점멸기, 위치측정 등에 주로 사용된다. 광센서는 광

에너지를 전기신호로 변환하는 일종의 변환기이며 광 에너지와 물질사이에 물리적인 상호관계인 광 에너지를 흡수하고 그 결과 전자를 방출하는 현상, 즉 광전 효과를 이용한다.

표 10.1 광센서의 종류와 특징

종류	동작원리	특징
포토다이오드 태양전지 포토 IC	광기전력 효과	· 응답속도가 빠르다. · 파장 대역이 좁다.
Cbs, CbSe	광도전 효과	· 응답속도가 늦다.
광전자 광전자배증관	광전자 방출효과	· 크기가 크다. · 소비전력이 크다.
PTZ셀 LiTaO3셀	초전효과	· 근적외선광 검출 · 광대역의 파장감도를 가진다.

1) 포토 다이오드

포토 다이오드는 광 에너지를 전기 에너지로 변환하는 광센서의 일종이며 그 구성은 반도체의 PN 접합부에 광 검출 기능을 추가한 소자이다. 포토 다이오드는 PN 접합이나 PIN 구조로 되어 있다. 충분한 광자 에너지의 빛이 다이오드를 타격하면 이동 전자와 양의 전하 정공이 생겨서 전자가 활동한다. 만약 접합면의 공핍층에서 흡수작용을 하면, 이런 캐리어는 공핍층에 형성된 전계에 의해 흐르게 되어 광전류를 형성한다. 포토 다이오드는 응답 속도가 빠르고 감도파장이 넓으며 광전뉴의 선형성이 양호하다는 특징이 있다.

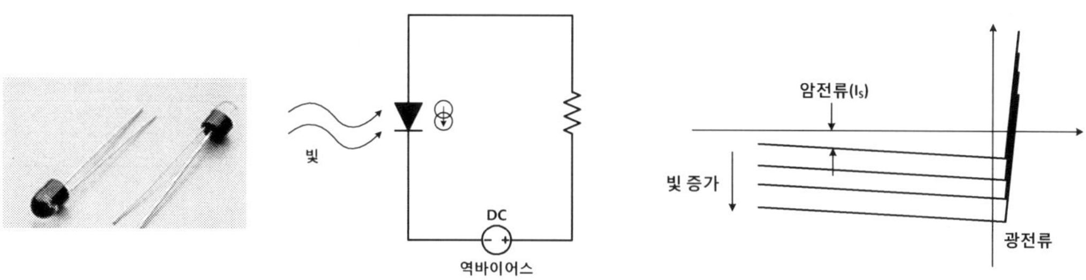

(a) 포토 다이오드 (b) 동작원리 (C) 광전류

그림 10.1 포토 다이오드

2) 포토 트랜지스터

포토 트랜지스터는 일반적으로 포토 다이오드와 트랜지스터를 일체화시킨 것으로 포토 다이오드의 출력 특성에 트랜지스터의 제반 특성이 합해진 특성을 가진다. 즉, 포트 트랜지스터란 트랜지스터의 베이스에 포토 다이오드를 접속한 형태의 광소자이다. 포토 트랜지스터는 일반 트랜지스터와 동일하나 베이스 전류를 빛 에너지로 생성시킨다는 점이 다르다.

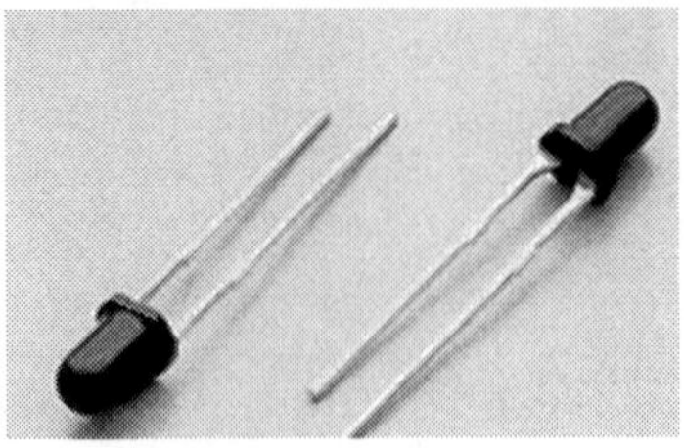

(a) 포토 트랜지스터

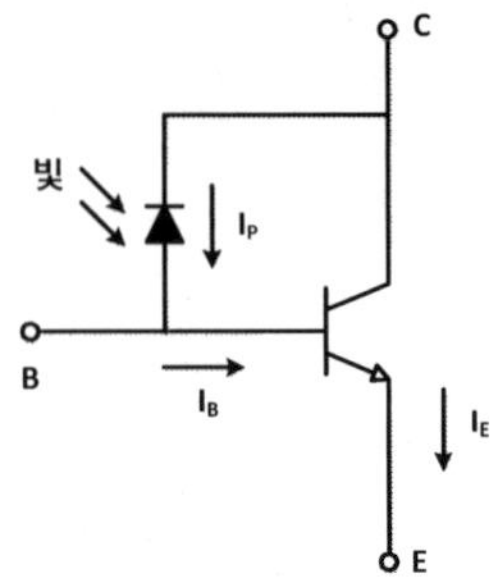

(b) 동작원리

그림 10.2 포토 트랜지스터

3) Cds 셀

Cds 셀은 1957년 필립스와 RCA사가 개발한 광전도성을 이용한 수광 소자이다. 강한 빛이 작용하면 저항이 줄고 빛이 약해지면 전기저항이 크지는 특성을 가지고 있다.

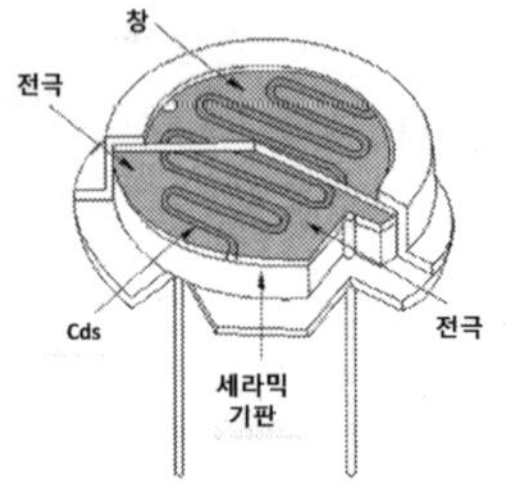

(a) Cds 셀의 구조

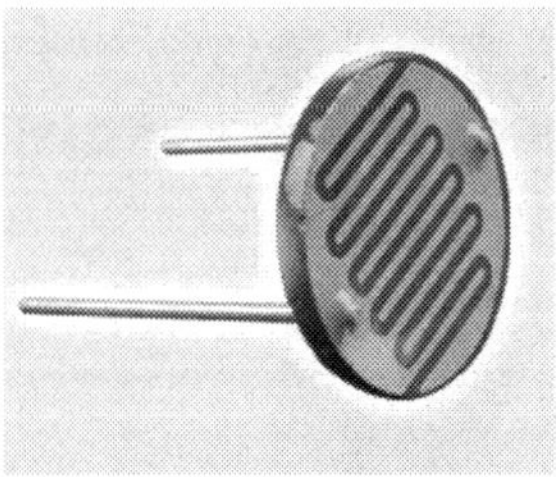

(b) Cds

그림 10.3 Cds 셀

4) 애벌란치 포토 다이오드

애벌런치 포토 다이오드는 PN 접합에 역바이어스를 가하여 공핍층 내에 높은 전기장을 형성하고, 이 전계에 의하여 가속된 광캐리어가 물질 내 원자와 충돌하여 2차 캐리어를 발생시키는 애벌런치 현상을 이용한 소자이다. 애벌런치 포토 다이오드는 고속 응답성을 가지며,

입사광에 대한 성형성이 우수하고 광대역 파장 감도를 가진다는 장점이 있는 반면 출력전류가 작다는 단점이 있다.

(2) 광센서 응용 프로그래밍

광센서 모듈은 모두 4가지 종류의 광센서(AMS302, CDS, 옵토 커플러, SG-105LF)로 구성되어 있으며, 각각의 광센서는 ADC1~ADC4까지 마이크로프로세서의 ADC 입력단에 연결되어 있다. AMS302는 파나소닉사에서 생산된 포토다이오드이고, CDS는 밝기에 따라 저항이 변화하는 소자로서 광량 센서이다. 옵토 커플러 센서는 발광부와 수광부가 하나의 모듈로 되어 있는 형태로서 발광부에서 생성된 적외선 광이 수광부에 인식되거나 또는 차단되는 것에 따라 적외선 검출부에서 신호가 검출되는 형태의 센서이다. SG-105LF 광센서는 KODENSHI CORP. 사에서 제조된 광센서로서 적외선 발광 다이오드와 광 트랜지스터가 하나의 모듈로 구성된 소형 광센서이다.

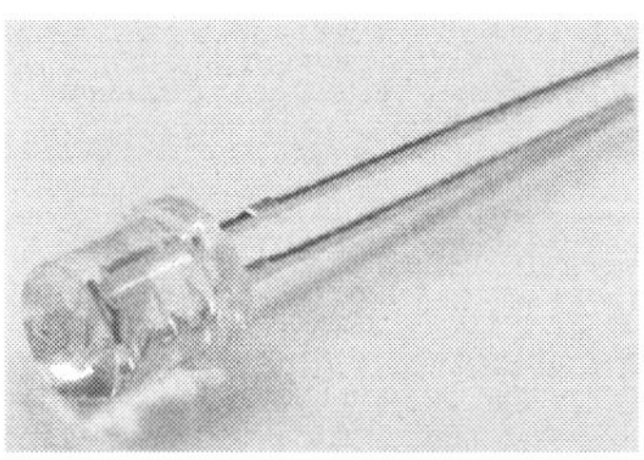

(a) AMS302

(b) Cds

(c) 옵토 커플러

(d) SG-105LF 광센서

그림 10.4 광센서 모듈의 센서

각각의 광센서는 센서 모듈 1을 구성하고 있으며, 광센서 모듈의 전체적인 모습은 그림 10.5와 같다. 좌측으로부터 AMS302, CDS, 옵토 커플러, SG-105LF 광센서 순으로 구성되어 있다.

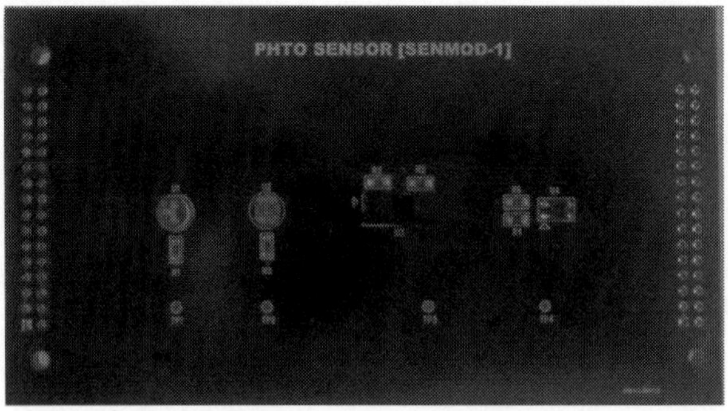

그림 10.5 센서 모듈-1(광센서)

그림 10.6은 4종류의 광센서 회로도를 보여준다. 그림 10.6(a)는 AMS302 포토 다이오드 회로를 보여준다. 외부에서 광신호가 입력되면 포토 다이오드에 전류가 흐르고, 따라서 R_1 양단의 전압값이 변화한다. 이 전압은 ATMega128의 ADC 채널 0로 입력된다. 그림 10.6(b)의 Cds는 광량에 따라 내부저항이 변화하는 소자로서 광량 측정에 사용되는 소자이다.

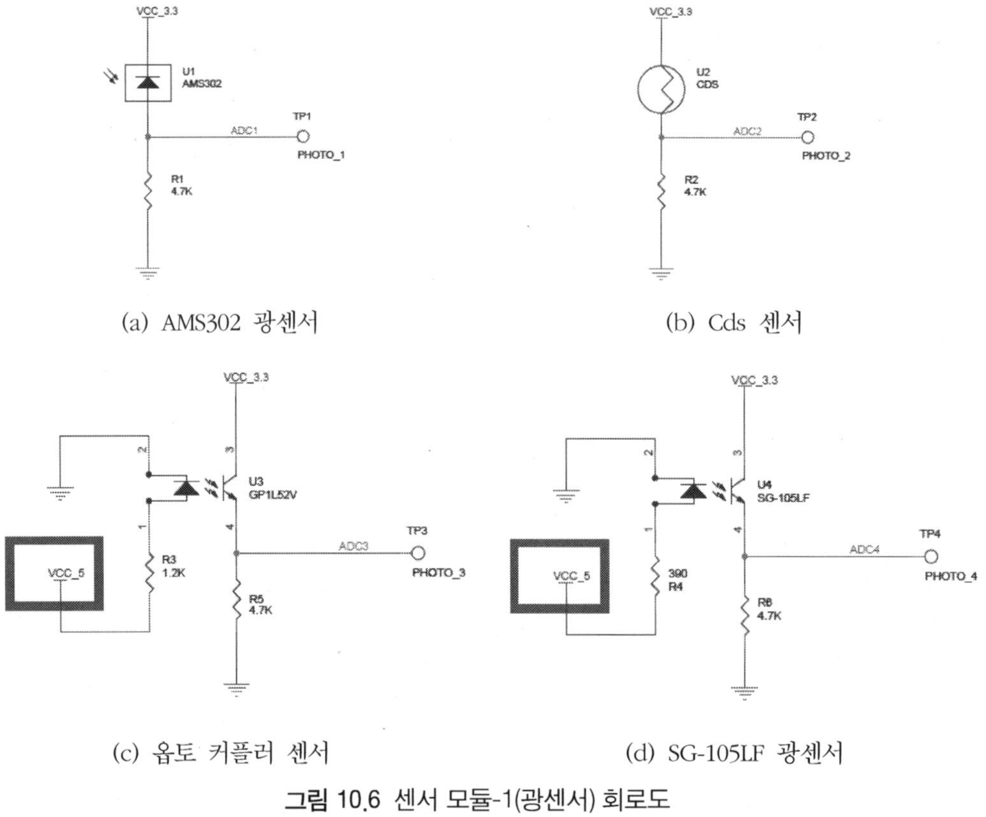

(a) AMS302 광센서 (b) Cds 센서

(c) 옵토 커플러 센서 (d) SG-105LF 광센서

그림 10.6 센서 모듈-1(광센서) 회로도

회로에서 보는 바와 같이 Cds의 내부저항이 변화하면 R_2 양단의 전압이 변화되고 이 값이 ATMega128의 ADC 채널 1으로 입력된다. 그림 10.6(c)의 옵토 커플러는 발광소자와 수광소자가 하나의 세트로 구성된 광 검출 센서이다. 그림에서와 같이 발광 다이오드에서 발생되는 적외선이 수광소자인 광 트랜지스터의 베이스에 입력되면 광 트랜지스터가 턴온된다. 따라서 R_5에 전류가 흐르면 PT3에 전압이 검출되고 이 전압은 ATMega128의 ADC 채널2로 입력된다. 마지막으로 그림 10.6(d)의 SG-105LF 광센서는 적외선 다이오드와 고감도 광 트랜지스터가 하나로 결합된 반사형 광센서이다. 적외선 다이오드에서 발생된 적외선 광이 반사되어 광 트랜지스터의 베이스에 입력되면 턴온되어 전류가 흐르고 따라서 R_6 양단에 전압이 발생한다. 이 전압은 ATMega128의 채널3으로 입력된다.

예제 10.1

광센서 모듈-1에 있는 모든 센서의 값을 ADC0~3까지 입력 받아 그래픽 LCD에 값을 출력한다.

```
/*************************************************************************
 * AMS302 센서 값을 ADC0로 받아 그래픽 LCD에 출력한다.
 * Cds 센서 값을 ADC1로 받아 그래픽 LCD에 출력한다.
 * 옵토 커플러(GP1L52) 센서 값을 ADC2로 받아 그래픽 LCD에 출력한다.
 * SG-105LF 센서 값을 ADC3로 받아 그래픽 LCD에 출력한다.
*************************************************************************/
#include<iom128.h>
#include<ina90.h>
#include <stdio.h>
#include "glcd_128x64.h"
void putch(unsigned char);
/* 비트 정의 */
#define  BIT0     0x01
#define  BIT1     0x02
#define  BIT2     0x04
#define  BIT3     0x08
#define  BIT4     0x10
#define  BIT5     0x20
#define  BIT6     0x40
```

```
#define  BIT7      0x80

/* 센서 ID */
#define ID_CDS              0xA0
#define ID_AMS302           0xA1
#define ID_SG105LF          0xA2
#define ID_GP1L52           0xA3

/* ADC 기준전압 설정 값 (ADMUX) */
// AVCC with external capacitor at AREF pin : REFS = 01
#define REFS                0x40

/* 사용할 ADC MUX 설정 값 (ADMUX) */
#define AD_MUX00            0x00
#define AD_MUX01            0x01
#define AD_MUX02            0x02
#define AD_MUX03            0x03

/* 센서별 ADMUX 설정 값 */
#define AMS302              (REFS|AD_MUX00)
#define CDS                 (REFS|AD_MUX01)
#define GP1L52              (REFS|AD_MUX02)
#define SG105LF             (REFS|AD_MUX03)
/* ADC 읽기 완료 상태 변수 */
BYTE adc_flag;

/* ADC 데이터 저장 변수 */
BYTE ADC_DATA_L;
BYTE ADC_DATA_H;

/* ADC 인터럽트 처리 함수 */
#pragma vector=ADC_vect
__interrupt void ADC_ISR(void){
  ADC_DATA_L = ADCL;
  ADC_DATA_H = ADCH;
```

```
  adc_flag = 1;
}

/* 포트 초기화 함수 */
void port_Init()
{
// PF.0 : ADC0(AMS302) , PF.1 : ADC1(CDS) ,
// PF.2 : ADC2(GP1L52) , PF.3 : ADC3(SG105LF)
  PORTF = 0x00;
  DDRF = 0x00;
}

/* ADC MUX 설정 함수 */
void adc_Config(BYTE admux_config)
{
    ADCSRA = 0x9E;
    ADMUX = admux_config;
  __enable_interrupt();
    adc_flag = 0;
    ADCSRA|=0x40;
    while(!(adc_flag));
    ADCSRA = 0x00;
  __disable_interrupt();
      ADCSRA = 0x00;
  __enable_interrupt();
}
/****************************************************************
 * MAIN 함수
****************************************************************/
void main(void)
{
 char out_GLCD_String[20];
 GLCD_Init();
 GLCD_Clear();
```

```
stringOut_GLCD(0, " SENSOR MODULE1 TEST ");
 stringOut_GLCD(1, "---------------------");
 stringOut_GLCD(7, "---------------------");
 __enable_interrupt();

 while(1)
 {
   adc_Config(AMS302);
   sprintf(out_GLCD_String,"AMS302  : 0x%04X", (WORD)ADC_DATA_H<<8
       | ADC_DATA_L);
   stringOut_GLCD(2, out_GLCD_String);
   delay_ms(10);

   adc_Config(CDS);
   sprintf(out_GLCD_String,"CDS     : 0x%04X", (WORD)ADC_DATA_H<<8
      | ADC_DATA_L);
   stringOut_GLCD(3, out_GLCD_String);
   delay_ms(10);

   adc_Config(GP1L52);
   sprintf(out_GLCD_String,"GP1L52  : 0x%04X", (WORD)ADC_DATA_H<<8
     | ADC_DATA_L);
   stringOut_GLCD(4, out_GLCD_String);
   delay_ms(10);

   adc_Config(SG105LF);
   sprintf(out_GLCD_String,"SG105LF : 0x%04X", (WORD)ADC_DATA_H<<8
      | ADC_DATA_L);
   stringOut_GLCD(5, out_GLCD_String);
   delay_ms(10);
 }
}
```

10.2 센서 모듈 - 2 (컬러센서)

컬러센서 모듈에는 옵토 커플러 센서(GP1L52V)와 컬러센서가 장착되어 있다. 옵토 커플러의 동작은 센서 모듈-1에서 언급한 옵토 커플러의 동작과 동일하게 적외선 발광부와 적외선 수광부가 하나의 세트로 구성되어 있어 수광부의 적외선 검출센서가 발광부의 적외선 광을 검출하게 되면 출력 신호가 ADC로 입력되는 회로로 구성되어 있다. 한편, 컬러센서(TCS230)는 4개의 LED 광 색상 선택 스위치와 컬러 검출 센서로 구성되어 있는데, 컬러 검출 센서는 검출된 색상을 주파수로 변환시켜 출력하는 기능을 가지고 있다. 센서는 모두 8개의 핀을 가지고 있으며 각 핀별 기능은 다음과 같다.

표 10.2 TCS230의 핀 기능

핀 번호	이름	기능
1	S0	출력 주파수 스케일링 선택 입력핀
2	S1	
3	/OE	출력 인에이블 핀(Low active)
4	GND	전원 접지
5	V_{DD}	전원
6	OUT	출력신호(f_0)
7	S2	포토 다이오드 유형 선택 입력핀
8	S3	

(1) 동작 원리

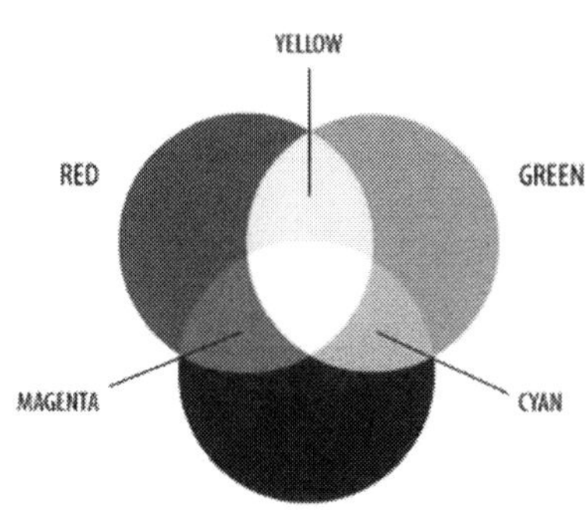

그림 10.7 색상표

이미 알고 있는 바와 같이 모든 색상은 R.G.B 컬러의 조합에 의하여 생성될 수 있다. 따라서 만약 각 색상의 R.G.B 데이터 값을 미리 알고 있다면, 센서로부터 검출된 R.G.B 값을 이용하여 주어진 시료의 색상을 알 수 있다. TCS230 센서에는 RED, BLUE, GREEN 필터와 필터가 없는 포토 다이오드를 가지고 있어, 각각의 포토 다이오드를 이용하여 R.G.B만의 값을 얻어낼 수 있다. 그리고 이 값을 조합하면 컬러를 검출할 수 있다. 포토 다이오드의 유형은 TCS230의 S2, S3 핀의 값에 따라 다음과 같이 선택될 수 있다.

표 10.3 포토 다이오드 유형

S2	S3	포토 다이오드 유형
L	L	RED
L	H	BLUE
H	L	Clear(no filter)
H	H	GREEN

TCS230 센서는 8×8개의 포토 다이오드를 가지고 있다. 그 중 16개의 포토 다이오드는 그린 필터를 가지고 있고, 16개는 블루 필터, 16개는 레드 필터, 16개는 필터를 가지고 있지 않다. 이 필터들은 표 10.3에서와 같이 S2, S3 핀의 조합에 의하여 선택될 수 있다. 또한 출력신호는 각 색상에 따라 주파수로 변환되어 출력되는데 S1, S2 핀의 조합에 따라 표 10.4와 같이 분주되어 출력된다.

표 10.4 출력 주파수 스케일링 비

S1	S2	추력 주파수 스케일링(f_0)
L	L	Power down
L	H	2%
H	L	20%
H	H	100%

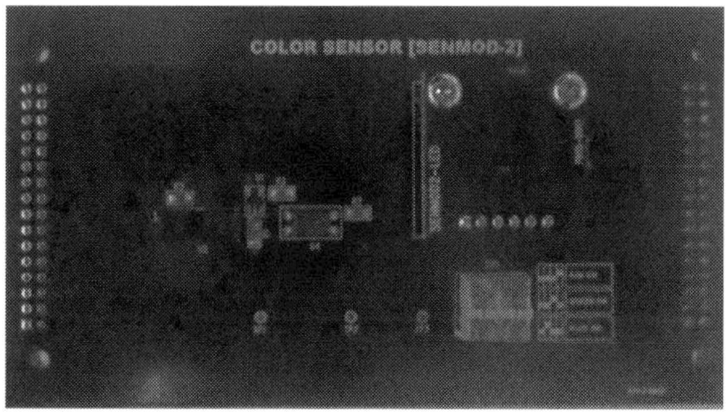

그림 10.8 센서 모듈-2(컬러센서)

(2) 컬러센서 응용 프로그래밍

그림 10.9(a)에서 광 커플러 GP1L52V는 적외선 발광 다이오드와 수광 옵토 트랜지스터로 구성되어 있다. 여기서 수광 옵토 트랜지스터는 풀업 저항에 의하여 연결되어 있고, 옵토 트랜지스터의 콜렉터 단자로부터 출력 신호가 생성된다. 즉 적외선 신호가 입력되어 옵토 트랜지스터가 턴온되면 출력신호는 '0'이 되고, 턴오프 되면 출력신호는 '1'이 된다.

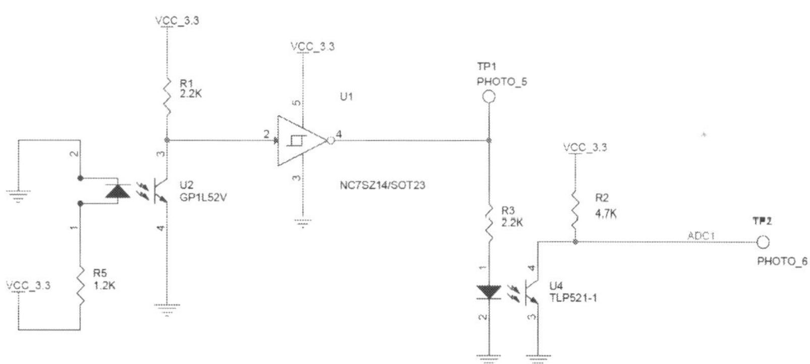

(a) 옵토 커플러 센서 회로

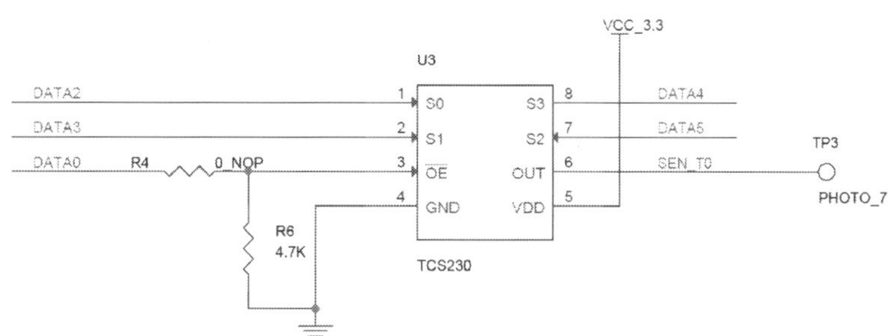

(b) 컬러센서 회로

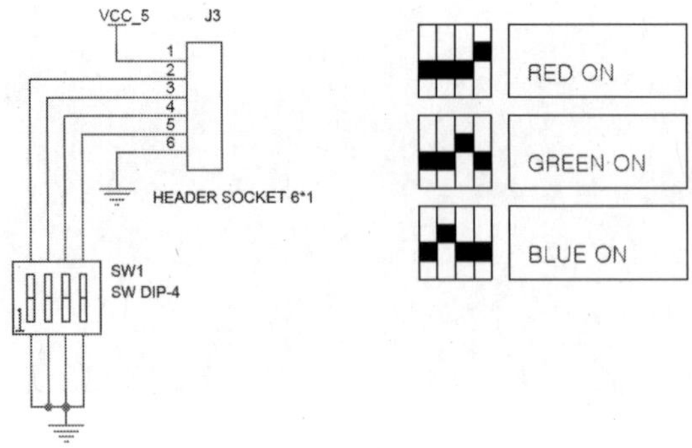

(C) LED 점등 스위치

그림 10.9 센서 모듈-2(컬러센서) 회로도

이 신호는 히스테리시스 기능을 가진 버퍼를 거쳐 다시 TLP521 적외선 광 커플러의 발광부로 입력된다. 그리고 풀업 저항으로 연결된 옵토 트랜지스터를 거치면 입력신호가 다시 반전되어 ATMega128의 ADC 채널 0로 입력된다.

컬러센서는 그림 10.9(b)에서와 같이 5개의 제어 신호와 1개의 출력신호로 구성되는데 5개의 제어신호는 PORTB의 0,2,3,4,5 비트에 의하여 제어되고 출력신호는 타이머/카운터0 외부 입력 핀인 PORTD.6(T1) 핀으로 입력된다. 할당된 각 제어핀과 출력 주파수 입력핀은 표 10.5와 같다.

표 10.5 제어포트 할당

핀	기 능
PORTB.0	/OE
PORTB.2	S0
PORTB.3	S1
PORTB.4	S3
PORTB.5	S2
PORTD.6(T1)	OUT

그림 10.9(c)는 LED 점등 스위치를 나타내며 스위치의 위치에 따라 센서에 비춰지는 광의 색상이 RED, GREEN, BLUE로 변경된다.

예제 10.2

TCS230 컬러 센서 값을 카운터(T1)로 입력받아 그래픽 LCD에 출력하여 발광 다이오드의 색상에 따른 값의 변화를 확인한다. 또한 포토 센서 값을 ADC0로 입력받아 그래픽 LCD에 출력하고 값의 변화를 확인한다.

```
/*************************************************************************
* TCS230 컬러 센서 값을 PORTD.6(T1)로 받아 그래픽 LCD에 출력한다.
* TLP521-1 photo 센서 값을 ADC0로 받아 그래픽 LCD에 출력한다.
* 센서 모듈의 PWM 포트와 CPU의 PWM/TCOUNTER 포트를 플랫 케이블로 연결한다.
* 센서 모듈의 ADC0 포트와 CPU의 ADC 포트를 플랫 케이블로 연결한다.
* 센서 모듈의 P10포트와 CPU의 P1 포트를 플랫 케이블로 연결한다.
*************************************************************************/
#include<iom128.h>
#include<ina90.h>
#include <stdio.h>
#include "glcd_128x64.h"
/* 비트 정의 */
#define  BIT0     0x01
#define  BIT1     0x02
#define  BIT2     0x04
#define  BIT3     0x08
#define  BIT4     0x10
#define  BIT5     0x20
#define  BIT6     0x40
#define  BIT7     0x80

/* TCS230 센서 포트 및 입출력 레지스터 설정 */
#define TCS230_PORT_REG          PORTB
#define TCS230_DDR_REG           DDRB

/* TCS230 OUT 핀 포트 및 입출력 레지스터 설정 (AVR Mega128의 PORTD.6(T1)포트
사용) */
#define TCS230_OUT_PORT_REG      PORTD
#define TCS230_OUT_DDR_REG       DDRD
```

```
/* TCS230 OE 제어 (Active LOW) */
#define TCS230_OE_Enable        (TCS230_PORT_REG &= ~BIT0)
#define TCS230_OE_Disable       (TCS230_PORT_REG |= BIT0)

/* TCS230 S0 제어 */
#define TCS230_S0_HIGH          (TCS230_PORT_REG |= BIT2)
#define TCS230_S0_LOW           (TCS230_PORT_REG &= ~BIT2)

/* TCS230 S1 제어 */
#define TCS230_S1_HIGH          (TCS230_PORT_REG |= BIT3)
#define TCS230_S1_LOW           (TCS230_PORT_REG &= ~BIT3)

/* TCS230 S2 제어 */
#define TCS230_S2_HIGH          (TCS230_PORT_REG |= BIT5)
#define TCS230_S2_LOW           (TCS230_PORT_REG &= ~BIT5)

/* TCS230 S3 제어 */
#define TCS230_S3_HIGH          (TCS230_PORT_REG |= BIT4)
#define TCS230_S3_LOW           (TCS230_PORT_REG &= ~BIT4)

/* RGB COLOR 식별 값 */
#define NO_COLOR                0xFF
#define BLUE_COLOR              0x10
#define GREEN_COLOR             0x20
#define RED_COLOR               0x30

/* ADC 기준전압 설정 값 (ADMUX) */
// AVCC with external capacitor at AREF pin : REFS = 01
#define REFS            0X40

/* 사용할 ADC MUX 설정 값 (ADMUX) */
#define AD_MUX00        0X00

/* 센서별 ADMUX 설정 값 */
```

```
#define TLP5211         (REFS|AD_MUX00)

/* ADC 읽기 완료 상태 변수 */
BYTE adc_flag;

/* ADC 데이터 저장 변수 */
BYTE ADC_DATA_L;
BYTE ADC_DATA_H;

/* TCS230 센서 출력 주파수(PORTD.6:T1)의 인터럽트 카운터 변수 */
WORD count_T1;
/************************************************************************
 * Timer1 Overflow 인터럽트 - TCS230 센서의 출력인 PORTD.6(T1) 입력 주파수를
   Riging Edge 시점에 카운트 하여 TCNT1이 0xFFFF가 되면 오버플로우 인터럽트가
   발생되어 실행되는 인터럽트 서비스 함수
************************************************************************/
#pragma vector=TIMER1_OVF_vect
__interrupt void timer1_ser(void)
{
// 주파수 한 주기만 입력되면 오버플로우를 발생시키기 위하여
// 기본 값을 0xFFFE로 초기화 한다.
 TCNT1H = 0xFF;
  TCNT1L = 0xFE;
  TIMSK = 0x04;  // Timer1 인터럽트를 시작한다.
  count_T1++;
}
// ADC 인터럽트 서비스 루틴
#pragma vector=ADC_vect
__interrupt void ADC_ISR(void){
  ADC_DATA_L = ADCL;
  ADC_DATA_H = ADCH;
  adc_flag = 1;
}
// 포트 초기화 함수
void port_Init(void)
```

```
{
  TCS230_OUT_PORT_REG = 0xff;
 // DDRD=0x0f;
  TCS230_OUT_DDR_REG &= ~BIT6;   // PD.6(T1) : TCS230 OUT(Input)
  TCS230_PORT_REG = 0x00;
// PB.0 : TCS230 OE(Output) , PB.2 : TCS230 S0(Output) ,
// PB.3 : TCS230 S1(Output) , PB.4 : TCS230 S3(Output) ,
// PB.5 : TCS230 S2(Output)
  TCS230_DDR_REG |= 0x3D;
  PORTF=0x00;
  DDRF=0x00;  // PF.0 : ADC0(TLP5211)
}
/************************************************************************
 * TCS230 초기화 - TCS230 센서의 S0,S1을 20% 주파수 스케일링으로, S2,S3을
   GREEN Type으로 설정한다.
************************************************************************/
void tcs230_Init(void)
{
  /* OUTPUT FREQUENCY SCALING : 20% */
  TCS230_S0_HIGH;
  TCS230_S1_LOW;

  /* PHOTODIODE TYPE : GREEN */
  TCS230_S2_HIGH;
  TCS230_S3_HIGH;

  TCS230_OE_Enable;
}
/************************************************************************
 * Timer1 초기화 - Timer1의 입력 주파수를 TCS230 센서의 출력인  PORTD.6(T1)으로
   설정하고, Riging Edge 시점에 카운트 하도록 설정한다.
   TCNT1은 주파수 한 주기만 입력되면 오버플로우 인터럽트를 발생시키기 위하여
   0xFFFE로 초기화 한다.
************************************************************************/
```

```
void timer1_Init(void)
{
  TCCR1A = 0x00;
  TCCR1B = 0x00; //stop
  TCNT1H = 0xFF;
  TCNT1L = 0xFE;
// External clock source on T1 pin. Clock on rising edge
  TCCR1B = 0x07;
}

/***********************************************************************
 * Timer1 시작 - TCNT1을 초기화 하고 Timer1 오버플로우 인터럽트를 활성화한다.
***********************************************************************/
void timer1_Start(void)
{
  TCNT1H = 0xFF;
  TCNT1L = 0xFE;
  TIMSK = 0x04; // Timer1 Start
}

/***********************************************************************
 * Timer1 중지 - Timer1 오버플로우 인터럽트를 비활성화(중지)한다.
***********************************************************************/
void timer1_Stop(void)
{
  TIMSK = 0x00;
}
/***********************************************************************
 * ADC 설정 - ADMUX 레지스터 설정
***********************************************************************/
void adc_Config(BYTE admux_config)
{
    ADCSRA = 0x9E;
    ADMUX = admux_config;
```

```
    __enable_interrupt();
     adc_flag = 0;
     ADCSRA|=0x40;
     while(!(adc_flag));
     ADCSRA = 0x00;
    __disable_interrupt();
       ADCSRA = 0x00;
     __enable_interrupt();
}
/*************************************************************
 * MAIN 함수
*************************************************************/
void main(void)
{
 char out_GLCD_String[20];
  WORD detect_COLOR;
  detect_COLOR = NO_COLOR;

  GLCD_Init();
  GLCD_Clear();
  port_Init();
  tcs230_Init();
  timer1_Init();

  stringOut_GLCD(0, " SENSOR MODULE2 TEST ");
  stringOut_GLCD(1, "---------------------");
  stringOut_GLCD(7, "---------------------");
  __enable_interrupt();
  while(1)
  {
    detect_COLOR = NO_COLOR;
    count_T1 = 0;
    timer1_Start();
    delay_us(100); // 100us 동안 PORTD.6(T1) 주파수를 카운트 한다.
    timer1_Stop();
```

```
      if(count_T1 > 0x08 && count_T1 < 0x0D)
      {
        detect_COLOR = GREEN_COLOR;
      }
      else if(count_T1 > 0x0D && count_T1 < 0x11)
      {
        detect_COLOR = BLUE_COLOR;
      }
      else if(count_T1 > 0x11 && count_T1 < 0x16)
      {
        detect_COLOR = RED_COLOR;
      }
//    detect_COLOR=count_T1;
      sprintf(out_GLCD_String,"TCS230   : 0x%04X", (WORD)detect_COLOR);
      stringOut_GLCD(2, out_GLCD_String);
      delay_ms(10);
      adc_Config(TLP5211);
      sprintf(out_GLCD_String,"TLP5211   : 0x%04X", (WORD)ADC_DATA_H<<8
         | ADC_DATA_L);
      stringOut_GLCD(3, out_GLCD_String);
      delay_ms(10);
      delay_ms(2000);
   };
}
```

10.3 센서 모듈 – 3 (레이저 센서와 적외선 센서)

(1) 동작원리

적외선 센서는 적외선 발광 LED와 적외선 수광 센서로 구성된다. 적외선 발광 LED는 순방향으로 전압을 인가하면 적외선을 발광하는 소자를 말한다. 구조는 일반적인 LED와 마찬가지로

PN 접합형태로 구성되어 있으며 알루미늄, 갈륨, 비소 등의 소재를 사용하면 적외선 광을 얻을 수 있다. 적외선 수광 센서는 포토트랜지스터로 구성되며 베이스에 광원이 입사되면 단위 면적당 빛의 세기에 비례하여 전압 및 전류의 특성이 변한다. 특히 적외선 영역의 파장에 크게 반응하는 포토트랜지스터를 적외선 수광 센서라 한다.

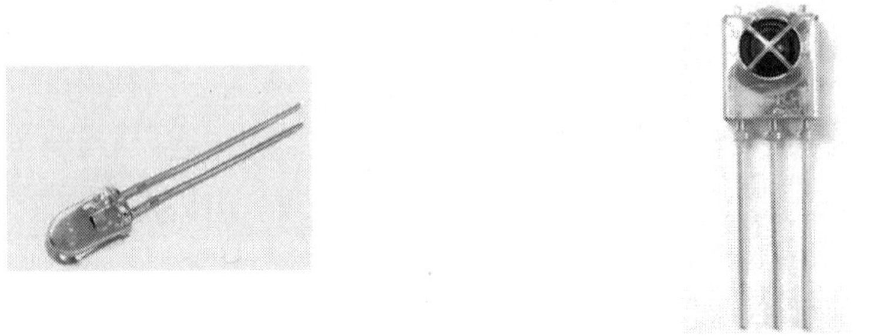

(a) 적외선 발광 다이오드 (b) 적외선 수광부

그림 10.10 적외선 센서

(2) 레이저 센서와 적외선 센서 응용 프로그래밍

그림 10.11은 센서 모듈-3을 보여준다. 여기서 좌측의 센서가 레이저 센서이고, 우측의 센서가 적외선 센서이다. 레이저 센서는 레이저 발광부와 레이저 수광부로 이루어지며 레이저 수광부에서 수신된 레이저 신호는 ADC0로 입력된다.

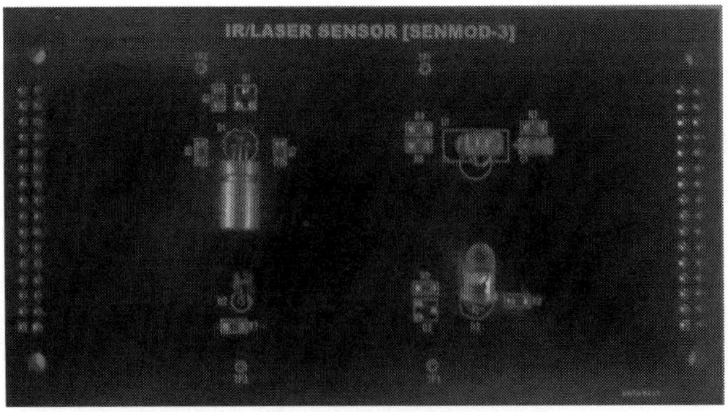

그림 10.11 센서 모듈-3(레이저 센서와 적외선 센서)

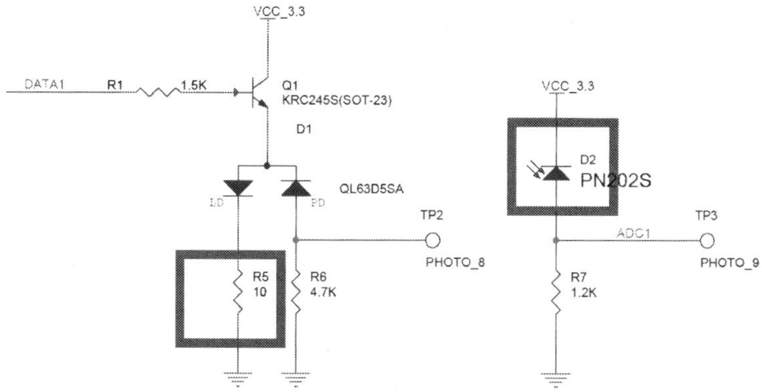

(a) 레이저 발광 및 수신회로

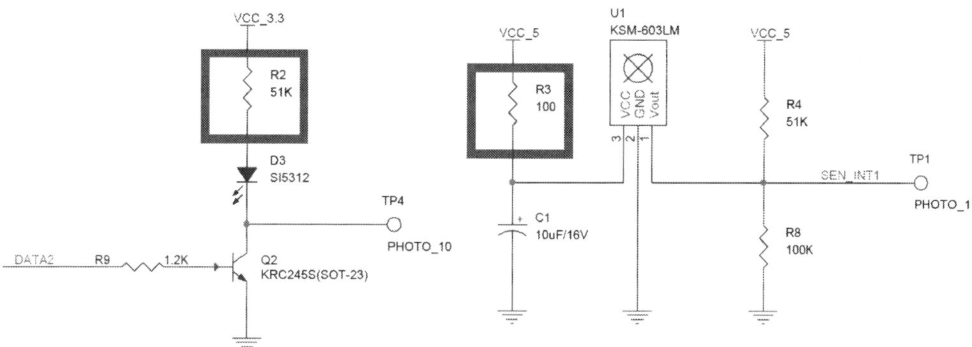

(b) 적외선 송수신 회로

그림 10.12 센서 모듈-3(레이저 센서와 적외선 센서) 회로도

적외선 송수신 회로는 적외선 발광부와 적외선 수광부로 구성되며, 적외선 수광부의 신호는 펄스 형태로 입력되어 ATMega128의 외부 인터럽트 단자로 입력된다. ATMega128에서는 일정 시간에 발생된 외부 인터럽트의 회수를 검사하여 신호의 종류를 검출 할 수 있다. 그림 10.12는 레이저 센서와 적외선 센서 회로도를 보여주며 표 10.6은 제어포트 할당을 보여준다.

표 10.6 제어포트 할당

핀	기능
PORTB.0	레이저 다이오드 ON/OFF
ADC0	레이저 다이오드 수신
PORTB.2	SI5312 적외선 다이오드 제어
INT5	KSM-603LM 적외선 수신

예제 10.3

PN202S 레이저 센서 값을 ADC0로 받아 그래픽 LCD에 표시한다.

```
/************************************************************************
* PN202S 레이저 센서 값을 ADC0로 받아 그래픽 LCD에 표시한다.
************************************************************************/
#include<iom128.h>
#include<ina90.h>
#include <stdio.h>
#include "glcd_128x64.h"

/* 비트 정의 */
#define  BIT0     0x01
#define  BIT1     0x02
#define  BIT2     0x04
#define  BIT3     0x08
#define  BIT4     0x10
#define  BIT5     0x20
#define  BIT6     0x40
#define  BIT7     0x80

/* QL63D5SA 포트 및 입출력 레지스터 설정 */
#define QL63D5SA_PORT_REG        PORTB
#define QL63D5SA_DDR_REG         DDRB

/* QL63D5SA 레이저 다이오드 제어 */
#define QL63D5SA_ON          (QL63D5SA_PORT_REG |= BIT1)
#define QL63D5SA_OFF         (QL63D5SA_PORT_REG &= ~BIT1)

/* ADC 기준전압 설정 값 (ADMUX) */
// AVCC with external capacitor at AREF pin : REFS = 01
#define REFS              0X40

/* 사용할 ADC MUX 설정 값 (ADMUX) */
```

```
#define AD_MUX00        0X00

/* 센서별 ADMUX 설정 값 */
#define PN202           (REFS|AD_MUX00)

/* ADC 읽기 완료 상태 변수 */
BYTE adc_flag;

/* ADC 데이터 저장 변수 */
BYTE ADC_DATA_L;
BYTE ADC_DATA_H;

/*****************************************************************
 * function : ADC 인터럽트 - ADC로부터 데이터를 읽음
*****************************************************************/
#pragma vector=ADC_vect
__interrupt void ADC_ISR(void){
  ADC_DATA_L = ADCL;
  ADC_DATA_H = ADCH;
  adc_flag = 1;
}

/*******************************************************************
 * function :  I/O 포트 초기화 - 범용 입/출력 핀을 설정한다.
*******************************************************************/
void port_Init(void)
{
  PORTF = 0x00;
  DDRF = 0x00;                  // PF.0 : ADC0(PN202S)
  QL63D5SA_PORT_REG = 0x02;
  QL63D5SA_DDR_REG = 0x02;  // PB.1 : QL63D5SA(Output)
}

/***************************************************************
 * function :  ADC 설정 - ADMUX 레지스터 설정
```

```
 ***************************************************************/
void adc_Config(BYTE admux_config)
{
    ADCSRA = 0x9E;
    ADMUX = admux_config;

  __enable_interrupt();
    adc_flag = 0;
    ADCSRA|=0x40;
    while(!(adc_flag));
    ADCSRA = 0x00;
   __disable_interrupt();
      ADCSRA = 0x00;
   __enable_interrupt();
}

/***************************************************************
 *  MAIN 함수
***************************************************************/
void main(void)
{
 char out_GLCD_String[20];
 port_Init();
 GLCD_Init();
 GLCD_Clear();
  stringOut_GLCD(0, " SENSOR MODULE3 TEST ");
  stringOut_GLCD(1, "——————————————————————");
  stringOut_GLCD(7, "——————————————————————");
  __enable_interrupt();
  while(1)
  {
    adc_Config(PN202);
    sprintf(out_GLCD_String,"PN202    : 0x%04X", (WORD)ADC_DATA_H<<8
        | ADC_DATA_L);
    stringOut_GLCD(2, out_GLCD_String);
```

```
    delay_ms(10);
  };
}
```

예제 10.4

SI5312 적외선 LED를 37.9kHz로 ON/OFF 제어하여 KSM-603LM 적외선 수신 센서 값을 외부 인터럽트(INT5)로 받아 그래픽 LCD로 출력한다.

```
/*****************************************************************
 * SI5312 적외선 LED를 37.9kHz로 ON/OFF 제어하여 KSM-603LM 적외선
   수신 센서 값을 외부 인터럽트(INT5)로 받아 그래픽 LCD로 출력한다.
*****************************************************************/
#include<iom128.h>
#include<ina90.h>
#include <stdio.h>
#include "glcd_128x64.h"

/* 비트 정의 */
#define  BIT0      0x01
#define  BIT1      0x02
#define  BIT2      0x04
#define  BIT3      0x08
#define  BIT4      0x10
#define  BIT5      0x20
#define  BIT6      0x40
#define  BIT7      0x80

/* 센서 포트 및 입출력 레지스터 설정 */
#define SI5312_PORT_REG        PORTB
#define SI5312_DDR_REG         DDRB

/* SI5312 적외선 다이오드 제어 */
#define SI5312_HIGH          (SI5312_PORT_REG |= BIT2)
```

```
#define SI5312_LOW          (SI5312_PORT_REG &= ~BIT2)

/* INT5 인터럽트 카운터 변수 */
WORD int5_Count;

/*************************************************************************
 * INT5 외부 인터럽트 - KSM-603LM의 구형파 출력을 Falling Edge(H->L)
                        인터럽트로 받아 개수를 누적한다.
*************************************************************************/
#pragma vector=INT5_vect
__interrupt void EXT_INT5_ISR(void){
  int5_Count++;
}
/*************************************************************************
 * function : I/O 포트 초기화 - 범용 입/출력 핀을 설정한다.
*************************************************************************/
void port_Init(void)
{
  PORTE = 0x00;
  DDRE = 0x00;                    // PE.5 : INT5(KSM-603LM)
  SI5312_PORT_REG = 0x00;
  SI5312_DDR_REG = 0x04;      // PB.2 : SI5312(Output)
}
/*************************************************************************
 * function : INT5 외부 인터럽트 초기화 - KSM-603LM의 출력에
              연결된 INT5를 Falling Edge 로 설정하고 활성화 한다.
*************************************************************************/
void ksm603lm_INT5_Init()
{
  EICRB = 0x08; // INT5 Falling Edge
  EIMSK = 0x20; // INT5 Enable
  __enable_interrupt();
}
/*********************************************************************
 *  MAIN 함수
```

```
**************************************************************/
void main(void)
{
  char out_GLCD_String[20];
  WORD i;
  BYTE j;
  BYTE detect_Object = 0;
  port_Init();
  ksm603lm_INT5_Init();
  GLCD_Init();
  GLCD_Clear();
  stringOut_GLCD(0, " SENSOR MODULE3 TEST ");
  stringOut_GLCD(1, "----------------------");
  stringOut_GLCD(7, "----------------------");
  __enable_interrupt();
  while (1)
  {
    int5_Count = 0;

    for(i=0; i<500; i++)
    {
      /* 37.9kHz로 SI5312 적외선 LED를 깜박인다. */
      for(j=0; j<23; j++){
        SI5312_HIGH;
        delay_us(13);
        SI5312_LOW;
        delay_us(13);
      }
      delay_us(600);
    }

    if(int5_Count > 200){
      detect_Object = 0;
    }
    else{
```

```
        detect_Object = 1;
      }
      sprintf(out_GLCD_String,"PN202   : 0x%04X", int5_Count);
      stringOut_GLCD(2, out_GLCD_String);
      delay_ms(1000);
   };
}
```

10.4 센서 모듈 – 4 (광 파이버 센서)

(1) 동작원리

센서 모듈-4는 광파이버 센서(오토닉스의 BF3Rx)와 릴레이 접점으로 구성되어 있다. 이 센서는 광파이버로부터 출력되는 광신호의 반사광을 수신하여 출력 접점을 ON/OFF 하는 기능을 가지고 있으며 "Light ON" 모드와 "Dark ON" 모드가 있다. 센서 모듈의 SW1을 이용하면 모드를 설정 할 수 있다. 그림 10.13과 그림 10.14는 센서 모듈-4에서 사용된 오토닉스의 BF3Rx 광파이버 센서와 센서 모듈-4 전체를 보여준다.

그림 10.13 광 파이버 센서

그림 10.14 센서 모듈-4(광 파이버 센서)

(2) 광파이버 센서 응용 프로그래밍

그림 10.15(a)는 광파이버 회로도를 보여준다. 여기서 트랜지스터 Q_1의 베이스에 신호가

입력되어 Q_1이 턴 온 되면 Q_1의 콜렉터 전류가 흐르고 따라서 릴레이 여자코일에 전류가 흘러 코일이 여자 된다. 릴레이 코일이 여자 되면 릴레이 접점의 a 접점이 온 상태가 되어 LED D_2가 점등되고, 이 신호는 ATmega128의 ADC4로 입력된다. 그림 10.15(b)는 광파이버 센서의 모드 설정 스위치를 보여 주는데 광파이버 센서는 2개의 모드를 가진다. 즉, "Light ON" 모드와 "Dark ON" 모드이다. "Light ON" 모드는 광파이버의 광이 반사되어 입사되었을 때 릴레이가 온 되는 모드이고 "Dark ON" 모드는 광이 반사되지 않았을 때 릴레이가 ON 되는 모드이다. 간단히 말하면 a 접점과 b 접점 모드를 말한다.

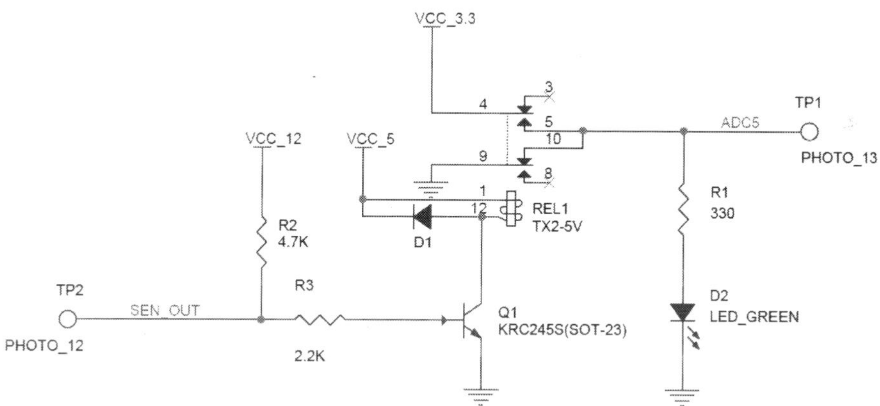

(a) 광파이버 센서 모듈 회로

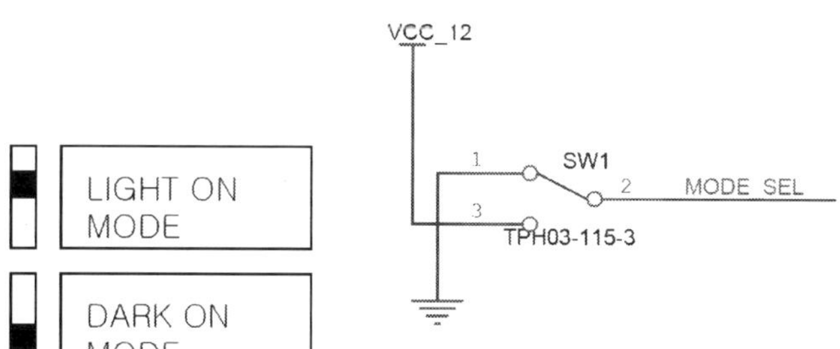

(b) 모드 설정 스위치 회로

그림 10.15 센서 모듈-4(광파이버 센서)

예제 10.5

BF3RX 센서 값을 ADC4로 받아 그래픽 LCD로 출력한다.

```
/***********************************************************
* BF3RX 센서 값을 ADC4로 받아 그래픽 LCD로 출력한다.
***********************************************************/
#include<iom128.h>
#include<ina90.h>
#include <stdio.h>
#include "glcd_128x64x.h"

/* 비트 정의 */
#define  BIT0     0x01
#define  BIT1     0x02
#define  BIT2     0x04
#define  BIT3     0x08
#define  BIT4     0x10
#define  BIT5     0x20
#define  BIT6     0x40
#define  BIT7     0x80

/* ADC 기준전압 설정 값 (ADMUX) */
// AVCC with external capacitor at AREF pin : REFS = 01
#define REFS            0X40

/* 사용할 ADC MUX 설정 값 (ADMUX) */
#define AD_MUX04        0X04

/* 센서별 ADMUX 설정 값 */
#define BF3RX          (REFS|AD_MUX04)

/* ADC 읽기 완료 상태 변수 */
BYTE adc_flag;
```

```
/* ADC 데이터 저장 변수 */
BYTE ADC_DATA_L;
BYTE ADC_DATA_H;

#pragma vector=ADC_vect
__interrupt void ADC_ISR(void){
  ADC_DATA_L = ADCL;
  ADC_DATA_H = ADCH;

  adc_flag = 1;
}

void port_Init(void)
{
  PORTF=0x00;
  DDRF=0x00;  // PF.4 : ADC4(TLP5211)
}

/*************************************************************************
 * function : ADC 설정 - ADMUX 레지스터 설정
*************************************************************************/
void adc_Config(BYTE admux_config)
{
    ADCSRA = 0x9E;
    ADMUX = admux_config;
   __enable_interrupt();
     adc_flag = 0;
    ADCSRA|=0x40;
    while(!(adc_flag));
    ADCSRA = 0x00;
   __disable_interrupt();
      ADCSRA = 0x00;
    __enable_interrupt();
}
/*****************************************************************
```

```
 *  MAIN 함수
***********************************************************/
void main(void){
 char out_GLCD_String[20];
  port_Init();
  GLCD_Init();
  GLCD_Clear();
 stringOut_GLCD(0, " SENSOR MODULE1 TEST ");
  stringOut_GLCD(1, "----------------------");
  stringOut_GLCD(7, "----------------------");
  __enable_interrupt();
  while(1){
    adc_Config(BF3RX);
    if(((WORD)ADC_DATA_H<<8 | ADC_DATA_L)>200)
    sprintf(out_GLCD_String,"BF3RX    : ON ");
    else
      sprintf(out_GLCD_String,"BF3RX    : OFF");
    stringOut_GLCD(3, out_GLCD_String);
    delay_ms(100);
  };
}
```

10.5 센서 모듈 – 5 (마그네틱 센서)

센서 모듈-5에는 다음과 같이 모두 5종류의 마그네틱 센서가 부착되어 있다.

① EW6671 : 홀 스위치(CMOS형)
② D1B050000 : 릴레이 접점 내장형 마그네틱 센서(Reed Sensor)
③ KR3-S : 릴레이 접점 내장형 마그네틱 센서(Reed Sensor)
④ DN6838 : 무접점 홀센서(TR형)
⑤ SS49 : 아날로그 위치 센서(자속의 크기에 따라 아날로그 신호 출력)

(1) 동작 원리

1) 홀 효과 스위치

홀 효과란 그림 10.16과 같이 전류가 흐르는 도체, 반도체 또는 전해질 용액의 양단에 자기장을 걸면 자기장 내에서 움직이는 전하는 움직이는 방향에 수직으로 힘을 받는다. 따라서 도체 양측에 (+), (-) 전하가 약간 이동하게 됨으로서 전류 및 자기장에 수직으로 도체 양단에 전위차가 발생하는 것을 말한다. 이러한 홀 효과를 이용한 스위치가 홀 효과 스위치이다.

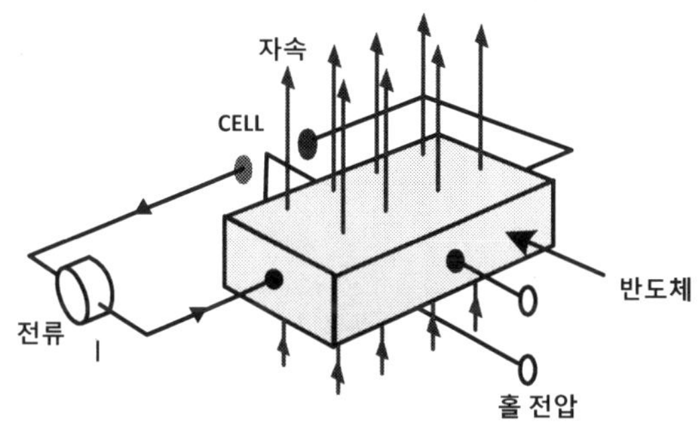

그림 10.16 홀 효과

2) 마그네틱 센서

마그네틱 센서는 전자 제어장치에 널리 사용되고 있는 스위칭 소자로서 주로 자동화 설비 등에 사용된다. 그림 10.17과 같이 밀봉된 관 내부에 백금, 금, 등의 접점 도금을 합 자성체 리드를 접점 간격을 유지 하도록 구성하고 불활성 가스를 봉입하여 밀봉한다. 동작 원리는 센서에 자석이 접근하게 되면 자석에서 발생되는 자기력선이 센서의 리드를 자계의 방향에 따라 자화 시키고 리드에 N극과 S극을 유기 시키게 된다. 이와 같은 2극 유기의 발생은 N극과 S극이 서로 끌어당기게 하고, 이 힘이 리드의 기계적 탄성보다 크게 되면 센서 내의 접점이 서로 달라붙게 된다. 접점이 붙으면 이를 통하여 전기가 흐르게 되고 접점은 ON 상태를 유지한다. 자석이 검출 범위에 있으면 접점은 ON 상태가 되고 검출범위를 벗어나면 리드의 기계적 탄성에 의해 원래 상태로 복귀하여 OFF 상태가 된다.

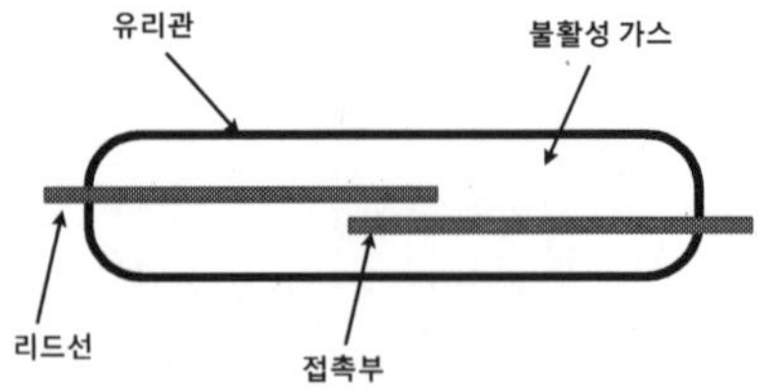

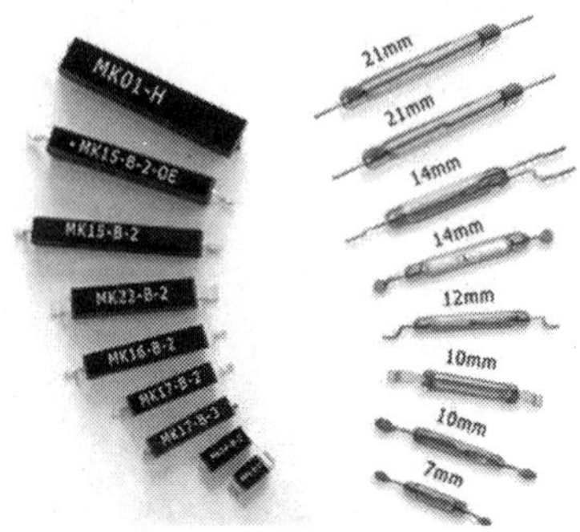

그림 10.17 마그네틱 센서

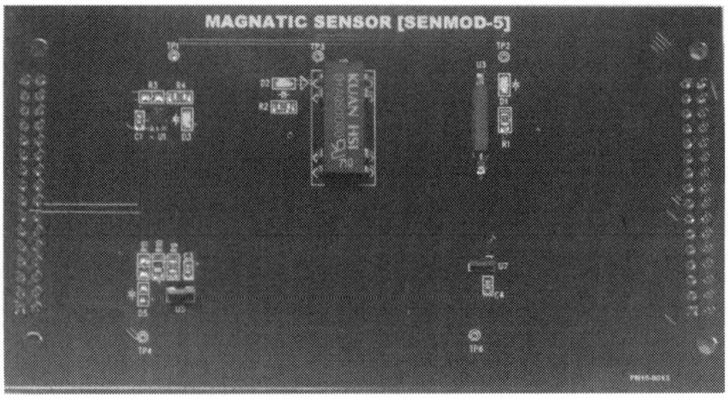

그림 10.18 마그네틱 센서 모듈

(2) 마그네틱 센서 응용 프로그래밍

그림 10.18에서 좌측 상단으로부터 EW6671, D1B050000, KR3-S 아래 좌측으로부터 DN6838, SS49 센서이다. EW6671은 고감도 홀 효과 스위치로서 3.0mT 이상의 자속 변화가 검출되면 출력전압이 "High"가 되고 2.4mT 이하의 자속변화가 검출되면 "Low"가 된다. 이 센서의 최대 출력 전류는 1mA이다. D1B050000은 내부에 릴레이 접점을 가지고 있는 마그네틱 스위치로서 TTL 구동이 가능하다. 접점의 허용 전압은 200V이고 허용전류는 0.5A 이다. KR3-S는 릴레이 내장형 마그네틱 스위치로서 자속이 감지되면 A 접점이 ON된다. 접점의 허용 저압은 100V이고 허용 전류는 0.75A이다. DN6838은 자속의 변화를 검출하는 홀 효과 스위치이다.

출력단은 TR로 구성되어 있으며 출력 전류는 20mA이다. SS49는 아날로그 위치 센서이다. 자속의 크기에 따라 출력전압은 선형적으로 변하는 특성을 가지고 있고, 최대 출력 전류는 20mA이다. 그림 10.19의 회로도에서 보는 바와 같이 EW6671의 출력은 ADC4에 연결되어 있고, DN6838 출력은 ADC3, SS49 출력은 ADC2에 연결되어 있다. 그리고 D1B050000의 출력은 포트B의 0번, KR3S는 포트B의 1번 비트에 연결되어 있다.

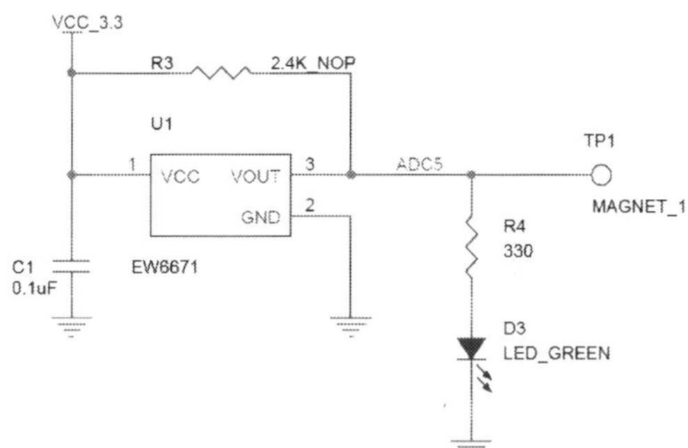

(a) EW6671

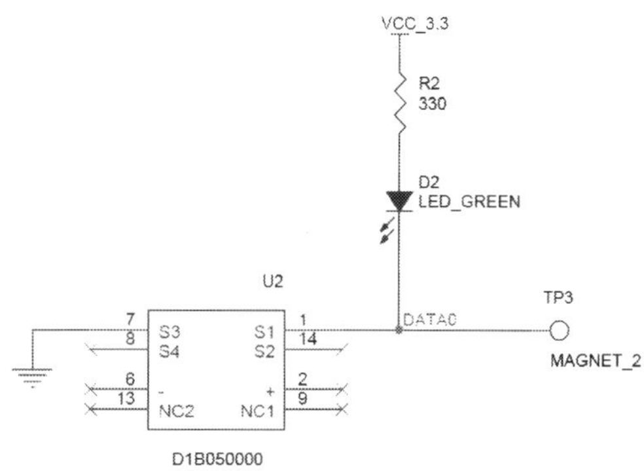

(b) 1B050000

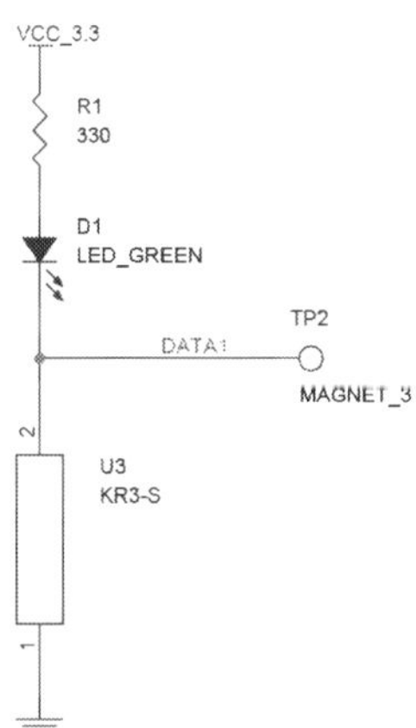

(c) KR3-S

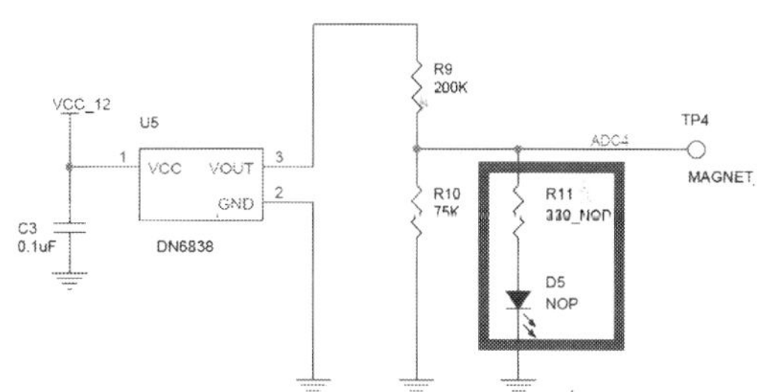

(d) DN6838

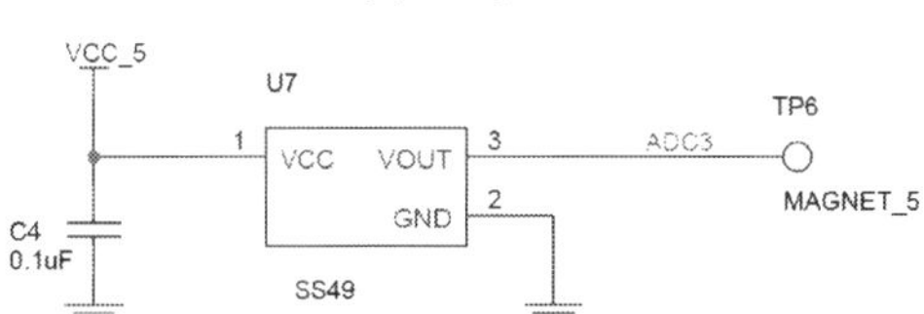

(e) SS49

그림 10.19 센서 모듈-5(마그네틱 센서) 회로도

예제 10.6

SS49 센서 값을 ADC2로 입력 받아 그래픽 LCD에 출력한다.
DN6838 센서 값을 ADC3로 입력 받아 그래픽 LCD에 출력한다.
EW6671 센서 값을 ADC4로 받아 그래픽 LCD에 출력한다.

```
/*******************************************************************
* SS49 센서 값을 ADC2로 입력 받아 그래픽 LCD에 출력한다.
* DN6838 센서 값을 ADC3로 입력 받아 그래픽 LCD에 출력한다.
* EW6671 센서 값을 ADC4로 받아 그래픽 LCD에 출력한다.
* 자석을 아래위로 이동시켜 자속의 변화를 주고 센서의 출력을 확인한다.
*******************************************************************/
#include<iom128.h>
#include<ina90.h>
#include <stdio.h>
#include "glcd_128x64x.h"

/* 비트 정의 */
#define  BIT0     0x01
#define  BIT1     0x02
#define  BIT2     0x04
#define  BIT3     0x08
#define  BIT4     0x10
#define  BIT5     0x20
#define  BIT6     0x40
#define  BIT7     0x80

/* ADC 기준전압 설정 값 (ADMUX) */
#define REFS   0X40 // AVCC with external capacitor at AREF pin : REFS = 01

/* 사용할 ADC MUX 설정 값 (ADMUX) */
#define AD_MUX02        0X02
#define AD_MUX03        0X03
#define AD_MUX04        0X04
```

```
/* 센서별 ADMUX 설정 값 */
#define SS49            (REFS|AD_MUX02)
#define DN6838          (REFS|AD_MUX03)
#define EW6671          (REFS|AD_MUX04)

/* ADC 읽기 완료 상태 변수 */
BYTE adc_flag;

/* ADC 데이터 저장 변수 */
BYTE ADC_DATA_L;
BYTE ADC_DATA_H;
/*************************************************************************
 * function : ADC 인터럽트 - ADC로부터 데이터를 읽음
*********************************************************************/
#pragma vector=ADC_vect
__interrupt void ADC_ISR(void){
  ADC_DATA_L = ADCL;
  ADC_DATA_H = ADCH;
  adc_flag = 1;
}
/*********************************************************************
 * function : I/O 포트 초기회 - 범용 입/출력 핀을 설정한다.
*********************************************************************/
void port_Init(void)
{
  PORTF=0x00;
  DDRF=0x00;  // PF.4 : ADC4(EW6671)
}
/*****************************************************************
 * function : ADC 설정 - ADMUX 레지스터 설정
 *****************************************************************/
void adc_Config(BYTE admux_config)
{
    ADCSRA = 0x9E;
    ADMUX = admux_config;
```

```
    __enable_interrupt();
     adc_flag = 0;
     ADCSRA|=0x40;
     while(!(adc_flag));
     ADCSRA = 0x00;
    __disable_interrupt();
       ADCSRA = 0x00;
    __enable_interrupt();
}
/*************************************************************
 *  MAIN 함수
*************************************************************/
void main(void){
  char out_GLCD_String[20];
  port_Init();
  GLCD_Init();
  GLCD_Clear();
  stringOut_GLCD(0, " SENSOR MODULE5 TEST ");
  stringOut_GLCD(1, "----------------------");
  stringOut_GLCD(7, "----------------------");
  __enable_interrupt();
  while(1){
    adc_Config(EW6671);
    sprintf(out_GLCD_String,"EW6671   : 0x%04X", (WORD)ADC_DATA_H<<8
       | ADC_DATA_L);
    stringOut_GLCD(3, out_GLCD_String);
     delay_ms(1);
     adc_Config(DN6838);
    sprintf(out_GLCD_String,"DN6838   : 0x%04X", (WORD)ADC_DATA_H<<8
       | ADC_DATA_L);
    stringOut_GLCD(4, out_GLCD_String);
     delay_ms(1);
     adc_Config(SS49);
    sprintf(out_GLCD_String,"SS49   : 0x%04X", (WORD)ADC_DATA_H<<8
       | ADC_DATA_L);
```

```
        stringOut_GLCD(5, out_GLCD_String);
         delay_ms(1);
        delay_ms(100);
    };
}
```

예제 10.7

D1B050000 센서 값을 PORTB.0로 받아 그래픽 LCD로 출력한다.
KR3S 센서 값을 PORTB.1로 받아 그래픽 LCD로 출력한다.

```
/*****************************************************************
* 목적 - D1B050000 센서 값을 PORTB.0로 받아 그래픽 LCD로 출력한다.
         KR3S 센서 값을 PORTB.1로 받아 그래픽 LCD로 출력한다.
*****************************************************************/
#include<iom128.h>
#include<ina90.h>
#include <stdio.h>
#include "glcd_128x64x.h"

/* 비트 정의 */
#define  BIT0     0x01
#define  BIT1     0x02
#define  BIT2     0x04
#define  BIT3     0x08
#define  BIT4     0x10
#define  BIT5     0x20
#define  BIT6     0x40
#define  BIT7     0x80

/* 센서 포트 및 입출력 레지스터 설정 */
#define PORT_REG        PORTB
#define DDR_REG         DDRB
#define PIN_REG         PINB
```

```
/* D1B050000 센서 포트 읽기 */
#define D1B050000_PIN_READ     ((PIN_REG&BIT0)?1:0) // Active HIGH
#define KR3S_PIN_READ          ((PIN_REG&BIT1)?0:1) // Active LOW

/*************************************************************
 * function : I/O 포트 초기화 - 범용 입/출력 핀을 설정한다.
*************************************************************/
void port_Init(void)
{
 PORT_REG=0x00;
  DDR_REG=0x00;  // PB.0 : D1B050000, PB.1 : KR3S
}

/***************************************************************
 *  MAIN 함수
***************************************************************/
void main(void){
  char out_GLCD_String[20];
  char SENSOR;
  port_Init();
  GLCD_Init();
  GLCD_Clear();
 stringOut_GLCD(0, " SENSOR MODULE5 TEST ");
 stringOut_GLCD(1, "---------------------");
 stringOut_GLCD(7, "---------------------");
 __enable_interrupt();

  while(1){
    SENSOR=D1B050000_PIN_READ;
    sprintf(out_GLCD_String,"D1B050000  : 0x%04X", (WORD)SENSOR);
    stringOut_GLCD(3, out_GLCD_String);
    delay_ms(1);
    SENSOR=KR3S_PIN_READ;
    sprintf(out_GLCD_String,"KR3S  : 0x%04X", (WORD)SENSOR);
```

```
        stringOut_GLCD(4, out_GLCD_String);
         delay_ms(1);
        delay_ms(100);
    };
}
```

10.6 센서 모듈 – 6 (근접센서)

(1) 동작원리

근접센서란 검출물체의 접근을 비접촉적으로 검출할 수 있는 센서이며 다음과 같이 4가지 방식으로 크게 나눌 수 있다.

① 고주파 발진형 근접센서
② 자기형 근접센서
③ 정전 용량형 근접센서
④ 초음파식 근접센서

1) 고주파 발진형(유도형) 근접센서

고주파 발진형 근접센서는 센서의 앞부분에 있는 검출코일에서 고주파 자기장을 발생하고 이 자기장에 검출물체(금속)이 접근하면 금속 안에 유도전류가 흘러 열손실이 발생하여 발진이 감쇄하거나 정지하는데 이 상태의 변화를 검출회로로 검출하여 출력회로를 동작시킨다. 금속물체의 검출에 사용되며 검출 대상이 자성체인 경우 검출 감도가 양호하고 검출거리도 길다.

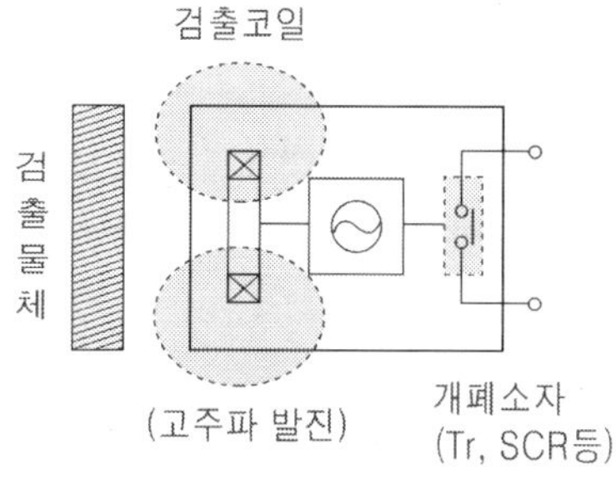

그림 10.20 고주파 발진형 근접센서

2) 정전 용량형 근접센서

정전 용량형 근접센서는 그림 10.21과 같이 검출부에 유도 전극을 가지고 있어 전극에 물체가 접근 하면 검출부의 유도전극과 대지 간의 정전 용량이 크게 변화하는데 이 변화량을 검출하여 출력신호를 동작시킨다.

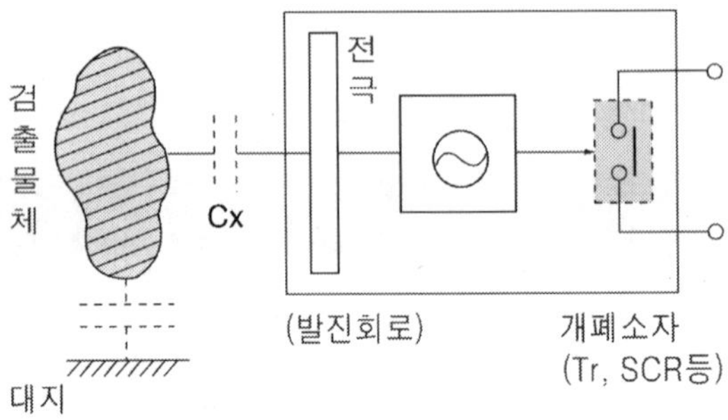

그림 10.21 정전 용량형 근접센서

도체 및 유전체 등 모든 물체의 검출이 가능하다. 또한 유전체의 차이로 검출 하므로 비금속 용기(종이, 유리, 플라스틱 등) 속에 들어 있는 물체 검지도 가능하고 검출물의 표면 상태에 영향을 받지 않는다는 장점이 있으나 유도형에 비하여 응답 속도가 다소 늦고 물이나 기름이 있는 장소에서는 사용이 곤란하다.

3) 자기형 근접센서

자기형 근접센서는 자성체로 되어 있는 한 쌍의 리드편을 불활성 가스와 함께 유리관 내에 봉입한 형태를 가지며 외부 자기장이 가까이 접근하면 두 리드 편의 접점이 접촉하여 ON/OFF 동작을 반복한다. 동작속도가 일반 스위치 보다 매우 빠르며 사용이 간편하다.

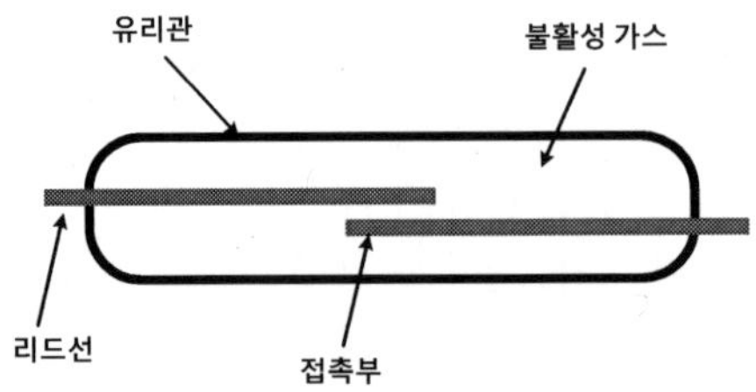

그림 10.22 자기형 근접센서

4) 초음파식 근접센서

초음파식 근접센서는 초음파의 투과와 반사를 이용하여 검출물체의 위치나 접근을 검출하는 센서로서 일반적으로 초음파 송신부와 수신부가 일체로 되어 있다. 송신부에서는 초음파를 발사하고 수신부에서는 검출물체에서 반사되어 돌아오는 반사파를 검출하는 방식이다. 검출거리가 다른 근접 센서에 비하여 길다는 장점이 있는 반면 반사물체의 반사각에 영향을 받으며 검출이 불가능한 블라인드 영역이 존재한다는 단점이 있다. 또한 크기가 크고 외부환경의 영향을 많이 받으며 초음파를 흡수하는 물질인 흡음물체는 검출이 불가능하다.

표 10.7 근접센서의 비교

센서	장점	단점	응용분야
유도형	· 내환경성 우수 · 긴 수명 · 설치 용이	· 검출거리가 짧음	· 산업용 기계 · 머신 툴 · 금속 물체만 검출
정전 용량형	· 용기 내용물 검출 · 비금속 물체 검출가능	· 급격한 환경변화에 민감	· 레벨 검출
초음파형	· 모든 물체 검출	· 분해능 · 반복성 · 온도변화에 민감	· 충돌방지 · 도어 · 레벨기어

센서 모듈-6은 오토닉스사의 근접센서(PR18-5DN, CR18-8DN)와 릴레이로 구성되어 있다. PR18-5DN은 원통형 근접센서로서 검출거리가 5mm이고 구동전압은 12 ~ 24VDC를 사용하는 유도형 근접센서이다. 그리고 CR18-8DN은 PR18-5DN과 같이 원통형 근접센서로서 정전 용량형 근접센서이다. 검출거리는 8mm 내외이고 구동전압은 12 ~ 24VDC를 사용한다. 각각의 출력 접점은 포트B의 5번과 6번 비트로 입력된다. 그림 10.23은 근접센서 모듈을 보여준다.

그림 10.23 근접센서 모듈

(2) 근접센서 응용 프로그래밍

그림 10.24(a)는 CR18-8DN 근접센서의 회로도를 보여준다. 그림에서와 같이 2개의 출력접점을 가지고 있으며, 이 중 a 접점이 포트 B의 5번 비트에 연결되어 있다. 동작표시 램프는 접점이 ON되면 점등된다. 그림 10.24(b)는 PR18-5DN 근접센서의 회로도를 보여준다. 그림에서와 같이 2개의 출력접점을 가지고 있으며 이 중 a 접점이 포트 B의 6번 비트에 연결되어 있다. 동작표시 램프는 접점이 ON되면 점등된다.

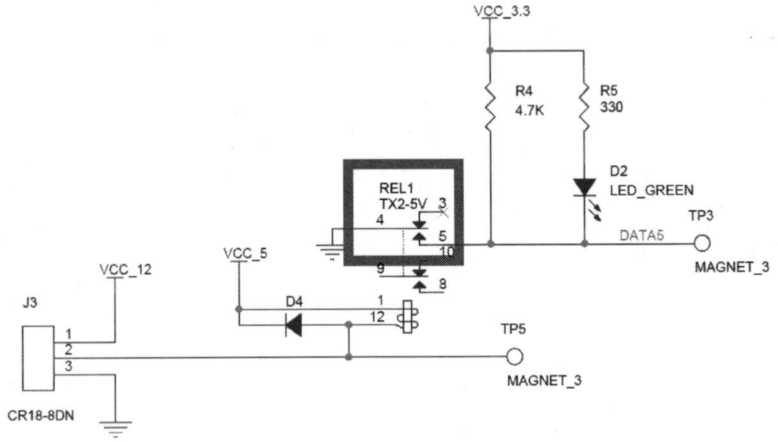

(a) CR18-8DN 회로

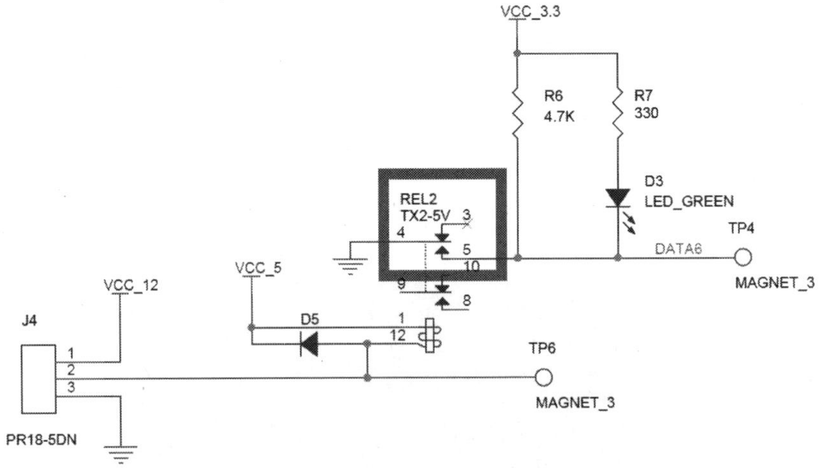

(b) PR18-5DN 회로

그림 10.24 근접센서 회로도

예제 10.8

CR18-8DN 센서 값을 PORTB.5로 받아 그래픽 LCD로 출력한다.
PR18-5DN 센서 값을 PORTB.6로 받아 그래픽 LCD로 출력한다.

```
/*****************************************************************
* 목적 - CR18-8DN 센서 값을 PORTB.5로 받아 그래픽 LCD로 출력한다.
         PR18-5DN 센서 값을 PORTB.6로 받아 그래픽 LCD로 출력한다.
*****************************************************************/
#include<iom128.h>
#include<ina90.h>
#include <stdio.h>
#include "glcd_128x64.h"

/* 비트 정의 */
#define  BIT0      0x01
#define  BIT1      0x02
#define  BIT2      0x04
#define  BIT3      0x08
#define  BIT4      0x10
#define  BIT5      0x20
#define  BIT6      0x40
#define  BIT7      0x80

/* 센서 포트 및 입출력 레지스터 설정 */
#define PORT_REG       PORTB
#define DDR_REG        DDRB
#define PIN_REG        PINB

/* CR188DN, PR185DN 센서 포트 읽기 */
#define CR188DN_PIN_READ       ((PIN_REG&BIT5)?0:1)
#define PR185DN_PIN_READ       ((PIN_REG&BIT6)?0:1)

/*********************************************************
 * I/O 포트 초기화 - 범용 입/출력 핀을 설정한다.
```

```
*************************************************************/
void port_Init(void)
{
 PORT_REG=0x00;
  DDR_REG=0x00;  // PB.5 : CR188DN(Input) , PB.6 : PR185DN(Input)
}
/*************************************************************
 *  MAIN 함수
*************************************************************/
void main(void){
  char out_GLCD_String[20];
  char SENSOR;
  port_Init();
  GLCD_Init();
  GLCD_Clear();

  stringOut_GLCD(0, " SENSOR MODULE5 TEST ");
  stringOut_GLCD(1, "--------------------");
  stringOut_GLCD(7, "--------------------");
  __enable_interrupt();

  while(1)
  {
    SENSOR=CR188DN_PIN_READ;
    sprintf(out_GLCD_String,"CR188DN  : 0x%04X", (WORD)SENSOR);
    stringOut_GLCD(3, out_GLCD_String);
     delay_ms(1);
    SENSOR=PR185DN_PIN_READ;
    sprintf(out_GLCD_String,"PR185DN  : 0x%04X", (WORD)SENSOR);
    stringOut_GLCD(4, out_GLCD_String);
     delay_ms(1);
    delay_ms(100);
  };
}
```

10.7 센서 모듈 - 7 (온도센서)

온도센서는 온도를 측정하는 센서로서 센서를 측온 대상의 물체에 직접 접촉시키면서 측정점의 온도을 측정하는 접촉식 센서와 멀리 떨어져 있는 센서가 측온 대상으로부터 방사되는 열을 검출하여 온도를 측정하는 비접촉식 온도센서가 있다. 접촉식 온도센서로는 RTD, 써미스터(NTC, PTC), 열전대, IC 온도센서 등이 있으며 비접촉식 온도센서로는 써모파일, 초전센서 등이 있다.

표 10.8 온도센서의 종류와 사용온도 범위

<table>
<tr><th>이용하는 물리현상</th><th colspan="2">온도센서의 종류</th><th>사용온도 범위</th></tr>
<tr><td rowspan="4">전기저항변화</td><td colspan="2">RTD</td><td>-200℃ ~ 850℃</td></tr>
<tr><td colspan="2">NTC</td><td>-50℃ ~ 300℃</td></tr>
<tr><td rowspan="2">PTC</td><td>$BaTiO_3$ 계</td><td>〈 300℃</td></tr>
<tr><td>Si PTC</td><td>-50℃ ~ 150℃</td></tr>
<tr><td rowspan="2">열기전력</td><td colspan="2">열전대</td><td>-200℃ ~ 1700℃</td></tr>
<tr><td colspan="2">써모파일</td><td>-40℃ ~ 1700℃</td></tr>
<tr><td>실리콘 다이오드 또는 트랜지스터의 온도특성</td><td colspan="2">IC 온도센서</td><td>-50℃ ~ 150℃</td></tr>
<tr><td>초전현상</td><td colspan="2">초전도 센서</td><td></td></tr>
</table>

(1) 동작원리

1) RTD

온도를 변화시키면서 금속선의 전기저항값을 측정하면 온도에 따라 저항값이 증가한다. 그러므로 금속선의 저항을 측정하면 온도를 검출할 수 있는데, 이와 같이 온도 변화에 민감한 저항변화를 가지는 저항체를 이용한 온도센서를 RTD(Resistance Temperature Detector)라 한다. 특히 백금은 넓은 온도범위에서 우수한 안정성, 선형성, 내화학성, 내 부식성을 가지고 있어 가장 널리 사용된다.

$$\text{금속의 전기저항} : R = \rho \frac{L}{A}$$

여기서, ρ : 물질의 고유저항, L : 금속도체의 길이, A : 금속도체의 단면적

그림 10.25는 백금 RTD 특성곡선을 보여준다. 백금의 온도계수는 약 0.004[Ω/℃]이다. 이것은 온도가 1℃ 변하면 100[Ω] RTD의 저항이 0.4[Ω] 변한다는 것을 의미한다. 백금 RTD는 반도체 기술을 이용하여 제작하기 때문에 가격이 저렴하여 광범위한 온도 측정 및 제어용으로 사용된다.

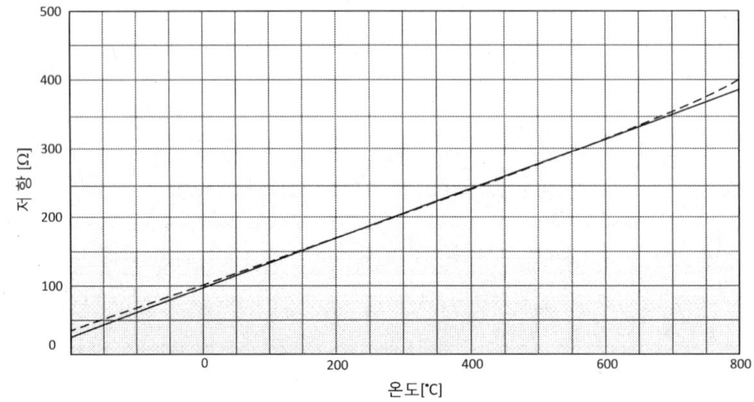

그림 10.25 백금 RTD 특성곡선

표 10.9 RTD의 장단점

장점	단점
정확성이 높고 반복성이 우수	고가격
장기간에 걸쳐 안정적	열전대나 써미스터에 비하여 크기가 큼
측정 온도범위가 넓음	동작전류가 필요
선형성 우수	자기가열 있음
면적 또는 점 측정 가능	저항값이 작음
호환성 높음	진동 충격에 약함
표준화 확립	비선형성

2) 서미스터(Thermistor)

서미스터는 열에 민감한 저항체라는 의미로 온도변화에 따라 저항값이 극단적으로 크게 변하는 감온 반도체를 이용한 온도센서이다. 사용온도 범위가 -50℃ ~ 500℃로 일상적인 온도 조절을 필요로 하는 모든 범위에 응용되며 또한 소형으로 값이 저렴하고 고감도이므로 가전기기나 산업기기의 온도센서 및 온도 보상용으로 사용된다. 일반적으로 계측용 서미스터 센서는 온도계수가 커서 감도가 좋고 응답성이 빨라 급속한 온도변화에 대응할 수 있고, 냉접점이나 보상 도선을 필요로 하지 않으며, 고저항으로 도선저항에 영향이 작아 원격 집중 제어관리가 가능한 장점이 있다.

서미스터의 종류로는 NTC, PTC, CTR이 있다.

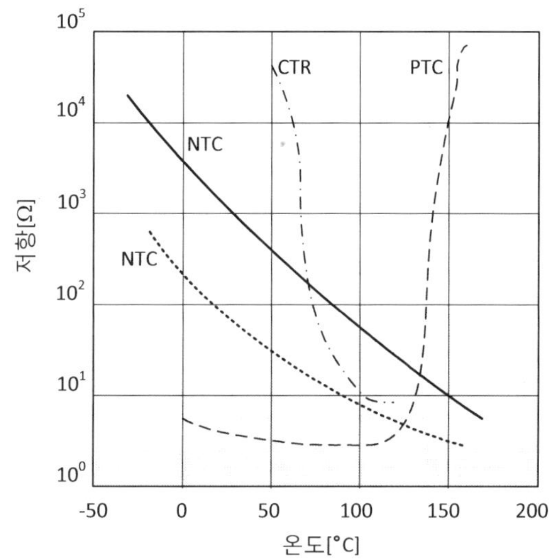

그림 10.26 서미스터 특성곡선

① NTC 서미스터

NTC 서미스터는 Mn, Ni, Co 등과 같은 천이금속 산화물의 분말을 두 개의 측정용 도선과 함께 소결한 온도센서이다. 표면에 유리 코팅되어 있어 안정성이 우수하고 소형이며 열응답 속도가 빠르고 내열성 및 재현성이 우수하다. NTC 서미스터는 온도가 증가함에 따라 저항값이 감소하는 특성을 가지고 있다. 즉 부 온도 특성을 가지고 있다.

- NTC의 온도 특성식

  금속의 저항-온도 = $R_T = R_0[1+\alpha(T-T_0)]$

  NTC 서미스터 : $R_T = R_0 e^{\beta}(\frac{1}{T}-\frac{1}{T_0})$

  여기서 β : 서미스터 정수　　α : 저항 온도계수

  R_T : 온도에서의 저항　　T_0 : 기준온도(25℃)

  T : 측정온도　　R_0 : 기준온도에서 서미스터 저항

② PTC 서미스터

PTC는 정특성 온도계수를 가지는 온도센서이다. PTC는 NTC와는 다르게 온도가 상승하면 저항이 증가하는 특성을 가진다.

3) 열전대

열전대란 1821년 제어벡이 발견한 제어백 효과를 이용한 센서이다. 제어벡 효과란 그림 10.27과 같이 재질이 다른 두 금속 도체 M1, M2를 폐회로가 구성되도록 결합하면 접점 *P*(측온접점)과 접점 *Q*(기준접점)이 만들어 지는데, 이때 임의의 한 접점에 온도 변화를 주면 양 접점의 온도차에 의하여 기전력이 발생하여 순환 열전류가 흐르는 원리를 말한다. 이와 같은 제어벡 효과를 이용하여 기준접점을 0℃로 유지하고 측온접점을 측정하려는 대상체에 놓아두면 기전력이 발생하고 이 기전력을 측정하면 온도를 알 수 있다.

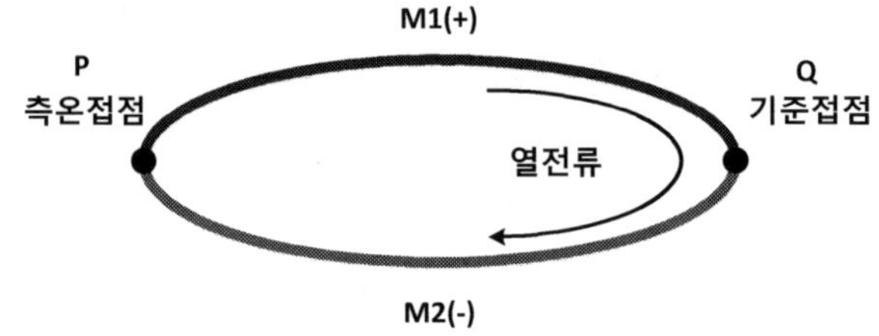

그림 10.27 제어백 효과

① 열전대의 특징

열전대는 다음과 같은 특징이 있다.

- 가장 높은 온도를 측정할 수 있는 온도계이다.
- 측정장치에 전원이 불필요하다.
- 제어백 효과를 이용한 온도계이다.
- 원거리측정, 기록 및 자동제어에 적용이 가능하다.
- 사용온도 범위가 넓고 가격이 비교적 저렴하며 내구성이 우수하다.
- 응답이 빠르고 시간 지역에 의한 오차가 비교적 적다.
- 적절한 열전대를 선정하면 0~2500[℃] 온도 범위의 측정이 가능하다.
- 특정의 점이나 좁은 장소의 온도측정이 가능하다.
- 온도가 열기전력으로써 검출되므로 측정, 조절, 증폭, 변환 등의 정보처리가 용이하다.

② 열전대의 종류

명칭	소 선 성 분		사용온도범위	특 징
	+각(+leg)	−각(−leg)		
K	크로멜 (니켈, 크롬 합금)	알로멜 (니켈, 알미늄 합금)	-200 ~ +1,000℃ (+1,200℃)	· 기전력, 직선성 · 산화성 분위기에 적합하다. · 금속 증기에 강하다. · 약간의 이력변화 있다.
J	철	콘스탄탄 (니켈, 동)	-200 ~ +600℃ (+800℃)	· 가격 싸고 열전능 크다. · 기전력, 직선성, 환원성 좋다.
T	동	콘스탄탄 (니켈, 동)	-200 ~ +300℃ (+350℃)	· 가격이 싸고 저온에 특성이 좋다. · 열전도 오차가 다소 크다.
R	백금, 로듐 13%	백금	-200 ~ +1,400℃ (+1,600℃)	· 안정성이 좋다. · 표준 열전대에 적합하다. · 수소, 금속증기에 약하다. · 이력변화 보상도 오차 크다.
E	크로멜 (니켈, 크롬)	콘스탄탄 (니켈, 동)	-200 ~ +700℃ (+800℃)	· K열전대보다 가격 싸다 · 열전능력 크다. · 비자성이라 이력변화 있다.
B	금 70, 로듐 30%	금 94, 로듐 6%	+300 ~ +1,550℃ (+800℃)	· 상온에서 열전능 극히 약하다. · 특성의 차가 큰 경우도 있다.

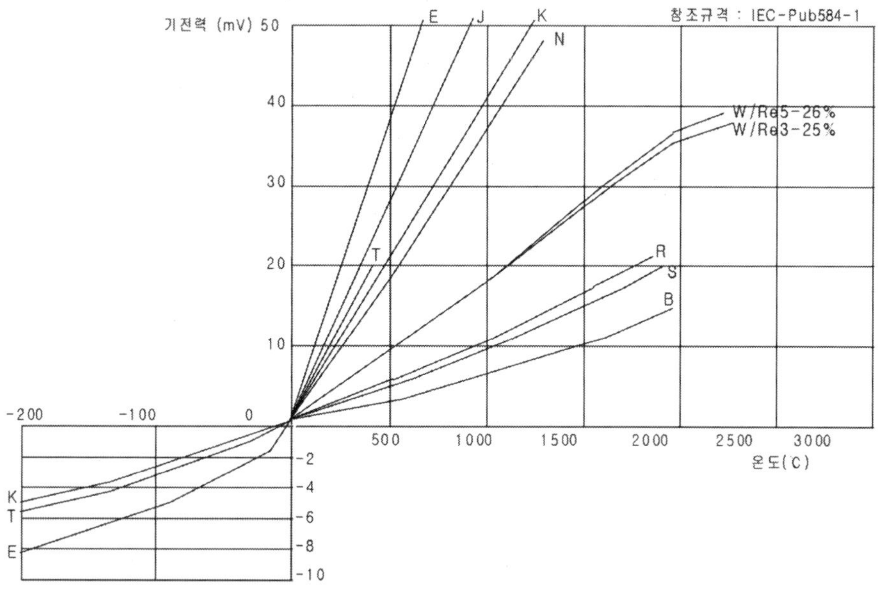

그림 10.28 열전대 종류별 기전력

③ 열전대 사용시 주의사항

열전대는 여러 가지 종류가 있지만 사용 장소, 용도에 따라서 적정한 것을 선정하는 것이 중요하다. 온도를 정확하게 측정하기 위해서는 내열, 내식, 내진성을 고려한 보호관 등의 선정, 구조 및 취부 방법(위치) 등에 유의할 필요가 있다. 각종 열전대 E, J, T 어느 쪽도 (–) 쪽에 Cu-Ni합금(constantan)을 사용하고 있다. 그러나 호칭이 같아도 각각 (+) 쪽의 종류에 따라 Cu-Ni합금(constantan)의 배합비를 변화시켜 열기전력 특성을 조정하고 있다. 따라서 이들 열전대 소선의 (-) 쪽과의 호환성은 없으므로 주의해야 한다.

(2) 온도센서 응용 프로그래밍

온도센서 모듈은 모두 4개의 센서로 구성되어 있고, 이 중 하나는 CPU와 연결되어 있지 않다. CPU와 연결되어 있는 온도센서 3개는 다음과 같다. 좌측 상단으로부터 NTC(NCP21XQ 471J03RA), NTC2 아래 좌측으로 부터 PT100, K-형 열전대가 연결되어 있다. NTC1은 ADC2, PT-100은 ADC1, K-형 열전대는 ADC0에 각각 연결되어 있으나 NTC2는 CPU와 연결되어 있지 않다.

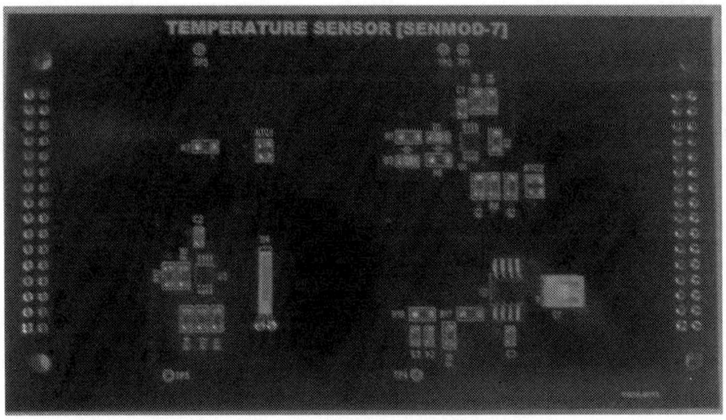

그림 10.29 센서 모듈-7(온도센서)

그림 10.29는 센서 모듈-7(온도센서)을 보여준다. 그리고 그림 10.30(a)는 NTC1 회로도를 보여주고, 그림 10.30(b)는 PT100의 회로도를 보여준다. 마지막으로 그림 10.30(c)는 k-형 온도센서 회로도를 보여준다.

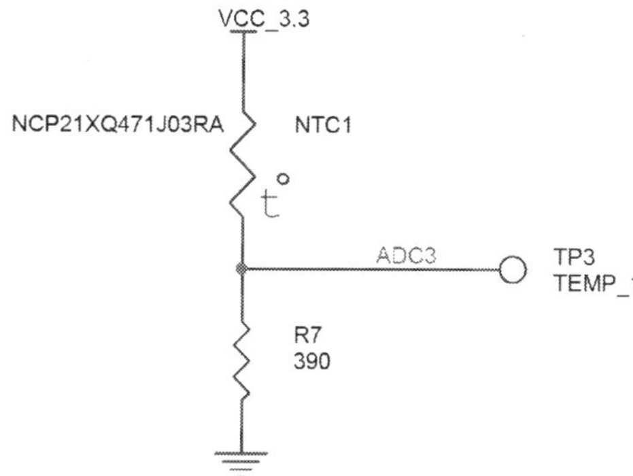

(a) NTC

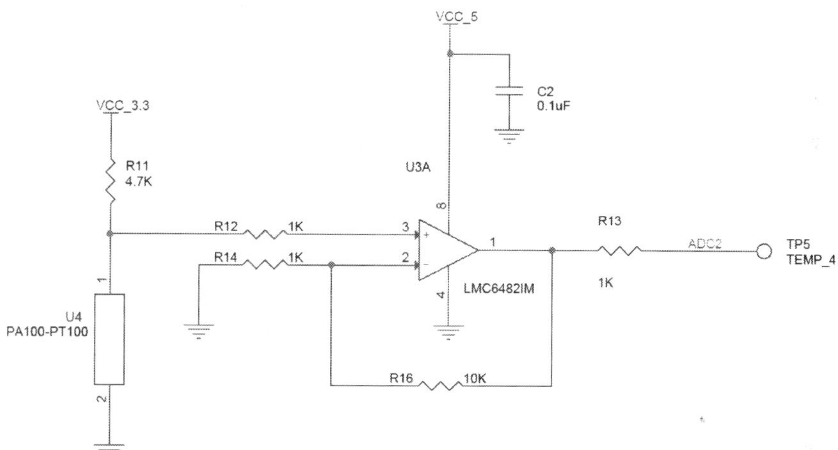

(b) PT100

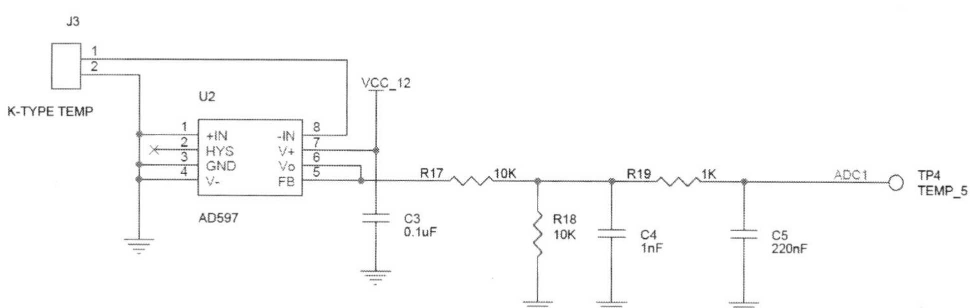

(c) K-Type

그림 10.30 센서 모듈-7(온도센서) 회로도

예제 10.9

K-TYPE 온도센서 값을 ADC0, PT100 온도센서 값을 ADC1, NCP 온도센서 값을 ADC2로 입력 받아 각각 그래픽 LCD에 출력한다.

```
/*********************************************************************
* K-TYPE 온도센서 값을 ADC0로 받아 그래픽 LCD에 출력한다.
* PT100 온도센서 값을 ADC1로 받아 그래픽 LCD에 출력한다.
* NCP21XQ471J03RA 온도센서 값을 ADC2로 받아 그래픽 LCD에 출력한다.
*********************************************************************/
#include<iom128.h>
#include<ina90.h>
#include <stdio.h>
#include "glcd_128x64x.h"

/* 비트 정의 */
#define  BIT0     0x01
#define  BIT1     0x02
#define  BIT2     0x04
#define  BIT3     0x08
#define  BIT4     0x10
#define  BIT5     0x20
#define  BIT6     0x40
#define  BIT7     0x80

/* ADC 기준전압 설정 값 (ADMUX) */
// AVCC with external capacitor at AREF pin : REFS = 01
#define REFS              0X40

/* 사용할 ADC MUX 설정 값 (ADMUX) */
#define AD_MUX00        0X00
#define AD_MUX01        0X01
#define AD_MUX02        0X02

/* 센서 ID */
```

```
#define ID_PT100                0xAB
#define ID_KTYPE                0xAC
#define ID_NTC1                 0xAD

/* 센서별 ADMUX 설정 값 */
#define KTYPE                (REFS|AD_MUX00)
#define PT100                (REFS|AD_MUX01)
#define NCP21XQ471J03RA      (REFS|AD_MUX02)    // NTC1

/* ADC 읽기 완료 상태 변수 */
BYTE adc_flag;

/* ADC 데이터 저장 변수 */
BYTE ADC_DATA_L;
BYTE ADC_DATA_H;

/* 계산된 온도값 저장 변수 */
BYTE TEMP_DATA_L;
BYTE TEMP_DATA_H;

/**********************************************************************
 * function : ADC 인터럽트 - ADC로 부터 데이터를 읽음
**********************************************************************/
#pragma vector=ADC_vect
__interrupt void ADC_ISR(void){
  ADC_DATA_L = ADCL;
  ADC_DATA_H = ADCH;
  adc_flag = 1;
}

/*******************************************************************
 * function : I/O 포트 초기화 - 범용 입/출력 핀을 설정한다.
*******************************************************************/
void port_Init(void)
{
```

```
  PORTF=0x00;
  DDRF=0x00;
}

/*************************************************************
 * function : ADC 설정 - ADMUX 레지스터 설정
 *************************************************************/
void adc_Config(BYTE admux_config)
{
     ADCSRA = 0x9E;
     ADMUX = admux_config;
    __enable_interrupt();
     adc_flag = 0;
     ADCSRA|=0x40;
     while(!(adc_flag));
     ADCSRA = 0x00;
    __disable_interrupt();
        ADCSRA = 0x00;
    __enable_interrupt();
}

/*******************************************************************
온도 계산 - 센서별 온도 계산식에 의한 온도('C)값 구함. ]
*******************************************************************/
void calcTemperature(BYTE type_ID)
{
   WORD adcData;
   WORD tempData;

   if(type_ID == ID_KTYPE)
   {
     adcData = ADC_DATA_H;
     adcData = ((adcData << 8)|ADC_DATA_L);
     tempData = (WORD)((float)adcData * 3.2);
```

```
        TEMP_DATA_H = tempData >> 8;
        TEMP_DATA_L = tempData & 0x00FF;
    }
    else if(type_ID == ID_PT100)
    {
        adcData = ADC_DATA_H;
        adcData = ((adcData << 8)|ADC_DATA_L);
        tempData = adcData - 242;

        TEMP_DATA_H = tempData >> 8;
        TEMP_DATA_L = tempData & 0x00FF;
    }
     else if(type_ID == ID_NTC1)
    {
        TEMP_DATA_H = ADC_DATA_H;
        TEMP_DATA_L = ADC_DATA_L;
    }
}

/*****************************************************************
 *  MAIN 함수
*****************************************************************/
void main(void)
{
    char out_GLCD_String[20];
    port_Init();
    GLCD_Init();
    GLCD_Clear();
    stringOut_GLCD(0, " SENSOR MODULE7 TEST ");
    stringOut_GLCD(1, "---------------------");
    stringOut_GLCD(7, "---------------------");
    __enable_interrupt();

    while(1)
    {
```

```
        adc_Config(KTYPE);
         calcTemperature(ID_KTYPE);
        sprintf(out_GLCD_String,"KTYPE   : 0x%04X", (WORD)TEMP_DATA_H<<8
          |TEMP_DATA_L);
        stringOut_GLCD(3, out_GLCD_String);
         delay_ms(1);

         adc_Config(PT100);
         calcTemperature(ID_PT100);
        sprintf(out_GLCD_String,"PT100   : 0x%04X", (WORD)TEMP_DATA_H<<8
          |TEMP_DATA_L);
        stringOut_GLCD(4, out_GLCD_String);
         delay_ms(1);

         adc_Config(NCP21XQ471J03RA);
         calcTemperature(ID_NTC1);
        sprintf(out_GLCD_String,"NTC1    : 0x%04X", (WORD)TEMP_DATA_H<<8
          |TEMP_DATA_L);
        stringOut_GLCD(5, out_GLCD_String);
         delay_ms(1);
        delay_ms(100);
    };
}
```

10.8 센서 모듈 - 8 (IC형 온도센서)

(1) 동작원리

IC형 온도센서는 반도체의 PN접합에 걸리는 순방향 전압의 온도 의존성을 이용한 센서이다.

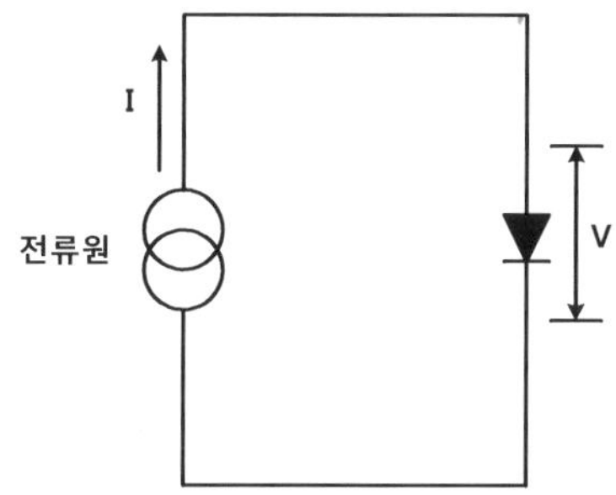

그림 10.31 PN 접합면의 순방향 전압

그림 10.31에서 다이오드에 흐르는 순방향 전류는 다음 식으로 주어진다.

$$I = I_S[\exp(\frac{qV}{k_B T}) - 1]$$

여기서 I_S : 역방향 포화전류(누설전류), q : 전자전하, K_b : 볼쯔만 상수

그림 10.31에서 PN 접합에 걸리는 전압은

$$V = \frac{k_B T}{q} ln(\frac{I}{I_S} + 1)$$

이다.

여기서 다이오드 전류 I를 일정하게 하고 구동전류를 $I \gg I_S$ 로 하면

$$V = \frac{k_B T}{q} ln(\frac{I}{I_S} + 1) \approx \frac{k_B T}{q} ln(\frac{I}{I_S})$$

가 되어 순방향 다이오드 전압 V 는 온도 T에 비례하게 된다. 그러나 실제로는 I_S가 여러 전류성분으로 구성되어 있고, 온도 의존성을 가지기 때문에 V-T의 관계는 비선형성을 가진다.

최근에 사용되고 있는 IC 온도센서의 기본회로는 그림 10.32와 같다.

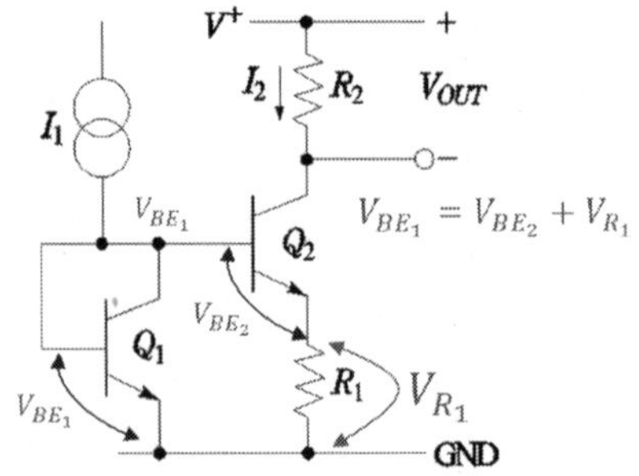

그림 10.32 IC 온도센서 기본회로

그림 10.32에서 두 개의 트랜지스터가 서로 다른 전류 밀도를 가지고 동작한다고 가정하면, 저항 R_1 양단의 전압은 트랜지스터 Q_1과 Q_2의 B-E 전압차와 같으므로

$$\begin{aligned} V_{R1} &= V_{BE1} - V_{BE2} \\ &= \frac{k_B T}{q} ln(\frac{J_{E1}}{J_S}) - \frac{k_B T}{q} ln(\frac{J_{E2}}{J_S}) \\ &= \frac{k_B T}{q} ln(\frac{J_{E1}}{J_{E2}}) \end{aligned}$$

가 된다. 따라서 위 식에서 $\frac{J_{e1}}{J_{e2}}$가 일정하게 유지되는 한 이 전압차는 온도 T에 비례하게 된다. IC 온도센서의 특징은 온도에 대한 출력의 직진성이 우수하고 출력신호의 레벨이 크다. 그러나 트랜지스터의 온도 특성 변화를 이용하기 때문에 사용온도 범위가 한정되어 있다는 단점이 있다. 표 10.10은 접촉식 온도센서의 비교를 보여준다.

표 10.10 접촉식 온도센서의 비교

항목	RTD	열전대	서미스터	IC 온도센서
측정범위	-250℃ ~ 900℃	-270℃ ~ 1800℃	-100 ~ 450℃	-55℃ ~ 150℃
감도	0.00385[Ω/Ω/℃]	1~70[μA/℃]	수[Ω/Ω/℃]	-2[mV/℃]
정밀도	±0.01[℃]	±0.5[℃]	±0.1[℃]	±1[℃]

선형성	선형성을 위한 2차 다항식 또는 룩업 테이블 필요	선형성을 위한 4차 다항식 또는 룩업 테이블 필요	선형성을 위한 3차 다항식 또는 룩업 테이블 필요	선형화 작업 필요 없음
강인성	진동 충격에 약함	충격에 강함	충격에 강함	견고함
구동방식	전류원	불필요	전압원	전압공급
출력형태	저항	전압	저항	전압, 전류, 디지털

(2) IC형 온도센서 응용 프로그래밍

IC형 온도센서 모듈에는 모두 4개의 온도센서 회로가 구성되어 있으나 2개의 센서만 MCU에 연결되어 있고 나머지 2개의 센서는 MCU와 독립적으로 회로가 구성되어 있다. 따라서 여기서는 MCU와 연결되어 있는 LM35DZ 회로와 AD590 회로만 설명한다. LM35DZ는 정밀 온도센서로서 0° ~100° 까지의 온도를 측정할 수 있다. 센서 모듈에 장착된 LM35DZ는 TO-92형으로 3개의 핀(VCC, GND, V_{OUT})을 가지고 있으며 온도 계산식은 다음과 같다.

$$V_{OUT} = 10mV \times T \text{ (온도 ℃)}$$

즉 100℃에서 1V가 출력된다. 즉 아날로그 입력값이 0~1V이다. ATmega128의 회로에서 ADC 아날로그 변환 기준값이 3.3V이므로

$$1024 : 3.3 = x : 1$$
$$x = (1024 \times 1)/3.3 = 310$$

이 된다. 즉 ADC의 변환 값이 310이면 100℃를 의미한다는 것이다. 따라서 해상도는 100/310=0.32℃가 된다. 그러므로 현재 온도는 다음과 같이 계산된다.

$$310 : 100 = adc : y$$
$$y = (adc \times 100)/310$$
$$\text{현재 온도} = ADC\text{값} \times 0.32$$

다음은 AD590에 대하여 설명한다.

AD590은 -55℃~150℃까지 측정이 가능한 정밀 온도센서이며 1K 온도당 1μA의 전류가 출력된다. 출력 전류가 8KΩ의 저항에 의해 전압값으로 변환된다. 따라서 1K 온도당 8mV의 전압이 출력된다. AD590의 최대 측정 온도가 150℃이므로 캘빈온도로 변환하면 423 캘빈온도

가 된다. 그러므로 최대 출력전압은 약 3.38V가 된다.

온도 계산식은 다음과 같다.

$$℃ = \frac{5}{9}(°F - 32)K - 273.15$$

따라서 3.3V의 ADC 기준전압을 가지는 ATMega128의 ADC로 150℃까지 측정이 가능하다. 150℃까지 측정한다고 가정하면 150℃의 캘빈온도는 423K, 출력전압은 3.33V가 된다.

그러므로 실제 온도값 계산을 위한 스케일링은 다음과 같다.

$$1024 : 423 = adc : y$$
$$y = (adc \times 423)/1024\,[K]$$
$$= adc \times 0.413 - 273\,[℃]$$

표 10.11 LM35DZ 설계 파라메터

파라메터	값
25℃에서 정밀도	±0.5℃
-55℃ ~ 150℃ 정밀도	±1℃
온도 슬로프	$10mV/℃$

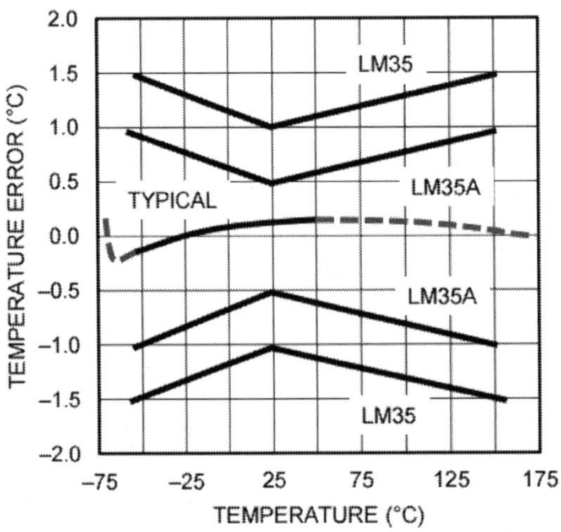

그림 10.33 온도에 따른 정밀도 슬로프

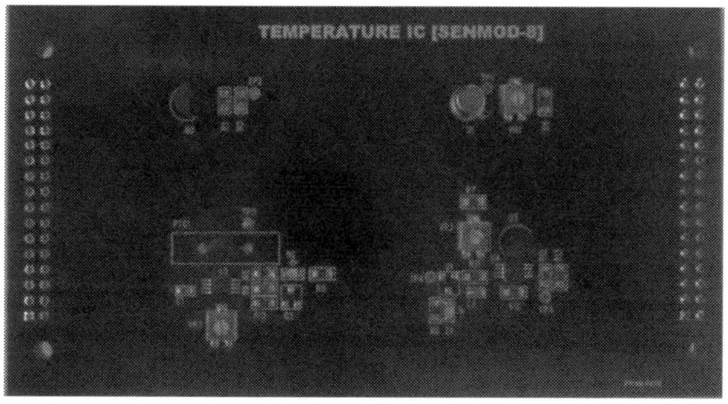

그림 10.34 IC형 온도센서

그림 10.35와 같이 LM35의 출력은 ADC0, AD590의 출력은 ADC1에 연결되어 있다.

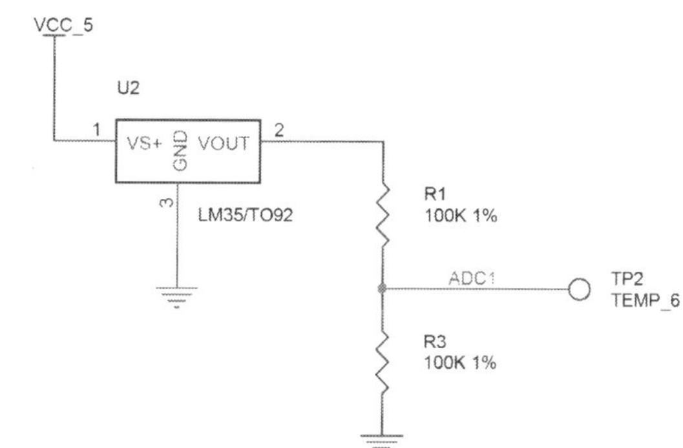

(a) LM35 온도센서 IC 회로도

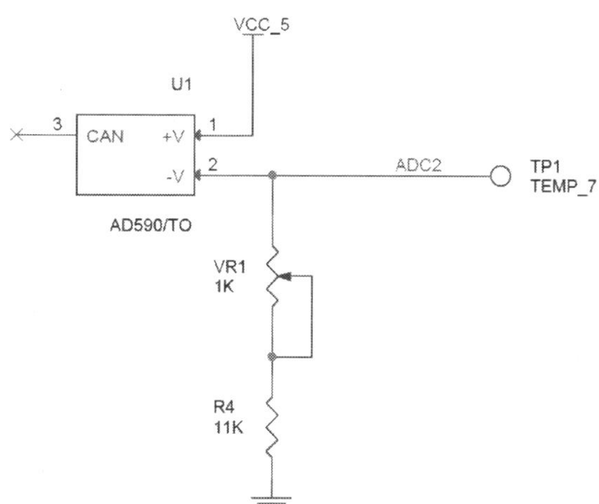

(b) AD590 온도센서 IC 회로도

그림 10.35 IC형 온도센서

예제 10.10

AD590 온도센서 값을 ADC0, LM35 온도센서 값을 ADC1로 입력받아 각각 그래픽 LCD에 출력한다.

```
/*****************************************************************
* AD590 온도센서 값을 ADC0로 받아 그래픽 LCD에 출력한다.
* LM35 온도센서 값을 ADC1로 받아 그래픽 LCD에 출력한다.
*****************************************************************/
#include<iom128.h>
#include<ina90.h>
#include <stdio.h>
#include "glcd_128x64.h"

/* 비트 정의 */
#define  BIT0     0x01
#define  BIT1     0x02
#define  BIT2     0x04
#define  BIT3     0x08
#define  BIT4     0x10
#define  BIT5     0x20
#define  BIT6     0x40
#define  BIT7     0x80

/* ADC 기준전압 설정 값 (ADMUX) */
/ AVCC with external capacitor at AREF pin : REFS = 01
#define REFS            0X40 /

/* 사용할 ADC MUX 설정 값 (ADMUX) */
#define AD_MUX00        0X00
#define AD_MUX01        0X01

/* 센서 ID */
#define ID_LM35         0xAD
#define ID_AD590        0xAE
```

```
/* 센서별 ADMUX 설정 값 */
#define LM35                    (REFS|AD_MUX00)
#define AD590                   (REFS|AD_MUX01)

/* ADC 읽기 완료 상태 변수 */
BYTE adc_flag;

/* ADC 데이터 저장 변수 */
BYTE ADC_DATA_L;
BYTE ADC_DATA_H;

/* 계산된 온도값 저장 변수 */
BYTE TEMP_DATA_L;
BYTE TEMP_DATA_H;

/*******************************************************************
 * ADC 인터럽트 - ADC로 부터 데이터를 읽음
*******************************************************************/
#pragma vector=ADC_vect
__interrupt void ADC_ISR(void){
  ADC_DATA_L = ADCL;
  ADC_DATA_H = ADCH;
  adc_flag = 1;
}
/*******************************************************************
 * I/O 포트 초기화 - 범용 입/출력 핀을 설정한다.
*******************************************************************/
void port_Init(void)
{
  PORTF=0x00;
  DDRF=0x00;
}
/***************************************************************
 * ADC 설정 - ADMUX 레지스터 설정
```

```
 ****************************************************************/
void adc_Config(BYTE admux_config)
{
    ADCSRA = 0x9E;
    ADMUX = admux_config;

   __enable_interrupt();
    adc_flag = 0;
    ADCSRA|=0x40;
    while(!(adc_flag));
    ADCSRA = 0x00;
   __disable_interrupt();
      ADCSRA = 0x00;
   __enable_interrupt();
}
/*******************************************************************
 온도 계산 - 센서별 온도 계산식에 의한 온도(℃)값 구함.
*******************************************************************/
void calcTemperature(BYTE type_ID)
{
  WORD adcData;
  WORD tempData;

  if(type_ID == ID_LM35)
  {
    adcData = ADC_DATA_H;
    adcData = ((adcData << 8)|ADC_DATA_L);
    tempData = (WORD)((float)adcData * 0.32);

    TEMP_DATA_H = tempData >> 8;
    TEMP_DATA_L = tempData & 0x00FF;
  }
  else if(type_ID == ID_AD590)
  {
    adcData = ADC_DATA_H;
```

```
        adcData = ((adcData << 8)|ADC_DATA_L);
        tempData = (WORD)((float)adcData * 4.13);
        tempData -= 2730;

        TEMP_DATA_H = tempData >> 8;
        TEMP_DATA_L = tempData & 0x00FF;
    }
}
/*****************************************************************
 *  MAIN 함수
*****************************************************************/
void main(void)
{
    char out_GLCD_String[20];
    port_Init();
    GLCD_Init();
    GLCD_Clear();
    stringOut_GLCD(0, " SENSOR MODULE8 TEST ");
    stringOut_GLCD(1, "---------------------");
    stringOut_GLCD(7, "---------------------");
    __enable_interrupt();

    while(1)
    {
        adc_Config(LM35);
         calcTemperature(ID_LM35);
        sprintf(out_GLCD_String,"LM35   : 0X%04X", (WORD)TEMP_DATA_H<<8
            |TEMP_DATA_L);
        stringOut_GLCD(3, out_GLCD_String);
         delay_ms(1);

         adc_Config(AD590);
         calcTemperature(ID_AD590);
        sprintf(out_GLCD_String,"AD590   : 0X%04X", (WORD)TEMP_DATA_H<<8
            |TEMP_DATA_L);
```

```
        stringOut_GLCD(4, out_GLCD_String);
         delay_ms(1);
        delay_ms(100);
    };
}
```

저자와의
협의에 의해
인지 생략

ED-4513 마이크로프로세서 콤보II를 이용한

AVR ATmega128
프로그래밍 응용실습

1판 1쇄 2015년 8월 25일

저 자 김세찬, 이한석
발행인 송광헌
발행처 복두출판사
주 소 서울특별시 영등포구 경인로82길 3-4
센터플러스 807호
(우) 07371
전 화 (02) 2164-2580
FAX (02) 2164-2584
등 록 1993. 11. 22. 제 10-902 호

정가 : 16,000원

ISBN : 979-11-86541-87-6 93560